융 관점에서 본

# 임종환자들의 그림

Yvonne Barnthouse Williams 저

강차연 · 장연집 공역

학지사

**The Art of Dying**: A Jungian View of Patients' Drawings
by Yvonne Barnthouse Williams

# 역자 서문

융의 분석심리와 미술치료에 관심이 많았던 나는 이 책의 원전을 읽으면서 내용이 참 매력적이라는 생각을 갖게 되었다. 이 책은 정신과 영혼, 남성성과 여성성, 삶과 죽음, 그리고 분해와 재통합이라는 여러 대극적 현상과 이 현상들이 개성화를 향한 과정에서 어떻게 작용하는지, 그리고 진정한 자기를 찾는 과정이 얼마나 신비롭고 위대한지를 임종환자들의 그림을 통해 보여주고 있다. 분석심리학용어를 번역하는데 다소 어려움이 있었지만, 나 자신이 치유받는 느낌을 주는 좋은 책을 번역할 수 있음에 감사하다. 관심을 갖고 출판하기까지 도움을 주신 학지사 김진환 사장님께 감사드리고, 끝까지 전사로서 투쟁하시다 지난해 5월에 돌아가신 아버지께 이 책을 바친다.

2006년 1월

역자

# 저자 서문

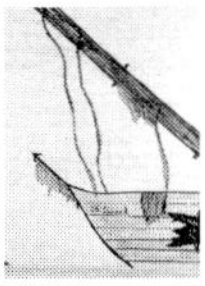

이 책은 삶과 죽음에 대한 것으로, 생명을 위협하는 유전질병인 낭포성 섬유증(CF)을 다루고 있다. 이 책은 특히 언어, 의식적 사고, 그리고 오늘 저 너머의 현실을 표현한 환자의 그림들을 다루고 있다. 삶과 죽음을 바라보는 나의 태도는 임종환자들과 어떻게 관계를 맺어야 하는지 가르쳐 준 그림들을 통해 만들어졌다. 나는 생명이 위협받는 상황에 있는 환자들을 보살피는 치료자와 보호자들이 환자에게 정신과 영혼을 존중하는 보호를 제공할 것이라는 희망을 갖고 이 책을 그들에게 바친다.

환자들의 그림에서 우리는 삶과 죽음을 화해시키려는 욕구와, 이러한 긴장이 일으키는 초월적 경험을 발견한다. 우리는 그림이 어떻게 임사경험을 반영하는지와 삶의 상실과 관련해 환자가 만들어 낸 이미지가 어떻게 중요한 순간에 용기를 주는지를 살펴보고, 그림에 신체적이고 정신적인 내용이 반영되는 것도 살펴보았다. 나는 마음과 영혼을 포함한 모든 것에 대해 정신(psyche)이라는 용어를 사용하고, 육체적이고 기질적인 신체를 포함한 모든 것에 대해서는 신체(soma)라는 용어를 사용한다. C. G. 융이 꿈에 적용했던 것처럼 나는 정신적이고 신체적인 과정을 확장시키기 위해 확충을 사용한다. 확충에 대해서는 1장에서 논의하였다. 마지막으로 정신(spirit, 아니무스)과 영혼(soul, 아니마)이 의미하는 것을 살펴보고 이를 환자가 갖는 임종과 죽음에 대한 태도와 연관시켰다. 삶의 종결에 관한 나의 가설에는 정신과 영혼의 원형을 포함하는 정신적 차원이 내포되어 있다. 이 책에 제시된 사례들은 중증 환자들의 그림이 다른 환자들에게 치료적으로 이로움을 주고 진단적이거나 예후적인 단서를 제시해 준다는 것을 보여 준다.

생명이 위독한 상황은 삶과 죽음 간에 긴장이 일어나 정신과 신체에게 영혼을 찾아 떠나는 여행을 하게 만든다. 일반적으로 인간은 생명과 질서, 은혜를 갈망함으로 인해 죽음과 무질서, 고통을 부인하기 때문에 여행을 처음 시작할 때는 삶과만 관계를 맺을 수 있다. 그러나 삶의 마지막 때가 되면 상징형태로 경험할 수 있는 원형의 도움을 받아 삶과 죽음의 힘이 조화를 이루게 된다. 이 이미지는 삶과 죽음에 대한 이전의 제한된 생각을 초월하는 새로운 태도를 일으킨다. 그렇게 되면 삶과 죽음이라는 두 개의 길은 통합되고 변형된다. 융(1972)은 이러한 과정을 초월적 기능이라고 불렀다.

C. G. 융의 이론에 익숙하지 않은 독자들을 위해 나는 내가 응용한 융의 개념들을 알기 쉽게 설명하려고 하였다. 이러한 설명들이 융 이론을 잘 알고 있는 사람들에게는 불필요하겠지만 그렇지 않은 사람들을 위해서는 어느 정도 설명하는 것이 필요하다. '자기'라는 용어는 의식적인 정신과 무의식적인 정신을 모두 포함하는 전체적이고 조정

적인 자기(Self)를 의미할 때는 대문자로 쓴다. 그리고 의식적인 자아자기를 의미할 때는 대문자로 쓰지 않는다.

이 책 전반에 걸쳐 '그림'이라는 용어는 무채색과 유채색 그림 모두를 의미한다. 내 연구에 포함된 대부분의 미술작품은 흰 종이에 연필이나 색연필로 표현되었고 소수의 그림만이 템페라 물감으로 그려졌으며, 크레용으로 그린 그림은 거의 없다. 환자들은 그림 실력은 신경쓰지 않고 '그냥 재미로' 그림활동에 임했으며 때로는 심리적 이완을 위해 그림을 그렸다.

사례연구를 출간할 때는 참여자의 이름을 바꾸는 것이 통상적이다. 많은 아동이 그림에 자신의 이름을 썼고, 몇 명은 성까지 썼다. 이러한 행위는 아동이 자신이 표현한 그림을 통합하는 한 부분이라고 할 수 있다. 이런 이유 때문에 나는 가족이나 본인의 허락을 받아 실명을 사용하였으나 성은 보이지 않게 가렸다.

나는 치료자로서 훈련을 받고 경험을 했기 때문에 책에서 '치료자'라는 말을 사용하였다. 그렇기 때문에 치료자는 아니지만 환자를 돌보는 독자들은 '치료자'라는 말을 그냥 '보호자'라고 읽어도 무방하다.

이 책에는 청소년 및 아동치료분야의 개업 상담가로서의 나의 경험(1985~96년, 공인 결혼 및 가족 치료자, 놀이치료 슈퍼바이저, 공인 비탄 상담가)이 부분적으로 들어 있다. 그리고 한편으로는 CF 환자들을 만났던 1976~85년까지 임상가로 활동했던 경험도 일부 들어 있다. 그때 나는 인디애나 메소디스트 병원의 청소년 및 아동 생명발달 서비스를 담당하는 아동 생명전문가로서 다학제적 CF 치료팀에서 일했다. 나는 CF 환자들의 그림을 통해 내가 배운 것들을 독자들과 함께 하려고 한다. 환자들이 그림에서 보여준 것들은 정신건강 임상가, 미술치료자,

그리고 융 분석가와 치료자들의 분석을 끌어낼 것이다. 나아가 나는 의료진, 병원의 목사들, 신학교 교수들과 그 학생들이 이 책의 논제에 어느 정도 관심을 가지길 기대한다. 이 책은 임상사례연구나 이론 그 이상을 제시하고 있는데, 임종과정에 대해 원형적 견해를 취하고 있으며 또한 이 과정이 내적 성장과 학습의 궁극적 단계임을 보여준다.

1960년대로 들어오면서 나는 환자들의 그림에 많은 관심을 가지게 되었다. 대학병원의 소아병동에서 놀이치료자로 일하는 동안 나는 종종 중증 입원 아동들의 그림을 홀린 듯 바라보면서 내가 어떤 신비한 문턱에 서서 뭔가 대단한 의미를 가진 것을 목격하지만 그것이 무엇인지 알 수 없다는 느낌을 받았다. 나는 이 그림들이 환자의 신체적 상태와 그 상태에 대한 정서적 반응을 반영하는 것은 아닐까 하는 생각을 하게 되었다.

이 분야에 대한 나의 호기심과 열정은 표준화되고 진단적인 그림을 사용하여 정신과 정서를 평가하는 '투사적 기법' 에 대한 책을 모두 탐독하게 만들었다. 미술치료에 대한 책과 논문에서도 도움을 받았는데, 환자들의 그림에는 심리적 상태, 즉 불안, 우울, 분노, 무력감이 표현된다는 것을 알게 되었다.

내가 본 것들이 환자들 자신의 신체 상태와 예후에 대한 전의식적 지식과 연관되었을 수도 있었을까? 나는 그림들이 환자들이 느끼는 것 이상, 그리고 환자의 자아가 자신의 몸상태에 대해 아는 것 이상의 것을 표현한다고 생각했다. 그러나 슬프게도 나에게는 이러한 믿음을 밀고 나갈 전문지식과 용기가 없었다. 1974년 소아과 학술대회에서 말기 아동 환자들의 상징적 언어에 대한 엘리자베스 퀴블러 로스 박사의 강의를 듣기 전까지는 심리상태와 신체상태에 대한 회화적 표현의 타당성에 관한 내 믿음은 미약했다.

퀴블러 로스는 인간의 기질적이고 심리적인 상태에 대한 회화적 표현을 다루었던 런던의 융 분석가 수잔 바치(1995년 사망)의 선구자적 연구를 자세히 설명하였다. 그녀는 수잔 바치가 그림의 상징적 언어에 대해 그 누구보다도 잘 이해하고 있었을 것이라고 하였다. 뭐라고 제대로 설명할 수 없는 이상한 감정이 나를 엄습했다. 내가 이 런던의 분석가와 함께 연구를 하게 될 것이라는 강한 믿음이 왔다. 하지만 그것이 어떻게 그리고 언제 가능해질지에 대해서는 상상이 되지 않았고 또 의식적으로도 그렇게 되길 간절히 바라지는 않았다.

무의식적 의지는 강력한 힘을 갖고 있다. 이 힘은 외관상으로는 아무런 노력 없이 우리가 있고자 하는 곳에 우리를 데리고 올 수 있다. 우리의 무의식적 기능은 심지어 우리가 열망하는 것을 깨닫도록 타인이 옆에서 도와주는 것처럼 타인의 태도에도 영향을 준다. 이런 놀랄 만한 힘의 도움으로 나는 1976년 여름에 런던에서 바치 부인을 처음 만났다. 마침내 나는 내가 찾고 있던 빠진 조각, 즉 신체적 차원을 찾은 것이다. 바치와 함께 한 경험적 연구결과와 그녀가 분석방법을 가르쳐 주곤 했던 내 환자들의 그림을 통해 정신과 신체의 놀라운 동맹이 드러났다.

1978년과 1981년 나는 바치 부인과 함께 연구를 하기 위해 런던으로 다시 돌아왔다. 나는 내가 환자의 그림에서 보았던 신비롭고 의미 있는 본질이 영혼의 반영임을 이해하게 되었다.

# 차 례

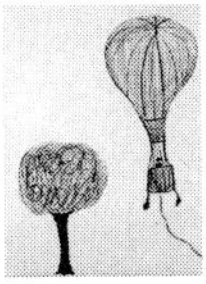

## 제 2 부 우리는 어떻게 죽는가

제 1 부

# 그림의 상징적 언어

우리는 합리주의와 과학기술로 가득 찬 세상에서 살고 있다. 하지만 이런 것들은 영혼을 길러주는 경험에 대한 갈증을 채우지 못할 뿐만 아니라 생사의 의미와 그 신비에 대한 질문에도 답해줄 수 없다. 물질주의와 현학적 지식으로 인해 우리의 영성은 본능과 분리되어 가고 내면적 삶의 가치도 평가절하되고 있다. 칼 융은 개인적 평화와 세계적 평화는 모두 우리의 내적 경험과 외부 세계의 균형에 따라 좌우된다고 믿었으며, 꿈 작업과 미술 작업이 이 내적 현실과 외부 현실을 연결시키는 다리를 제공한다고 하였다.

1장에서 9장까지는 무의식에 놓여 있는 이미지들을 알아봄으로써 이 다리를 건너는 방법을 살펴보고 있다. 1장부터 3장까지는 융의 개념들을 설명하고, 수잔 바치의 연구를 중심으로 중증환자들이 그린 그림들을 통해 정신과 신체의 표현들을 탐색하고자 한다. 여기에는 낭포성 섬유증(CF)을 가진 환자 집단(5~30세)을 9년간 관찰한 연구의 핵심이 들어 있다. 이 환자들의 그림에 나타난 예후는 30년 이상 암 환자의 그림을 연구한 바치의 결과와도 일치하고 있다.

1장에서 3장까지는 환자들과 그들의 그림이 보여주는 이미지들에 대한 실제적인 권고가 들어 있다. 그리고 4장부터 9장까지는 환자가 죽음을 준비하고 이 죽음을 받아들이도록 돕는 치료적 관계 특성을 다루고 있다.

# 01 이미지 만나기

생명이 위독한 질병을 가진 환자들의 그림에서 우리는 무엇을 배울 수 있는가? 이들의 그림에는 상징적 언어가 포함되어 있는가? 우리는 환자들의 그림에서 정신과 신체 지도처럼 이미지들을 '읽을' 수 있는가? 이 이미지들이 환자들에게 주는 정신역동적 영향은 무엇인가?

이 질문들에 답하기 위해서는 먼저 상징적 표현을 번역해주는 사전은 없다는 것을 인정해야 한다. 비록 우리가 인간경험에 관한 메시지들을 보여주는 좋은 자원들을 사용하고 있지만, 이미지가 전달하려는 모든 것을 완전히 이해할 수는 없다. 이미지가 갖고 있는 은유적 특성 때문에, 그리고 이미지가 아직 진행 중인 과정을 표현할 뿐이라는 사실 때문에 이미지의 의미에 대한 우리의 접근에는 한계가 있다.

나는 이미지의 힘이 중병을 앓는 사람들에게 영적인 치유를 가져다 주는 것에 깊은 인상을 받았다. 일련의 그림들을 통해 이미지들을 추적해 가다 보면 이 이미지들이 인간의 경험을 반영하며 환자와 영혼의 만남을 상징한다는 것을 발견하게 된다(나는 이 영혼이 정신의 영원하고 초월적인 측면임을 알았다). 한 개인의 인생여행은 이미지와 환상을 통해 초월적 정신과 결합할 때 그 최종 종착지에 도달하게 된다. 이 과정을 통해 자아의식은 더 깊은 수준의 존재를 위해 버려지고 대신 창조주와의 일체감 또는 조화감이 생기게 된다.

나는 우리 모두는 살기 위해서 무엇을 해야 하는지 그리고 어떻게 죽어야 하는지를 알고 태어난다고 믿는다. 이 지식은 원시적 자기(Self)[1) 안에 들어 있다. 다양한 이유로 인해 삶에 대한 우리의 본능적 표현이 방해받을 수도 있지만, 죽음이 손짓할 때가 되면 의식적 자아와는 대조적으로 자기(Self)를 되찾고 재정의하려는 절박함이 정신을 뒤덮는다. 이로 인해 의식적 태도가 변화되는데, 이는 마치 우리가 창조주와 대면했을 때와 같다.

이 단계에서 임종환자와 가까이 있는 사람들은 임종환자가 실제로 문제가 되는 것과 연결시켜 만들어낸 형이상학적이고 영적인 환경에 함께 빠져들면서, 모든 두려움과 속세의 것을 초월하는 집중을 하게 된다. 이런 현상은 중증환자들을 보살피는 직업을 갖지 않은 사람들이 주로 제기하는 '어떻게 우울해지지 않고 이 환자들과 함께 있을 수 있어요?' 라는 질문에 대한 답이 될 수 있다.

육체적 죽음이 다가오면 임종환자들은 내적 변형을 경험하게 된다. 죽어가는 것은 새로운 태도를 낳는다. 육체적이고 정서적인 욕구를 다른 누군가가 인정할 때 특히 그렇다. 나는 임종환자와 가까이 있는 사

1) 서문에서 지적했듯이, 자기(Self)는 의식적이고 무의식적인 정신 모두를 포함하는 근본적이고 원형적인 자기(Self)를 의미할 때는 대문자로 쓴다. 하지만 의식적인 자아자기(ego self)를 의미할 때는 대문자로 쓰지 않는다.

람들이 이 변형과 새로운 태도를 대리로 경험한다고 본다.

죽음이 일으키는 재탄생은 육체적 죽음에만 한정되는 것은 아니다. 재탄생은 낡은 태도나 편견이 죽을 때, 가치를 두었던 물질소유가 상실되었을 때, 중요한 지위나 책임을 잃을 때, 중년기 위기가 있을 때, 또는 사랑하는 사람이 죽었을 때 일어나기도 한다. 이러한 상실들은 변화에 대한 적응을 조장하며, 따라서 우리는 재탄생을 경험하게 된다.

적응의 첫 단계는 비탄과 이 비탄이 휘저어 놓은 모든 감정을 인정하는 것이다. 이 단계에는 내적 현실에 대한 깊은 통찰이 포함된다. 내면으로 깊이 들어가는 것은 다시 한 번 삶을 껴안도록 하는 새로운 에너지를 깨어나게 한다. 궁극적으로 이는 '영혼의 어두운 밤'에서 재탄생의 새로운 상태로 이끌어준다.

일반적으로 창조적인 활동(예, 정원 가꾸기, 그림 그리기, 기사 쓰기, 도자기 만들기, 바느질하기, 작곡하기, 명상하기)을 하는 사람들은 그렇지 않은 사람들에 비해 더 빠르게 전환하는 것 같다. 창조적 활동은 성장과 변화에 필수적인 정신의 이미지 작업의 수단을 제공하기 때문에 이러한 활동들이 재탄생 경험을 촉진한다는 것은 놀랄 일이 아니다.

창조적 활동은 에너지 재생의 경로도 되기 때문에 다른 누군가에게 투사되거나 팽창된 태도를 지지하려는 자아에 사로잡히지 않는다. 창조적으로 참여함으로써 우리는 계속해서 자기(Self)에 뿌리를 두게 된다. 그림 그리기, 정원 가꾸기, 시를 읽거나 쓰기, 또는 기타 연주하기는 자기(self/Self)가 받아들여야 하는 태도를 길러주기도 한다. 이러한 양육은 자유로움과 치유를 통해 경험되기도 한다. 우리의 이미지가 죽음에 대한 영감을 불러일으킨다는 것은 자기(Self)를 인정하는 것으로서 이는 아주 형이상학적이고 영적인 경험이다.

원형적 내용의 그림에서 보여주는 몇 가지 예를 통해 이미지적인 원형들이 작용하는 치유적 역할을 보게 될 것이다. 이 예들은 생명을 위협하는 질병인 낭포성 섬유증(CF)을 가진 환자들에게서 나온 것이다. 이 환자들은 이전에 했던 나의 다른 연구 결과들과 같은지, 수잔 바치의 연구와 어떤 방식으로든 일치하는지 알아보기 위해 실시한 9년간의 연구에 참여한 대상들이다. 수잔 바치는 암 환자들의 그림에서 암의 상징적 언어를 밝히기 위해 1976년부터 20여 년간 연구했다.

나의 연구는 CF에 걸린 47명의 환자를 대상으로 하였다. 여기에는 5세부터 30세까지의 중증 입원환자와 외래환자 그리고 이들보다는 상대적으로 건강한 환자가 포함되어 있었고 9년간의 연구과정 동안 그중에서 14명의 환자가 죽었다. 런던의 그레이트 올몬드가 병원은 나에게 문화 간 비교를 위해 환자의 그림을 수집할 수 있는 기회를 주었다. 런던 연구는 30장의 그림을 그린 21명의 환자로 구성된 반면 미국집단에서는 292장의 그림이 나왔다. 두 연구(처음에는 모두 68명이었으나 사망으로 인해 54명으로 줄었다)를 통해 총괄적으로 수집된 322장의 그림 중에서 147장은 급성 발병의 직전, 중, 직후에 바로 나온 것이었다.

이 그림들은 환자들의 당시 의학기록을 살펴보기 전에 평가되었다(이렇게 함으로써 조사자들이 편견을 갖거나 아니면 아직 알려지지 않았거나 임상적으로 파악되지 않은 것을 간과할 가능성을 방지하였다). 나의 연구는 미술치료 분야에서 유사한 크기의 집단과 유사한 기간 동안 행해진 연구와 비교되는 작은 집단으로 구성되었다. 그러나 미술치료에서 이루어진 연구들은 주로 정신과 환자들이거나 아니면 심하게 아프지 않거나 의학적으로 국한된 환자들을 대상으로 한 것들이었다.

세 가지 이유로 인해 그림을 수집하는 데는 한계가 있었다. (1) 환자들과 보내는 시간이 일차적으로 그림을 그리기 위해 마련된 것이 아니었다. 나는 다른 많은 치료활동에도 관여하고 있었다. (2) 입원환자들의 급성 증상들(예, 발작적 기침)을 치료하기 위해 그림 그리는 활동이 자주 중단되었다. (3) 외래환자의 경우, 신체검사나 임상검사 전후의 짧은 대기시간에 이루어진 '샌드위치' 시간에 그림을 그려야 했다.

나는 환자에게 그리고 싶은 것을 그리게 하여 그림들을 수집하였다. 나는 이를 '초대된' 그림이라고 불렀다. 그레그 퍼스는 『그림의 비밀세계(*The Secret World Drawings*, 1988)』에서 '즉흥그림'이라는 용어를 사용했다. 어떤 그림들은 환자들이 그리고 싶어 했기 때문에 그냥 그린, 즉 부탁받지 않고 그려진 그림들이었다. 후자의 그림들을 나는 '자발적' 그림이라고 불렀다. 초대된 그림과 자발적 그림이 왜 다른가? 나는 자발적 그림에 표현된 내용이 초대된 그림에 비해 의식에 더 가까우며 곧 통합될 것이라고 생각한다.

미국 연구에서 나온 그림들을 분석한 결과 12명의 환자가 그린 17장의 그림에서 두통, 허탈된 폐, 위궤양 악화, 그리고 말초수종, 정맥두염이나 폐출혈로 인한 체액누적과 같은 생리적인 특징들이 나타났다.

몇 가지의 그림에서는 생리적 변화가 의학적인 확인보다 2~17일 앞서 나타났다. 사망한 14명의 환자 중 8명은 죽음이 다가왔음을 시사하는 그림을 17장 그렸다. 회고해 보면, 12장의 그림에는 환자의 생존일이 얼마나 남았는지를 나타내는 요소들이 들어 있었는데, 이는 수잔 바치(1990)와 케페네어(1980)가 한 연구에서도 나왔던 것들이었다. 수잔 바치(1969)가 말했듯이, '그림은 환자가 자신이 회복될 것인지에 대한 것뿐 아니라 자신의 생명이 언제 끝날 것인지, 즉 자기 자신에 대해 깊이 알고 있다는 것을 강하게 시사해준다.'

23명의 환자가 34장의 그림을 그렸는데 이 그림들에는 구체적인 심리적 요소들을 시사하는 특징들이 포함되어 있었고, 12명의 환자는 건강상태의 양호나 악화를 35장의 그림에 정확하게 반영하였다. 이 자료들은 인간이 정신과 신체의 상태와 예후, 그리고 자신의 삶의 주기를 무의식적으로 인식하고 있다는 다른 연구 결과들과 일치하고 있다.

나의 연구결과는 환자의 그림이 생의 마지막을 예측하는 단서가 된다는 수잔 바치와 케페네어의 연구결과를 지지한다. 이 단서에는 특징적인 색채와 모티브의 사용, 그리고 특히 등장인물과 사물이 다시 나타나는 횟수가 포함되어 있다. 물론 꽃과 새를 많이 그렸다고 해서 항상 무의식이 남아 있는 생존 일수를 이렇게 나타낸다는 말은 아니다. 그러나 숫자가 한 가지 이상의 방식으로 반복되면 그것은 날짜, 나이, 또는 그림을 그렸을 당시의 특별히 중요한 무엇인가의 양을 의미하는 것일 수 있다.

융(1970)은 꿈에 대한 논의에서 숫자가 중요하다는 예를 보여주었다. 그는 많은 숫자표가 나오는 꿈을 꾼 한 남자에 대해 이야기했다. 그 남자는 낱개로 또 여러 묶음으로 그 숫자들을 연구했고 이에 대한 자신의 연상을 융과 함께 나누었는데, 자신과 가족, 애인의 생일과 나이를 여러 방식으로 조작한 결과 그 숫자가 꿈에서 나온 표의 숫자와 맞아떨어지는 것을 발견했다. 이는 숫자의 상징에 대한 무의식 탐구로서 융이 의미하는 것을 보여주는 한 예다. 이 남자의 숫자 작업은 자신의 무의식이 무엇을 의식화하려고 애쓰는지를 수용하도록 해주는 하나의 리튜얼을 나타낸다. 숫자가 의미를 만드는 것이 아니라 무의식이 숫자로부터 의미를 만들어낸다는 것을 유념해야 한다.

꿈이나 그림에서의 숫자가 무의식적이고 상징적으로 항상 정확하게 개인적 문제나 관계와 관련되지는 않는다. 그렇지만 숫자를 원시적 믿음, 의식, 또는 종교에 뿌리를 둔 집단적 상징학으로 생각해 볼 수도 있다. 이에 대해 융은 우리 모두는 물려받은 인간의 역사와 감정의 각인을 내포한 집단적 무의식이나 객관적 정신을 통해 모든 과거, 현재, 미래의 세대들과 연결되어 있다고 주장하였다.

따라서 꿈꾸는 사람이나 그림을 그리는 사람과 숫자 사이에서 개인적 연상을 할 수 없을 때는 신화, 인류학, 종교, 그리고 기타 유사한 자원들 속에서 이 숫자가 갖는 상징적 의미가 꿈이나 그림의 의미를 확대시키거나 확장시킬 수 있다. 이를 통해 우리는 개인적 삶이 인류역사의 어떤 사건이나 경험을 반영하는 것을 보게 된다.

합리적인 서구문화는 인간이 삶에서 드러나는 중요한 사건들에 필요한 정교한 리듬이나 시간들을 무의식적으로 감지한다는 것을 받아들이기 어렵게 한다. 그러나 뿌리채소, 만발한 구근식물, 수중식물, 땅속의 벌레들, 그리고 기타의 생명들은 모두 달의 상대적인 위치에 반응하며, 자신들의 생명 에너지를 달의 리듬에 맞춘다. 나아가 새들도 북쪽이나 남쪽으로 날아가야 하는 시간이 언제인지 알고 있다. 인간 유기체가 지구의 식물이나 동물처럼 반응하는 것이 불가능한 것인가?

나는 숫자가 중증환자들이 그린 그림 중 가장 중요한 요소인 남은 삶의 시간과 일치한다고는 보지 않는다. 실제로 그렇게 되기 전까지는 반복된 대상을 세어서 나온 숫자들은 정확한 시간단위와 연결될 수 없다. 혹자는 그림과 과거사에서 얻은 모든 지식에 기초해 추측할 수도 있을 것이다. 하지만 이 추측을 입증하는 것은 그것을 그림과 죽음 간에 일어난 시간과 비교하는 방법이다. 이것은 진단도구로의 그림분석이 쓸모없다는 것을 의미하는 것이 아니라 그 사용에 한계가 있다는 점을 의미한다.

이러한 한계 때문에 어떤 사람들은 이런 형태의 그림분석이 중요한 무언가를 신뢰있게 보여줄 수 있다는 가능성을 감소시킨다. 그럼에도 나는 생명이 얼마나 남았는지에 대한 언급이 있든 없든 삶의 마감이 그림에 반영되고 파악될 수 있다는 것을 알아내는 것이 중요하다고 본다. 심지어 반복되는 숫자가 삶의 주기와 관련해 부정확하게 해석되더라도 삶이 끝난다는 것을 알려주는 신호로는 신뢰할 만한 것으로 드러난다. 이것이 내가 가장 중요하다고 생각하는 신호들이다.

환자의 죽음을 예측하는 것으로, 한 여성이 30세 생일 즈음에 그린 그림이 있다([그림 1]). 그녀는 풍경화를 그렸는데, '보도블록이 있는 공원과…… [종이의 가장자리 오른쪽을 가리키면서] 왼쪽의 언덕은 여기 위 나무들이 있는 쪽으로 나 있어요'라고 설명하였다. 그녀는 종이 오른편 가장자리를 칠하지 않았는데, 2.5밀리미터 정도의 넓이로 아래쪽까지 여백을 남겨 놓았다.

심리적으로 생각해 볼 때, 나무들은 그녀가 아직 직면할 준비가 되지 않은 무의식적 이슈들을 나타내는 것일 수 있다. 실제로 그녀는 나무들 쪽으로 들어가는 길을 그리지 않았다. 나무들이 종이 오른쪽 가장자리에 있었기 때문에 이는 그녀의 미래와 연관될 수도 있는데, 그 미래는 아직 의식화될 수 없는 것이었다. 그녀는 자신의 미래에 대해 의식할 수 있기 전에 목숨이 다할지도 모른다고 생각했을 수 있다.

그녀가 그린 공원에는 그네와 시소 그리고 회전기구가 있다. 오른쪽 위 하늘에는 파랑새가 네 마리 있고, 왼쪽 가장자리 쪽에 한 마리가 더 있어 총 다섯 마리다. 나비는 보도블록을 따라 피어 있는 일곱 송이의 꽃 위에 한 마리가 있다. 그녀의 그림에는 색깔 없는 구름 한 점과 담청색 하늘이 있고, 담녹색의 잔디는 왼쪽 아래에 청색과 섞여 있다. 그녀는 이 그늘이 언덕으로 인해 생긴 그림자라고 설명했다. 그녀는 자신의 이름 첫 글자를 푸른색으로 종이 아래 왼쪽 가장자리 근처에 썼다.

새와 나비는 스칸디나비아 민속에서 영혼을 상징한다. 새는 또한 육체로부터 자유로워진 영혼을 상징하기도 한다. 새는 일반적으로 초월의 상징이며, 나비는 종종 죽음, 부활이나 재탄생, 불멸성과 연관된다 (Cooper, 1978).

붉은 보도블록은 오른쪽 위 사분면에서 시작해 왼쪽 아래 사분면 쪽으로 구불거리게 나 있다. 수잔 바치(1990)는 이러한 움직임은 현재 건강이 '악화되는 경향'이 있거나 앞으로 있을 환자들의 그림에서 나타난다고 하였다. 보도블록은 30개의 붉은 X로 되어 있다. 이 블록들은 분명하게 그려져 있는데, 종이의 왼쪽 가장자리인 보도 아래에서 시작해 오른쪽으로 향하고 있다. 왼쪽에서 오른쪽으로의 움직임은 과거에서 미래로의 진전을 시사한다.

환자는 색깔 없는 배경에 31개의 X를 그렸다. 보도 제일 위 오른쪽 가장자리에 있는 마지막 X는 희미하게 그렸는데, 부분적으로 동일한 붉은 음영과 함께 칠했다. 번즈와 카프만(1972)은 동작성 가족화 그림 연구를 통해 X는 '갈등 영역들을 나타내는 힘과 저항력'과 연관되며, 특히 갈등이나 충동을 통제하려는 시도들과 관련된다고 하였다. 아마도 X는 삶과 죽음 간의 긴장을 의미하는 것 같지만 다른 삶의 스트레스들이 여기에 반영되었을 수도 있다.

이 그림에는 사람이 빠져 있다. 담청색 하늘은 낮을 의미하며, 만개한 꽃과 잔디는 쾌청한 날씨를 나타내고 있다. 아이들이 여기서 놀고 있는 것을 기대할 수도 있다(그녀는 이 그림을 4월 초에 그렸다). 이 관찰을 통해 나는 그림에 인간이 없는 것이 이 여성의 죽음에 대한 예시가 될 수 있는지에 의문이 갔다. 길을 나타내는 X들을 보면서 나는 그녀가 자신의 인생의 길이 아직 끝나지 않은 부가적인 하나의 시간주기와 함께 이제 막 30이라는 시간주기를 보냈다는 감각을 갖고 있는 것이 아닌가 생각해 보았다.

나는 일곱 송이의 꽃이 죽기 전 남아 있는 생명을 나타내는 시간의 숫자를 반영하는지 심사숙고했다. 달로 계산하면 그녀가 31번째 생일이 되기 전까지의 7개월일 수 있다. 겨우 알아볼 수 있는 31번째 X는 또 다른 가능성을 시사한다. 그녀의 목숨이 31번째 생일을 전후로 위태로울 수도 있다는 것이다. 더욱이 이 기간에 그녀는 혼수상태일 수도 있다. 나는 그럴 가능성이 높다고 보았는데, 몇몇 CF 환자는 죽기 전에 혼수상태에 빠지기 때문이다.

이 그림을 그린 후 7개월 만에 그녀는 그 달 7일에 30세 7개월이라는 나이로 죽었다(일곱 송이의 꽃이 피어 있었다는 것을 기억해 보라). 그녀의 그림을 다시 들여다보면서 나는 길에 있는 희미한 31번째 X와 일곱 송이의 꽃이 어떻게 그녀의 30세 생일 이후 일곱 달을 나타내는지 이해할 수 있었다. 그리고 죽기 전 마지막 며칠 동안 그 여성이 혼수상태에 있었다는 것도 알았다.

생각해 볼 만한 또 다른 숫자의 조합이 있었는데, 즉 오렌지색 꽃 세 송이와 노란꽃 네 송이, 회전기구의 네 부분, 네 마리의 새와 왼쪽 위에 따로 떨어진 한 마리 새, 구름 한 점이다.

수잔 바치(1990)는 오렌지색이 중증환자들의 그림에 나타날 때는 에너지 감소나 '삶과 죽음 사이의 상태'를 나타내는 것이라고 한다. 나는 이미 이 여성이 세 송이의 꽃을 오렌지색으로 칠했다는 것에 주목했다. 회고해 보니 이 숫자는 살아 있었던 세 계절과 일치하였다.

나는 숫자 4나 4 + 1에 대한 유사한 관련성은 찾지 못했다. 쿠퍼(1978)는 4는 완성, 완전, 전체성을 상징할 수 있다고 하였다. 5 역시 전체를 상징하는데 4개의 기본점에 중앙을 더하는 것으로, 이는 천국과 지상의 접합점으로 알려져 있다. 그리고 1이라는 숫자는 단일성과 마찬가지로 고립을 표상하기도 한다. 이 상징은 집단적 무의식에서 울려 퍼져 그녀의 그림을 증폭시킨다. 그 여성이 죽음으로 인해 삶의 완성과 전체성을 경험한 것은 고립된 혼수상태에서였을 것이다.

CF 환자들의 삶과 죽음의 경험을 보여주는 다른 예들로 넘어가기 전에 나는 무의식적 과정에 대한 융의 개념들을 더 명료화하고자 하며, 그것이 그 자체로 어떻게 상징적으로 드러나는지를 분명하게 설명하고 싶다. 이는 융 학파가 아니어서 이 개념들이 낯설고 혼란스러운 독자들을 위해서다.

융에 따르면 원형은 우리의 생각, 감정, 그리고 삶의 경험에 대한 반응에 보편적인 영향을 준다. 융은 연령과 문화와 관계없이 물려받은 정신부분에는 원형이 있다고 가정하였다. 꿈과 신화에 대한 연구는 원형이 존재하여 인간행동의 기초적이고 보편적인 패턴을 창조한다는 설득력 있는 증거를 제공해준다. 다른 문화의 신화나 종교에 대한 지식이 없는 사람이라도 그것에 대한 꿈을 꾸거나 똑같이 행할 수 있다.

우리는 생각하고 느끼고 행동할 때 이러한 유전적인 패턴에 의존하도록 예정되어 있다. 융은 우리가 특정한 원형을 표상하는 어떤 이미지나 신화적 자극에 정서적으로 반응할 때마다 이러한 행동들이 일어난다는 것을 관찰하였다. 성모 마리아의 이미지는 어머니됨의 경험을 불러일으키며 묘비는 죽음에 관한 연상을 일으키기도 한다. 이러한 연상과정이 어떤 두드러진 행동반응을 촉진한다면, 우리 삶의 고통스럽거나 도전적인 시기에 새롭거나 확장된 태도가 필요할 수 있다.

융은 활성화될 필요가 있는 특정 원형은 상징을 통해 의식적 정신에 반복적으로 투사될 것이며, 그래서 궁극적으로 어떤 환영이나 계시로 느껴질 것이라고 주장한다. 이러한 작용을 통해 원형은 간접적으로 드러날 수 있다.

융에 따르면 비록 원형은 그 자체로는 나타날 수 없지만 특정한 원형의 에너지, 힘, 또는 본질을 전달하는 많은 이미지가 있다. 예를 들어, 재탄생이나 부활의 원형은 꿈에서 시냇물, 세례의식, 강 건너기, 달걀, 싹트는 식물, 허물을 벗는 뱀과 같은 이미지로 나타나기도 한다.

융은 원형적 이미지는 그림과 같은 창조적 활동에서도 자발적으로 나타난다고 보았다. 이 이미지들은 서문에서 언급한 초월적 기능을 효과적으로 촉진하도록 해준다. 다시 말해, 그림에 표현된 원형은 자아와 개인적 현실을 조화시키는 다리를 제공해줄 것인데, 만약 이러한 통합이 적어도 부분적으로 부정되었거나 거부되었다면 더욱 그렇다.

이 작업이 기초를 두고 있는 심리적 원리들을 이해하기 위해서는 원형 그 자체와 원형을 표상하는 상징을 혼돈하지 않는 것이 중요하다. 야코비(1959)는 다음과 같이 설명했다.

> 원형이 시공간의 '여기 그리고 지금' 에 그 자체로 나타날 때 이는 의식적 마음에 의해 어떤 형태로 지각될 수 있다. 그러고 나서 우리는 상징에 대해 이야기한다.…… 하지만 원형은 상징과 똑같지는 않다.…… '보이지 않는 에너지의 중심' 인 (원형은) 항상 잠정적인 상징이며, 적합한 의식상태가 되면 언제나 그 '역동적 핵' 은 상징으로 그 자신을 활성화시키고 드러낼 준비가 되어 있다.

이러한 과정은 다양한 예술형태를 통해, 예언자의 말을 통해, 그리고 모든 사람의 꿈과 그림을 통해 나타날 수 있다. 이 모든 표현은 과거 세대들과 미래 세대들의 지식과 경험을 하나로 묶어준다.

융은 대부분의 시간을 원형과 집단적 무의식에 대한 개념을 발전시키고 규정하는 데 보냈다. 지그문트 프로이트는 '원시적 잔재'에 대해 인정하고 이에 대한 글을 썼는데, 개인의 삶에서 자발적으로 일어나는 신화적 모티브라고 보았다. 하지만 융은 원형과 집단적 무의식(객관적 정신)에 대한 개념을 용기(container)라는 개념으로 발전시킨 사람이었다.

1912년 초 융은 『무의식의 심리학』(후에 『상징과 변형』으로 개정되어 출판되었다)을 출판하면서 심리학에 대한 자신의 견해를 확대하고 정신분석이론을 뛰어넘기 시작했다. 1920년에 발표된 융의 『심리적 유형』(1971년에 프린스턴대학 대학출판부에서 재출판되었다)에는 프로이트와 결별하게 만든 집단적 무의식에 대한 그의 생각들이 소개되어 있다.

융의 가르침을 처음 접하는 사람들은 원형과 그 상징이 물려받은 것이라는 데 혼란을 가질 수 있다. 융은 우리가 물려받는 것은 원형적 형태이지 이 형태를 표현하는 내용(상징적 재료)은 아니라고 강조한다. 즉, 우리 모두가 동일한 형태를 물려받지만, 이 형태를 채우는 데 사용하는 내용은 우리의 개인적 경험이 결정한다는 것이다.

융(1976a)은 우리가 물려받는 것은 '모든 인간에게 보편적인 동일한 정신구조'와 유사한 사고패턴을 품을 수 있도록 촉진하는 인간특성이라고 설명한다. 융은 각 원형에 대해 보편적인 상징이 있다고는 말하지 않았지만, 나의 생각에는 특정한 원형을 표상하는 상징은 종종 어떤 특징들을 공유하는 것 같다.

우리는 이 물려받은 성향들이 우리의 경험과 어떻게 관련되며 원형적 상징에 대한 이미지를 어떻게 촉진하는지 이해해야 한다. 11장에서도 보겠지만 모든 인간을 묶어주는 이 유전질은 죽어가는 5세 아이가 죽음-재탄생의 원형을 표상하는 것이 가능한 이유가 된다. 이 아동의 그림에는 해변가에 서서 손짓하는 한 사람이 나오는데, 이 이미지는 스틱스 강을 건너 다른 곳으로 건너게 해줄 나룻배 사공 샤론을 부르는 영혼을 나타낸다. 나룻배 대신 이 아동은 '날아가는 차'를 상상했다.

마찬가지로, 5장에는 자신의 남성성을 주장하려고 애쓰면서 객관적 정신을 표현하는 그림을 보여주는 남자 청소년의 예가 나온다. 그는 물 속의 보물을 지키는 물뱀을 그리는 것으로 자기(Self)의 원형을 표현했는데, 이 뱀은 '보물' 앞에서 직면해야만 하는 어떤 위협적인 힘, 예를 들어 조정적 자기가 회복되는 것을 상징화한다. 융(1968)은 타비스톡 강연에서 보물을 지키는 수중동굴의 물뱀에 대한 고대 모티브에 대해 언급했다. 이 신화적 모티브는 기독교 이전의 제례의식으로 돌아간다. 집단적 무의식을 이해하는 것은 환자의 그림에 나타나는 어떤 이미지와 환자는 모를 수도 있는 고대 문명인들의 이미지 간의 유사성이 갖는 중요성을 이해하도록 해준다.

원형을 정형적인 이미지를 만드는 경향성으로 보면, 표상적 이미지가 사람마다 상당히 다르다는 것을 알 수 있다. 예를 들어, 두 명의 각기 다른 사람이 자신의 삶에 엄청난 영향을 주었던 삼키는 어머니(Devouring Mother) 원형을 의식할 수밖에 없는 경우가 생길 수 있다. 두 사람 모두 거미줄에 매달려 있는 꿈을 꿀 수 있다. 거미줄에 걸린다는 것은 두 사람의 꿈에서 공통된 이미지다. 하지만 거미줄과 자신이 꿈에 나타나는 구체적인 방식은 여러 측면에서 다를 것이다. 따라서 공통적인 이미지나 구조가 둘 이상의 사람에게 구체적인 원형의 표상으로 제시될 수는 있지만 각각의 사람이 이 이미지들을 시각화하는 방식은 서로 다를 것이다.

이제 우리가 원형과 그 이미지와 관련해 물려받은 것이 정확하게 무엇인지에 대한 질문으로 돌아가 보자. 우리가 물려받은 것이 이미지라면, 모든 사람의 꿈, 상상, 환상 등에서 나타나는 이미지들은 모든 면에서 같을 것이다(위의 예에서 나온 꿈꾼 사람들은 거미줄이든 감옥이든 뭐든 간에 덫에 걸리는 똑같은 꿈을 꿀 것이다). 우리는 그들의 독특한 특징 또는 내용을 일으키고 유지하는 동일한 원형적 구조를 발견한다. 융은 원형은 의식에 도달할 수는 없지만 그것이 의식화될 수 있도록 영향을 준다고 주장한다.

원형, 원형적 이미지, 그리고 사람들이 가지고 있는 다양한 이미지 간의 관계는 동물병원에서 본 포스터를 상기시킨다. 그 포스터에는 다양한 개들이 그려져 있고 각 개들은 신체구조나 크기, 털이 구별되는 특징들을 갖고 있었다. 하지만 그것들은 모두 같은 종인 코커스패니얼 종이었다. 에어데일테리어종에서 휘핏종에 이르기까지 다양한 품종은 개별적인 원형적 이미지를 표상하는 것일 수 있다. 비록 당신과 내가 동일한 원형(개)을 사용하더라도, 당신의 개는 잭러셀테리어일 수 있고, 나의 개는 그레이하운드일 수 있다. 원형 그 자체(은유상 개)는 이미지에 의해 전달되는 '보이지 않는 에너지의 중심'이다.

우리가 물려받은 것은 원형들을 구조(이미지)로 조직화하여 표현하는 성향으로서 이는 집단적 무의식을 통해 가능하다. 집단적 무의식에는 시간이 시작된 이래로 있어 온 인류의 경험이 들어 있으며, 융은 이를 객관적 정신이라고 부른다.

## 확 충

꿈과 그림은 합리적 요소들이 아니다. 그것은 혼합된 은유들로 은유들의 내용을 이해하기 위해서는 '~인 것처럼(as if)' 받아들이고 사용해야 한다. 마리 앤 매튼(1978)은 "꿈은 그 텍스트만으로 해석될 수 없다.…… 그 상징은 미지의 언어처럼 번역되어야 한다."고 말한다. 이 같은 충고는 삶의 중요한 시기에 만들어진 그림에도 적용시킬 수 있다. 그림은 그 내용만으로 해석될 수 없으며, 그 내용이 상징할 수 있는 것을 고려해야 한다. 융은 꿈이나 그림의 의미를 이해하는 이 같은 접근을 확충(amplification)이라고 하였다.

융에 따르면 확충은 해석 가능한 원형적 모티브를 살펴보는 것뿐 아니라 꿈꾼 사람의 꿈에 대한 연상과 꿈꾼 시기의 인생경험을 알아보는 것도 포함되어 있다. 광범위하게 정의해서, 융의 확충개념에는 세 가지의 절차가 포함된다. (1) 꿈꾼 사람이 이미지에 대해 무엇을 연상했는가를 고려한다. (2) 이미지와 꿈꾼 사람의 실제 환경 간의 관계를 살핀다. (3) 이미지가 신화, 민속학, 인류학, 고대사, 그리고 종교를 반영하는지를 확인한다.

처음 두 가지 절차는 개인적 확충이며, 마지막 것은 원형적 확충을 통합하는 것이다. 마지막 것은 개인에 대한 깨달음뿐만 아니라 사회 또는 모든 인류에 대한 깨달음을 주기도 한다. 마지막으로 우리는 개인적 확충과 원형적 확충 간의 공통성을 찾을 수도 있다.

꿈 확충에 대한 것은 그림에도 적용할 수 있는데, 특히 생의 중요한 시기에 그린 그림일수록 그렇다. 그렇기 때문에 환자들의 그림을 다룰 때, 우리는 그들의 개인사와 함께 그들의 삶에서 신체적, 지적, 정서적, 영적으로 무슨 일이 일어나는지를 살펴보아야 한다(하지만 나는 그렇게 시작하지 않는다. 왜냐하면 이러한 정보가 환자의 개인적 삶과 아무 관계가 없는 진단적 단서로 인해 집중하지 못하게 만들기 때문이다).

그림이 개인적 현실과 그릴 당시의 상황을 정확하게 반영하는지 질문하는 것은 분석 마지막 단계에서다(예를 들어, 7월에 그려진 그림에 크리스마스트리가 있다면 그것은 현재 상황을 반영한 것이 아니다. 따라서 우리는 왜 그 사람이 지금 크리스마스를 원하는지 곰곰이 생각해 봐야 한다). 우리는 그림에 나오는 각각의 상징을 개인적 삶과 현재 상태의 표상, 그리고 다른 문화나 문명에서 나온 원형적 상징의 표상으로 본다.

원형적 확충에 대한 기초를 제공하는 몇 가지 아이디어를 살펴보자. 원형은 형식상 무의식적 정신과정에 영향을 주어 행동패턴을 조직화하도록 만든다. 예를 들어, 특정 사건이나 경험은 영웅적 행동을 불러일으킬 수도 있다. 영화나 연극, 신화 또는 동화는 어떤 태도나 특질을 균형 맞추기 위해 활성화되어야 하는 잠재적 에너지를 불러일으키는 데 사용될 수 있다. 이것이 원형적 에너지다.

브루노 베틀하임(1977)과 마리 루이제 폰 프란츠(1970a, 1972, 1974, 1976, 1997)는 의식이 정신 내 깊은 곳에서 일어나는 원형에 반응하기 위해 동화를 이용한다는 글을 썼다. 원형은 변화하거나 위협적인 상황에 적응하는 데 필요한 특정한 에너지를 만들어낸다.

인생은 일련의 변화로 이루어진다. 융(1976a)에 따르면 이 변화들은 무한정 다양하지 않으며 숫자상 제한되어 있어 "[다양성을 갖고] 자체적으로 계속해서 반복하는 몇 개의 정형적인 패턴으로 분류될 수 있다."고 말한다. 이 변화는 늘 그것에 상응하는 원형을 재생해내는데,

이 원형들은 원형의 정신을 전달하고 새로운 현실을 가져다주도록 도와줄 사상들을 의식으로 가져오려고 한다. 그리고 이 사상들은 상징, 이미지, 그리고 모티브로 전달된다.

이 활동은 앞서 언급된 초월적 기능의 작업을 설명해주는데, 이는 정신의 자기조정과정의 기본요소다. 초월적 기능은 삶을 더 광범위하고 정확하게 조망하기 위해 의식적 이해를 확장시키는 인간의 위업이다. 그리고 이 기능은 전체성에 대한 만족할 줄 모르는 허기와 노력에 의해 자극받는다.

불행히도, 오늘날의 많은 부모는 아동이 결정적인 발달의 변화 시기에 필요한 원형적 에너지와 관계를 맺도록 돕는 동화의 가치를 이해하지 못한다. 부모들은 이 놀라운 옛날이야기를 너무 유혈적이고 무섭다는 이유로 검열해 삭제해 버린다. 그러면서 부모들은 자녀들이 잔인한 비디오 게임이나 만화로 위장한 TV의 폭력장면을 보게 내버려두며, 폭력적이고 유혈적인 환상놀이를 하게 하는 장난감을 사준다. 오늘날의 합리적인 현대사회는 옛날이야기와 동화의 은유를 감상하고 동화의 인물과 상황에 개인적인 심리를 관련시키는 데 많은 어려움을 갖고 있다.

옛날이야기와 동화의 가치에 대한 이해부족은 1987년에 급격하게 드러났다. 런던 남부지역 브릭스톤의 시민들은 그림형제의 동화인 '백설공주'를 학교 도서관에서 금지시켰다. 아프리카계 가족들은 이 이야기가 백인이 흑인(또는 '유색 영국인')보다 우월하다는 생각을 지지한다고 주장하였다. 현실적으로 '백설공주'는 딸이 어머니의 흡혈적이고 삼켜 버리는 측면을 경험하는 문제 있는 모녀관계에 대한 고전적 이야기다. 이 이야기는 우리에게 부모가 나르시시즘을 극복하고 자녀가 충분히 성장하여 자신만의 생각을 갖거나 한 개인으로서 자기를 구분하는 것을 견뎌낼 수 없을 때 어떻게 되는가를 가르쳐준다. 하지만 이야기가 지적하는 것처럼 아이들 역시 나르시스적이기 때문에 파괴적인 자기흡수를 초월하는 법을 배워야만 한다. 백설공주가 더 아름답게 해주겠다는 여왕의 유혹에 넘어가 자신의 생명을 두 번이나 잃을 뻔했다는 것을 기억하라. 이 이야기는 독립과 성숙을 위해 우리에게 필요한 것이 무엇인지 알려준다. 그것은 인생의 어려움에 직면하고, 적절한 과제를 받아들이며, 한 가정을 유지하고 책임지는 것을 기꺼이 배우는 것이다. 또한 이 이야기는 다양한 종류의 관계에 대해서도 가르쳐주고 있다. 물론 백인이 우월하다거나 호의적이라든가 아니면 흑인보다 더 낫다는 생각을 주장하는 인종차별과는 아무런 관계가 없다.

신화와 동화가 갖고 있는 가치있는 상징은 오늘날 현대사회에서 거의 상실되었고, 사람들은 오직 과학적이고 합리적이며 객관적이고 실제적인 것에만 충성을 바치게 되었다. 우리는 액면 그대로 받아들일 수 없는 것이나 보이는 것 이상이 있다고 말하는 것을 의심하는 경향이 있다. 하지만 그렇게 되면 우리는 삶의 미스터리에서 벗어날 수 없다. 그리고 삶의 미스터리 중 하나는 융이 말한 것처럼 원형적 에너지가 태도의 변형을 이끄는 상징을 통해 우리의 의식을 관통하게 하는 자기 조정적 기능(초월적 기능)이다.

그림에서 나타나는 무지개, 새, 물뱀, 나무와 같은 상징은 구체적인 원형의 표상인 특정한 상징에 초점을 맞추어 탐색될 수 있다. 이 접근은 수잔 바치의 접근법이다. 미술에서의 무의식적 상징에 대한 바치의 경험적 연구는 30년 이상 이어져 왔다. 여기에는 환자나 유명한 미술가의 그림에 나타난 특정한 상징들(예, 영혼의 모티브인 새)을 추적해 나가는 것도 포함되어 있다(Bach, 1980a, 1990).

또 다른 접근은 특정한 원형이 한 개인의 경험에서 어떤 기능을 하는가를 연구하고 그것이 그 사람의 그림에서 어떤 상징적 언어로 나타나는가를 보는 것이다. 특정한 원형을 묘사하기 위해 사용하는 이미지는 다양하다. 이때 해야 할 것은 한 개인이 반영된 원형들과 어떤 방식으로 동일시하는지를 이해하고 이 원형적 경험이 개인의 삶에 미치는 영향이 어떤 종류인가를 알아내는 것이다. 이러한 접근을 통해 나는 임종환자들이 운명에 대처하도록 도와주는 영웅이나 전사, 자기(Self), 여행, 재탄생의 원형이 주는 가치를 배웠다.

때때로 모티브나 상징들은 하나의 작업에 이어 또 다른 작업에서도 그 원형묘사를 반복하여 나타내게 된다. 그러나 또 어떤 때는 마치 꿈에서 일어나는 것처럼 상당히 다른 이미지들이 원형을 투사한다. 아니무스를 생각해 보라(우슐라 봄홀트(1990)는 아니무스가 여성의 정신적 에너지로서 지식을 얻게 해주고 이미 선천적으로 알고 있는 것들에 초점을 맞추게 해준다고 정의했다). 여성은 꿈에서 자신을 위협하는 두 남자를 통해 자신의 아니무스를 볼 수 있다. 몇 주 또는 몇 달 뒤 그녀가 이 에너지를 점차 통합하고 자신의 아니무스와 더 잘 관계를 갖게 되면, 다른 꿈에서는 이 아니무스가 이국적 연인이나 지지적인 남성으로 바뀔 수 있다.

융 계열의 치료자들 중에는 꿈이나 그림의 이미지를 확충하는 것이 그 꿈이나 그림의 진정한 힘과 의미를 빼앗는다고 믿는 사람들이 있다. 그들은 우리가 그것이 무엇이다라고 이름붙이면 마술과 미스터리가 사라져 버리고 영혼은 '해석'을 통해 그 표현의 한계가 정해져서 축소된다고 주장한다.

나는 꿈이나 그림을 과잉분석하거나 지적화하는 것은 위험하며 그

변형적 에너지를 없애 버릴 가능성이 있다는 데 동의한다. 우리는 내담자에게 의식적 고찰을 하게 내몰아 무의식적 치유과정을 막을 수 있다. 합리적인 머리작업이 강요되면, 우리의 영혼은 위축될 수밖에 없다.

그러나 확충의 목적은 꿈이나 그림의 본질을 풍부히 보기 위한 것으로, 그들의 삶과 만들어진 이미지 간의 관계를 살펴보는 것이다. 또한 확충은 전체로서의 치료자나 사회와 같은 타인의 삶이 드러난 이미지들과 어떻게 관련되는지를 보여주기도 한다. 따라서 확충은 꿈의 진정한 힘, 의미, 마술, 미스터리를 강탈하는 것이 아니라 오히려 이 모든 특성을 더 확대시킬 수 있다.

확충은 꿈이나 그림의 '의미'를 지적하기 위한 시도가 아니다. 그것은 개개인의 삶의 의미와 힘을 다룬다. 치료자나 심지어 지역사회도 확충을 통해 이미지를 만든 사람이 내놓은 원형적 에너지와 연결될 수 있다. 그림에 나타난 이미지를 확충하기 위해 그림을 그린 사람의 삶을 다양한 문화나 신념체계를 통해 이미지가 사용해 온 모든 방식과 연결시키려는 시도는 필요하지 않을 뿐더러 합리적이지도 않다. 관찰자가 선택하는 특정한 상징은 관찰자가 이미지를 만든 사람과 그의 삶 또는 죽음의 문제와 관련짓는 방식을 반영하는 것이다.

# 02 정신과 신체의 반영

점차로 임상가들은 영혼(또는 정신psyche)과 신체(soma)의 관련성을 인식해가고 있다. 연구들에 따르면 환자들의 그림은 신체와 정신의 과거나 현재상태를 더 잘 표현할 수 있으며 심지어는 병에 걸리기 전에도 신체상태를 알려줄 수 있다는 것을 보여주고 있다(Bach, 1969, 1974/75, 1990; Furth, 1988; Williams, 1981, 1985). 따라서 꿈과 마찬가지로 그림은 우리의 현재상태를 반영하며 앞으로의 과정, 즉 예후도 보여줄 수 있다.

물론 개인이 의지를 갖고 그리거나 "원하는 것은 무엇이든 그리세요."라는 초대에 반응하여 그린 그림에 대해 이야기하는 것이다. 이는 진단적 목적을 위해 제시된 집-나무-사람 그림검사와 같은 그림과는 다르다. 만약 무작위적으로 그림을 그리겠다고 의식적으로 계획하더라도 그 입력은 의식적 자아에만 국한되지 않는다. 우리의 심리상태와 신체상태는 모두 전의식적 지식을 통해 그림에 반영될 수 있다.

낭포성 섬유증에 대한 초기연구(1978~1979년)에서 나는 파랗게 칠해진 구름이 폐수종이나 정맥두염, 또는 말초조직의 수종 때문에 물이 차는 환자들에게서 나타나는 공통적인 그림특징이라는 것을 발견했다. 마릴린 레온하르트(1984)의 연구는 음영이 들어간 구름이 호흡기 출혈과 상관이 있다는 것을 확인해주었다(CF는 세포가 나트륨과 염화물을 조절하는 데 문제가 있는 병으로서 폐가 물을 너무 많이 빨아들이는 병이다).

파랗게 칠해진 구름이 갖는 신체적 의미 외에도 물로 채워진 구름은 확실히 억제된 눈물을 시사하기도 한다. 많은 CF 환자는 심한 질병단계에 있을 때 두려움이 섞인 슬픔을 많이 경험하며 이를 상징적으로 표현한다. 부모들은 자신과 가족들이 이 슬픔을 겉으로 표현하면 불편해질 것이라고 믿기 때문에 자신과 가족들을 보호하기 위해 이러한 감정들을 억제할 수도 있다. 파랗게 칠해진 구름은 정신이 무엇을 느끼는지를 상징적으로 드러내주는 몇 가지 비언어적 표현 중 하나다. 따라서 우리는 파랗게 칠해진 구름이라는 하나의 상징이 어떻게 정신과 신체 둘 다를 동시에 표상할 수 있는지 알 수 있다.

정신과 신체의 실재를 이해하기 위한 도구로서 그림을 사용하는 것은 신체, 마음, 그리고 영혼의 끈기를 요하는 장엄한 일이다. 나와 동료들은 우리가 특정한 예후적 신호를 자주 부정하고 예시적 특성을 가진 단서를 가능성 있는 신호로 볼 수 있는 이유를 합리화해 왔다는 것을 알아차렸다. 우리가 어리석은지는 몰라도 그림은 진실을 말해준다. 심지어 환자들조차도 자신의 삶에서 일어나는 과정을 의식적으로는 인식하지 못해도 바치의 말처럼 "'그것'은 우리 내부를 알고 있다." 바치(1974/1975)는 다른 조언도 하였다. "만약 아동들이 자신들의 그림에 대해 말하는 것이 두려워서 차라리 그것을 사실이 아니라고 받아들인다면, 우리 역시 수년간 머리카락이 곤두서고 숨죽인 침묵이 엄습하는 경험을 하면서 그런 것들을 작업해 오고 있다는 것을 생각하라."

전문미술가들이나 미술 교육자, 미술 비평가들은 내가 지금까지 제안한 것처럼 그림이 분석적이고 임상적으로 정밀조사를 하는 데 적합하다는 것을 받아들이기 힘들어 한다. 왜냐하면 이들은 미술을 의식적인 구성물이라고 생각하기 때문이다. 전문미술가들은 특정한 색채혼합, 사물, 모양, 또는 배치는 어떤 균형이나 리듬, 또는 미적 가치를 주기 위한 '예술적 이유'로서만 선택되는 것이라고 주장한다.

우리는 그림을 그릴 때 의식적으로 한 가지 방식으로 그린다. 즉 어떤 특정한 사물이나 모양, 음영, 또는 배치를 빼거나 아니면 다른 것으로 대체해서 그린다는 것이다. 하지만 우리의 의식적 선택은 의식적 태도뿐만 아니라 무의식적 태도와도 연결되어 있다. 미술치료자이면서 미술교육자인 션 맥니프는 전적으로 의식적 자아자기에서 나온 제한된 의미를 이미지에 강요하기보다는 이미지가 우리의 수용적 영혼에 이야기하도록 내버려두는 것이 중요하다고 강조한다.

내가 이끈 한 워크숍에서 어떤 미술치료자는 우리가 자신의 그림에 지면이 없는 것을 불안정성의 표현이나 현실에 뿌리를 내리지 못하는 것으로 본다는 것을 알고 있다고 말했다. 그러고 나서 그는 미술가로서 자신은 그렇게 하는 것이 더 미적이기 때문에 그런 식으로 칠하기로 선택했다고 주장했다. 그의 자아는 이미지가 미적 표현이라고 주장하면서 무의식을 통해 그 이미지가 전달했을지도 모르는 그 어떤 메시지도 거부한 것이다.

임상훈련과 경험에도 불구하고 이 미술치료자의 합리적 자아의식은 그림에 대한 설명 이상을 보지 못하게 막고 있었다. 그는 자신의 무의식적 기능이 자신의 미적 선택에 영향을 미칠 수 있다는 것을 인정할 수 없었다. 그는 너무나 당연히 자신이 심리적이나 신체적으로 안정적이라고 생각해서 자신의 그림에 나온 공중에 떠 있는 꽃들이 자신에 대해 (1) 그의 신체적, 정서적 안녕과 관련해 양육이 없었고, (2) 어떤 종류의 상실, (3) 뭔가를 보상하기 위한 과장된 태도의 발달, (4) 환상에 대한 현실의 어떤 거부, 또는 (5) 어떤 자연적이고 본능적인 삶의 측면과의 해리를 나타낼 수도 있다는 것을 보지 못했다(물론, 이 미술가를 정확하게 요약해 주는 단 한 장의 그림이란 있을 수 없다).

우리 모두는 우리의 자아가 마주치고 싶어 하지 않는 부분들을 갖고 있기 때문에 두려움을 주는 것들이나 우리가 가는 길을 성가시게 막고 있다고 보는 것들에서 스스로를 보호하기 위해 재빠르게 차단막을 내린다. '꿈의 길'이라는 영화에서 마리-루이제 폰 프란츠는 이런 생각을 꿈의 의미와 연관시켜 표현하고 있다(Boa, 1987). 그녀는 우리들은 우리의 이면에 있는 것을 볼 수 없기 때문에 꿈을 해석할 수 없다고 말한다. 마찬가지로, 우리는 우리의 그림이나 심지어는 우리와 아주 가까운 사람들의 그림도 해석하기 어렵다. 정서적으로 누군가와 가까울 경우 우리는 직면하기 고통스러운 어떤 특성이나 콤플렉스들을 무시하기로 선택할 수도 있기 때문이다.

그림이 의식적이고 무의식적인 정신상태와 신체상태를 타당하게 표현해준다는 생각을 지지하는데도 이러한 생각은 많은 저항에 부딪친다(Bach, 1990; Weber, 1980; Furth, 1988; Kiepenheuer, 1980, 1990; Williams, 1981, 1985). 유명한 미술교육자인 로다 켈로그(1969/1970)는 아동들의 미술은 기본적으로 심미적 감정의 표현이라고 보고, 개인적 무의식이든 집단적 무의식이든 이와 관련된 어떤 상태를 표현한다고 주장하였다. 융은 켈로그에게 전세계적으로 3세 정도의 아동들은 자발적으로 만다라를 그리며, 이 만다라는 타고난 이미지로서 종종 의식적 심상화에 나타난다고 설명하였다(1969/1970).

분석심리학에서는 만다라 그림을 내적 균형을 회복시키거나 질서와 혼돈을 연결시키고 자아와 자기(Self)의 관계를 포함하여 재통합을 이루기 위한 것으로 이해한다. 켈로그는 만다라가 각 아동들이 난화경험을 통해 발달시키는 하나의 이미지라고 인식하긴 했지만, 이 단계를 자기(self/Self) 정체감으로 나아가는 자아발달의 표현단계로 보는 데는 관심을 두지 않았다.

조엘 라이스-미누힌(1988)은 1~2세 아동들이 그리는 동그라미 그림들에 대해 설명하였다. 이 그림들은 자기(Self)로부터의 자아출현, 자아충동을 결정하는 자유, 개성화, 그리고 전체성을 주도하는 것 같다. 그리고 때때로 이 그림들은 아동들의 경우 일시적이긴 하나 자기(Self)의 합일을 주도하기도 한다.

켈로그(1969/1970)는 모든 아동이 팔이 없는 사람을 그리는 단계를 거친 후 팔이 있는 사람을 그릴 수 있게 된다고 하였다. 그녀는 이러한 생략은 망각이나 미성숙 때문이 아니라 일단 아동이 특정 비율로 머리와 다리를 그리면 팔을 생략하는 경우가 있는데, 그것만으로도 아동에게는 좋아 보이기 때문이라고 주장하였다.

나는 이 그림 형태가 망각이나 미성숙 때문이 아니라는 켈로그의 설명을 지지한다. 이러한 특성은 일반적으로 4세 정도의 학령 전 아동들의 그림에서 가장 많이 나타난다. 하지만 그림의 무의식적 표현에 대한 경험연구를 보면 학령 전 아동들이 그린 사람 그림에서 팔을 생략하는 데에 또 다른 부가적인 이유가 있을지도 모른다는 생각이 든다.

이 연령의 아동들은 자기중심적이긴 하지만 점차 자신이 갖고 있는 에너지의 한계를 이해하게 된다. 자신의 취약성에 대한 인식은 필연적으로 다양한 기술의 숙달을 통해 얻어지는 자기신뢰를 갖게 해준다. 대략 3~4세의 아동들은 자율성과 의존성의 경험을 왔다 갔다 하면서 정복과 항복의 시소를 타게 된다.

2세경의 아동은 '나' '내 것' 이라는 말을 자주 하며, 자신의 힘과 통제를 억제하는 요구에 대해서는 강하게 저항한다. 이러한 자기중심성은 4세 정도가 되면 자신감보다는 좀 더 수줍어하는 쪽으로 변하게 된다. 2세 아동의 건방진 자아는 4세가 되면 좀 더 복종적으로 변한다. 부모, 형제, 또래에 대한 힘의 투쟁은 경쟁갈등이 된다. 학령 전 아동들의 주장성과 주도성은 스스로가 문제를 깨닫고 죄책감을 극복하기까지는 이 주장성과 주도성을 멀리 밀쳐놓을 수도 있다. 양심에 상처받지 않고 수용감을 얻기 위해 아동들은 과잉통제의 수준까지 자신들의 행동을 억제하기도 한다.

나는 4세 정도의 아동들이 그림을 그릴 때 종종 팔이나 다리를 생략하는 이유는 자아가 경험하는 상황 때문이라고 본다. 4세 아동의 자아는 패배감, 죄책감, 또는 상황적 통제 부족을 느끼는 시기를 겪는다. 이때 아동들은 자신들이 환경이나 그 속에 있는 사람들을 조종하기보다는 오히려 자신들이 그들에게 조종당한다고 인식한다. 나아가 태어날 때부터 충분한 양육과 긍정적 반영을 경험하지 못했던 아동들은 결함이 있는 자아를 갖게 될 것이다. 이러한 박탈은 4세쯤에 분명해진다. 팔이 없는 사람 그림은 이러한 개인적인 자아경험을 보완하고 보상할 수 있다.

4세 아동들은 자신이 삶을 다룰 힘이 부족하다는 의식적이고 무의식적인 생각을 갖기 때문에 팔이 없는 사람을 그리고자 할 수도 있다(무의식은 이러한 그림에서 무력함을 보완한다). 4세 아동들은 문제를 일으키는 신체적 공격성을 억누를 필요도 있을 것이다. 무의식은 팔이 없는 그림을 통해 이를 보완한다. 따라서 팔이 없는 인간은 특히 4세 정도의 유아들이 자신과 환경에 대해 어떻게 느끼는지에 대한 상징적 표현이라고 볼 수 있다.

단지 심미적 선호 때문에 인간이 특정 방식으로 그리거나 색칠을 한다고 주장하는 것은 의식적 기능수준만을 인정하는 것이다. 이러한 추론은 왜 인간이 특정한 선택은 심미적으로 옳다고 믿는가 하는 의문을 무시하는 것이다. 몇 년 전 악성종양으로 진단받은 한 아마추어 예술가는 자신이 최근에 그린 그림 중 하나를 딸에게 주었다. 그 그림은 수박수레를 끄는 노새를 모는 행상인을 그린 것이었지만, 수레나 노새를 받쳐주는 지면선 대신 땅이 보이지 않는 안개 같은 것이 있었다. 이후 이 남성은 치료를 받고 회복되었다.

몇 년 후 회복 중에 그는 그 그림이 걸려 있는 딸의 집을 방문하였는데, 우선 지면선이 없는 것을 알아차리고 그 그림에 기분이 상했다. 그에게는 그림이 잘못되어 보였다. 그는 수레와 노새를 받쳐주는 길이 없다는 것이 너무 괴로워서 수레바퀴와 노새의 발 밑으로 땅을 새로 그려 넣겠다고 했다. 이전에 그는 그 그림을 선물로 주었다는 것에 긍지를 가졌지만 지금은 불만스러웠다. 그림의 뭔가는 더 이상 그의 그림이 아니었다. 그는 그 그림이 이전의 그림이라고 주장할 수 없었다.

암이 사라진 지금 그는 자신의 삶이 덜 위협적이고 좀 더 안정되었다는 긍정적 표현으로서 그림 속의 대상물들이 땅에 발을 딛는 것이 더 적절하다고 느낀다는 것을 이해할 수 있다. 다른 한편 그의 암은 재발

할 가능성이 있었다. 따라서 지면선을 첨가하겠다는 그의 주장은 불안정성이 자신의 삶에 대한 그림의 한 부분일 수 있다는 점을 부인하고 싶어하는 강한 충동을 반영한 것일 수도 있다. 지면선을 첨가하는 것은 땅과 연결되어 건강하게 성장하고 싶어하는 바람, 즉 죽지 않고 살고 싶은 바람을 반영할 수도 있다(이 남성은 열심히 일하는 정원사였다).

이 그림에 대한 나와 동료들의 해석에 따르면, 이 남성이 지면선을 원하는 것이 암의 영향과 무관하게 일어난 변화라고 보기가 어렵다. 이런 일이 어린 학령기 아동의 그림에서 나타났다면 그 변화는 아동의 성숙으로 인한 미적 취향, 즉 기술이 좋아졌기 때문이라고 볼 것이다.

그러나 이 그림은 은퇴했지만 활동적인 남성이 그린 것으로, 살아오면서 그는 대부분의 취미로 그림을 그려 왔다. 이 남성의 수박수레 그림과 관련된 일련의 사건들은 그가 알고 있었든 모르고 있었든 관계없이 아주 중요한 시기에 삶을 재차 확인하는 것이 중요하다는 점을 보여준다.

CF 연구를 시작하기 몇 년 전 나는 프랭클린이라는 11세 암 환자로부터 정신과 신체가 표현된 주목할 만한 그림을 수집하였다. 이보다 2년 전에 프랭클린은 한쪽 다리 뼈에 암이 있다는 진단을 받았는데, 결국 무릎 아래를 절단하는 수술을 받았다. 강건한 소년이었던 프랭클린은 의족에 빠르게 적응하였고 학교 농구부에서 스타가 되었다. 그러나 불행히도 암이 폐에 재발하여 폐 수술을 두 번이나 받아야 했다.

그는 암의 재발 가능성과 새로운 암 발생을 알아보는 암 방사선 의학 검사를 받기 위해 병원에 입원했다. X-레이를 찍기 위해 기다리는 동안 프랭클린은 풋볼 선수를 그리기로 했다([그림 2]). 그는 나에게 그림 속의 선수는 쿼터백이며 힘든 경기를 했다고 설명했다. 원하는 색을 다 사용할 수 있었지만 프랭클린은 선수를 그릴 때 보라색 색연필을 선택했다.

암 환자의 그림을 연구한 바치(1990)는 환자가 보라색(바치는 담자색이라고 불렀다)을 사용할 때는 항상 통제의 문제가 있다고 하였다. 즉, 발작이나 경련 같은 증상이 자주 수반되거나 아니면 병이 다른 곳으로 전이된다든지 해서 심각해지는 것이다. 이 색깔은 이따금(긍정적이거나 부정적으로) 심리적으로 지지받는 느낌을 표현하거나 통제의 문제, 즉 통제하거나 억제하거나 아니면 통제되거나 억제되려는 욕구를 시사한다.

프랭클린이 그린 쿼터백의 얼굴은 이 경기가 상처 입는 경기였다는 것을 말해준다. 이전 경기들에서 상처를 입었을 수도 있다. 선수의 오른쪽 얼굴에는 아홉 바늘을 꿰맨 자국이 있다. 얼굴을 다 그리고 나서 프랭클린은 종이가 작아서 몸 전체를 그릴 수 없다고 불평했다. 나는 다른 종이들을 붙여서 계속하면 된다고 제안했다. 우리는 그렇게 했고 세 장의 종이를 덧붙여서 전신을 다 그렸다.

그리고 나서도 그는 만족하지 못했다. 그는 운동장과 스탠드의 관중을 그리고 싶다고 했다. 그래서 다섯 번째 종이와 여섯 번째 종이를 수평으로 붙이다 보니 그림이 십자가 모양이 되었다. 이는 지금 진행중인 그의 병이 그에게 견딜 것을 요구하는 무거운 십자가를 상기시켰다. 수많은 치료와 수술을 견디면서 그는 얼마나 많은 십자가에 못박히는 느낌을 받았을까!

나는 그림 속의 쿼터백이 내셔널 풋볼리그의 프로 선수라는 것을 알 수 있었다. 그는 '최고'의 쿼터백이며, 자신의 팀을 위해 반칙을 지시하고 있다. 프랭클린이 그린 풋볼 선수의 이 모든 특징은 분명히 암을 극복하기 위한 그의 용감한 싸움을 보여준다. 이러한 특징들은 이 소년이 자신의 삶에 얼마나 많은 가치를 두고 있는지도 알려준다.

다 그린 후 그림을 설명하기 위해 그는 뒤로 물러나 앉았다. 그러더니 갑자기 "충분히 지저분하지 않아요."라고 하면서 보라색 색연필을 다시 집어들고 쿼터백의 왼쪽 가슴 아랫부분을(그림에서는 오른쪽) 칠했다. 임상용 속어로 '지저분'이라는 단어는 때로 감염이나 X-레이 촬영을 통해 발견된 손상을 의미한다. 그림에 '지저분한' 자국을 그리자마자 프랭클린은 X-레이 병동의 호출을 받았다. 활동실이 거의 문을 닫을 시간이었기 때문에 나는 내일 아침까지 내 사무실에 그림을 보관하겠다고 말했다.

다음 날 아침 도착했을 때 나는 간호국에서 프랭클린의 차트를 읽고 있는 종양전문의를 보았다. 나는 즉시 내 사무실에 있는 프랭클린의 '지저분한 쿼터백'을 생각해내고는 그 그림을 종양전문의에게 보여주면서 X-레이를 찍으려고 기다리면서 그린 그림이라고 했다. 의사에게 '지저분한' 덧칠에 대한 프랭클린의 말을 보고하자, 의사는 순간적으로 숨을 멈추면서 외쳤다. "세상에, 그건 정확히 X-레이에 나타난 암의 위치예요."

바치(1969)는 종종 아동들의 그림을 관찰하면서 아동들은 자신의 신체 상태를 그림에 직접적으로 투사하기 때문에 그림에서 신체를 거울처럼 반영한다고 하였다. 즉, 그림의 오른쪽은 신체의 오른쪽을 반영한다. 그러나 바치(1980b)는 학교교육을 통해 결국 그림에 투사된 '거울 이미지'를 고쳐서 그것이 '반대로' 되게 만든다고 말하기도 했다(p. 8).

좀 더 나이가 든 학령기 아동들(대략 9세 이상)은 보통 그림에 신체적 내용을 투사할 때 거울 이미지로 그리지 않는다. 따라서 쿼터백의 오른쪽의 보라색 덧칠은 프랭클린의 왼쪽 폐 아래에서 발견된 암 전이와 일치한다고 볼 수 있다.

그림을 평가해 온 그동안의 경험을 통해 나는 우리가 이미지를 통해 그림을 그릴 때는 무의식적 영향이 의식적 의도와 혼합된다는 것을 알게 되었다. 의식적 사고와 무의식적 사고의 이러한 혼합은 그림을 그리는 우리의 결정과 행위 속에 우리의 삶과 환경이 그대로 드러나게 해준다. 그림을 그리고 색칠을 하는 데 무의식적 영향을 가볍게 보는 미술가나 교육자들의 태도와 합리화하는 표현은 미술가가 캔버스나 도화지에 완벽하게 정통해 있다는 의식적 통제에서 비롯된다.

사실 자아는 의식적인 자기가 전체 정신 에너지를 가장 강력하게 통제한다고 믿고 싶어 한다. 현실적으로 자아는 의식적인 요소만을 다룰 뿐 무의식을 통제하지는 않는다. 이러한 진실은 프로이트(1913~1914)가 분류했던 실착행위를 통해 잘 드러난다. 실착행위는 "말실수나 글실수, 그리고 '멍해져서' 단어나 이름 또는 하려고 했던 것을 잊어버리게 되는" 현상이다(pp. 166-167). 프로이트는 이러한 '경우들'은 무의식이 의식적 태도를 배반하는 상황이라고 설명하였다.

무의식적 영향에 대한 나의 주장은 아주 구체적인 방식으로 뭔가를 그려야 하는 상황에도 해당될 수 있다. 그러나 식물학 전공 학생들의 숙제가 땅속 줄기망을 그리는 것이거나 아니면 의학 일러스트레이터에게 특정 해부도를 그리도록 한다면 무의식적 영향은 억제되어 알아내기 어려워질 것이다. 반면 자유롭게 그려진 그림이나 미술가가 그리는 그림에서는 무의식적 기능을 훨씬 더 쉽게 알아볼 수 있다.

다른 사람에게 적응하고 대처하며 상호작용하는 스타일과 삶의 경험을 처리하는 스타일은 생애 초기에 이루어진다. 그림은 삶의 리듬을 상징적으로 반영해줄 수 있다. 아주 강박적인 사람은 그림을 그릴 때 아주 완벽하게 균형을 맞추려고 하기 때문에 그림의 오른쪽에 나무나 꽃, 새 등 뭔가를 그렸다면 그것을 왼쪽에도 똑같이 그린다.

긴장성 두통을 겪는 사람은 분노를 억압하고 있을 수 있다. 이 억압은 분노를 긴장으로 전환시킨다. 긴장은 혈관수축을 일으키고 결국은 두통을 가져온다. 이렇게 분노를 억압하는 데 익숙해진 사람은 거의 무채색의 그림을 그린다. '진실한 색을 보여주길' 거부하는 것은 부인된 분노(정신)가 혈액순환의 수축(신체경험)을 일으키는 정신-신체관계를 반영하는 것이다.

이러한 경우는 안색이 창백하고 머리가 욱신거리며 때로는 기절까지 하게 만든다. 따라서 이는 표현을 억누르는 사람의 특성이기 때문에 이러한 사람은 약하거나 흐린 그림을 그릴 수 있다. 물론 무채색 그림을 그렸다고 해서 반드시 두통이 있거나 화가 났거나 감정을 억압하거나 아니면 에너지가 부족한 것은 아니다. 그림에서 인간의 상태를 묘사해주는 단일한 특징은 없다. 우리는 전체 그림과 관련해서 모든 이미지를 살펴봐야 한다.

건강한 사람과 심하게 아픈 사람이 그림을 그릴 때 동일한 인물과 모티브를 그릴 수도 있는가? 대답은 '그렇다'이다. 수잔 바치(1990)는 아픈 아동들과 건강한 아동들이 동일한 모티브를 그린 그림들의 예를 보여주었다. 그러나 아픈 아동들과 건강한 아동들이 모티브를 전개시켜 나가는 방식에서는 중요한 차이가 있었다. 나이는 비슷하지만 한 명은 건강하고 다른 한 명은 아픈 두 명의 소년이 딱따구리 그림을 그린 경우가 있었다. 이 소년들은 서로 알지 못했을 뿐만 아니라 서로의 그림도 보지 않았다. 바치는 어떤 소년이 건강한지 모르는 상태에서 이들의 그림을 평가하였다. 그녀는 어떤 그림이 질병의 프로파일과 들어맞는지 또 어떤 그림이 건강 이미지를 전달하는지 각 그림의 세부사항들을 평가하는 방법을 보여주었다.

8세의 일란성 쌍둥이에 관한 사례도 있다. 그 중 한 명은 백혈병에 걸렸고 다른 한 명은 건강했다. 그들은 체리를 수확하는 내용의 그림을 그리기로 했다. 암이 있는 아이는 입원하여 그림을 그렸고, 다른 아이는 집에서 그렸다. 둘은 서로의 그림을 보지 못했다. 이 두 그림이 보여주는 차이는 인상적이었는데, 특히 아픈 아이가 체리를 색칠하는 방식에서 그러했다. 건강한 아동들의 그림에는 일반적으로 기이함이 거의 없다. 건강한 아동들은 적절하지 않은 색깔을 거의 쓰지 않으며 필수항목도 거의 빠트리지 않는다.

퍼스(1973)의 연구는 건강한 아동, 백혈병 아동, 그리고 아프지만 그렇게 심각하지 않은 세 아동집단의 그림을 비교 대조하였다. 그려야 할 것을 가장 많이 빠트리고 그린 것은 백혈병 아동의 그림이었다. 건강한 아동들은 얼굴이 있는 태양을 그리는 경향이 있지만 다른 두 범주의 아동들은 그렇지 않은 경향이 있다.

그림이 삶에서 일어나는 사건들을 의미하는 무언가를 담고 있는 것은 분명하지만, 그것은 상징의 베일에 싸여 있다. 그림과 꿈은 아주 유사하며 동일한 방식으로 분석될 수 있다.

나는 미술에 대해 융 학파가 갖고 있는 원형적 접근을 부정하는 미술교육자들과 비평가들에 대해 언급했다. 개개인의 신체나 심리상태, 또는 환경과의 관계에 초점을 맞추려는 그림분석가들을 조소하는 사람들이 있는데, 특히 이러한 분석에서 무의식의 역할을 강조할 때 더욱 그렇다.

그러나 대다수의 미술가는 자신들이 그런 그림이 자신의 전체 성격을 반영한다는 것을 쉽게 인정할 것이다. 더욱이 대부분의 미술가, 미술교육자, 비평가들은 각 미술가가 성격적 스타일의 한 부분으로서 어떤 특성들을 발달시킨다는 것을 알고 있다. 그런데도 일반적으로 미술가, 미술교육자, 또는 비평가들은 미술에서의 이러한 요소를 상징적 기능과 관련시키지 않고 형식적이고 심미적인 방식으로 여기는 경향이 있다.

이러한 문화적 편견을 논의할 때, 도허티(1996)는 "심리적 원리에 의해 미술이 삶과 아주 동떨어져 정의되면, 미술가의 역할도 마찬가지로 분리된다."고 주장한다. 미술작품이 '미술가든 지역사회든 그 삶의 의미를 전달해주는 능력'을 박탈당하는 것이다(Dougherty, 1996). 미술분석을 인간이 겪는 경험과 떨어뜨려 생각한다면 미술가나 미술교육자, 비평가들이 자발적인 미술이 신체나 정신에서 무언가를 전달할 수 있다는 것을 부인하는 것이 당연하다.

무의식이 인간의 삶에 영향을 미친다는 것을 두려워하는 경향이 있다. 만약 미술교육자와 비평가가 미술가는 무의식적으로 정신과 신체의 상황을 그림에 투사할 수 있다는 것을 인정한다면, 그들은 동일한 과정이 자신들에게도 적용될 수 있다는 것을 인정해야 할 것이다.

마찬가지로 나는 자녀의 그림으로 성격과 행동을 임상적으로 평가하는 것을 부인하는 부모들을 보았다. 그들은 왜 자신의 자녀가 특정한 방식으로 그림을 그리는가에 대해 합리화하면서 심리검사도구를 거부한다("그 아이는 할아버지가 지난달에 나무를 잘라냈기 때문에 나무를 찍는 남자를 그린 거예요." "오, 걔는 항상 그런 식으로 여자를 그려요." "그

아이는 그 영화를 세 번이나 봤고 그 등장인물에 빠져 있어요.").

자녀의 불편한 정신상태를 부인하거나 하찮게 보려는 소망은 부모로 하여금 자녀가 사용하기 시작한 모티브와 그것이 자녀의 현재 상황에 주는 상징적이거나 은유적인 중요성을 보지 못하게 한다. 단순한 사실은 우리 대부분이 자신이나 자녀들에 대해 드러난 진실을 직면했을 때 이에 대해 분별없이 무서워하거나 고통스럽게 난처해한다는 것이다.

켈로그(1969/1970)는 "심지어 대다수 재능 있는 성인 미술가도 미술에 정서적 경험을 묘사하는 것을 어려워하면서도, 왜 아동의 작품이 아동의 생활경험에 대한 보고서라고 주장하는지 이해할 수 없다."고 말한다. 그녀와 그녀의 작품에 존경을 보내는 나로서는 그녀가 그림 속에 있는 의식과 무의식의 표현을 혼돈하는 것으로 보인다. 아동, 성인, 그리고 전문미술가나 아마추어미술가들은 장면이 그들 내부에서 일으키는 특정한 기분 또는 황홀감을 만족스럽게 묘사하지 못할 수도 있다. 그러나 그들의 그림은 그들 성격의 어떤 특이성, 특히 생활경험의 영향과 건강상태에 대한 단서를 반영할 가능성이 아주 많다. 심지어 이러한 반영들은 미술가가 의식적으로 표현하려고 했던 것과 아무 상관이 없을 때도 나타날 수 있다.

무의식은 우리가 무언가의 그림을 '모사'하거나 '삶과 동떨어진' 무언가를 그리기로 선택할 때도 영향력을 발휘할 수 있다. 이 영향력은 부분적으로는 그림대상을 선택할 때도 일어나지만, 원 대상과는 미묘하게 때로는 눈에 띄게 다를 때도 그렇다. 바치는 한 백혈병 환자의 예를 들었는데, 원래 사진과 아주 다르게 '모사한' 것은 그녀의 심리적이고 신체적인 상태 모두와 의미있는 관계가 있었다.

바치(1974/75)는 자신의 보고서를 처음에는 국제저널에 실었고 그 수정판을 『삶은 그 자신의 주기를 그린다』라는 책에 포함시켰다. 이 환자는 17세였으며, 잡지에 실린 소나무 가지에 앉아 있는 올빼미 컬러 사진을 모사하려고 했다. 그러나 잡지의 그림과는 많이 벗어난 소녀의 그림은 그녀의 건강상태와 유사하였다.

원래 사진과 많이 다른 것에는 벌레에게 먹혀 눈에 띄게 성긴 소나무 잎과 올빼미가 앉기에 불안정해 보이는 썩은 가지가 있으며, 올빼미의 눈도 한쪽이 없어진 것처럼 보이게 그렸고, 올빼미와 나무의 주변을 검게 칠하고, 색깔 없는 배경과 원래 사진에 있는 나무가 우거진 배경도 빠져 있었다.

병든 가지에 있는 올빼미의 불안정한 자리가 불확실한 삶의 발판을 예시하며, 성긴 소나무 잎이 항암치료로 머리카락이 빠지는 것을 보여 주는 것이라고 증명할 수는 없다. 한쪽 눈이 실명한 것처럼 보이는 올빼미(어둠 속에서 보는 새)가 미지의 어둠을 보는 것에 대한 그녀의 두려움을 나타낸다고 주장할 수도 없다. 아마도 그녀는 죽음의 가능성을 보고 싶어 하지 않았을지도 모른다. 그리고 우리는 색깔 없는 배경이 그녀가 자신의 진정한 감정(분노?)을 억누르고 있는 것이라고 주장할 수도 없다. 그러나 이 분명한 차이점들이 소녀의 신체적이고 심리적인 상태와 상당히 일치한다는 것을 볼 수는 있다. 바치의 연구는 그림이 '모사된' 것이더라도 그 사람이 처한 독특한 상황은 고의적이든 그렇지 않든 상징적으로 드러난다는 것을 가르쳐 준다.

## CF 다루기

몇 년 전 CF에 걸린 한 어린 아동이 부모와 의사가 자신의 병에 대해 이야기하고 있는 것을 듣게 되었다. '낭포성 섬유증(cystic fiberosis)'은 생소한 단어였기 때문에 아동은 그들이 '65송이 장미(sixty–five roses)'에 대해 이야기하고 있다고 생각했다. 아동은 왜 모든 사람이 '65송이 장미'를 심각한 문제라고 생각하는지 어리둥절해했다. 이 아동이 만들어낸 병명의 오발음은 CF 병동에 널리 퍼지게 되었다.

결국 '65송이 장미'는 CF에 대한 교육영화의 제목이 되었다. 나중에 이 이름은 CF 연구 기금마련을 위해 만들어진 야구단에 채택되었고 65송이 장미 스포츠 클럽은 농구, 축구, 하키, 미식축구를 포함해 전국에 걸쳐 다른 스포츠 클럽으로 확장되었다. 이 클럽들은 CF 재단을 위해 수년간 수천 달러를 모금했다.

불행히도 CF에 걸린다는 것이 장미침대와 같은 것은 아니다. CF 환자의 그림에서 나타나는 삶과 죽음의 경험을 살펴보기 전에 독자들은 우선 이 질병에 대한 몇 가지 사실을 알아두는 것이 좋을 것 같다. CF는 외분비선의 유전적 질환으로서 1998년까지도 불치병이었다. 이 질병은 19세기 과학자면서 동시에 수사였던 멘델의 유전법칙에 따라 유전되는 것으로 알려져 왔다.

그러나 1990년에 유전연구자들은 우연히 DNA에 대한 새로운 사실들을 알게 되었다. 그들은 유전자가 돌연변이할 수 있다는 것을 발견했는데, 염색체 쌍의 일부가 한쪽 부모에게서 올 수도 있고, 한쪽 부모의 유전자가 다른 부모의 동일유전자와는 아주 다르게 태아에게 영향을 줄 수 있다는 것이다. 이는 유전 상담이 의존하고 있던 모든 규칙을 깨는 것이었다.

지금까지 CF는 양쪽 부모 모두가 CF 유전자의 전달자일 때만, 즉 난자와 정자가 각각 CF 유전자를 전달했을 때만 병에 걸리는 것으로 생각되어 왔다. 그래서 정자와 난자가 모두 CF 유전자를 전달하지 않으면 아동이 CF 유전자를 유전받을 수 없다고 알려져 왔다. 그러나 이제 우리는 아동이 어머니에게서 CF 유전자를 둘 다 받으면 아버지에게서 건강한 유전자를 받아도 이 CF 유전자를 극복할 가능성이 없다는 것을 알게 되었다. 이 특별한 염색체 쌍에 필요한 여분의 DNA가 없기 때문에 정자의 유전자는 거부되는 것이다. 이런 경우, 아버지가 열성유전자를 전달하지 않아도 어머니에 의해 이중으로 받은 DNA를 갖는 아동은 CF를 갖고 태어나게 된다.

이런 일은 드물게 일어나지만, 이는 CF를 가진 자녀가 태어날 수 없다는 이야기를 들은 부모들이 왜 CF를 가진 자녀를 낳게 되는지를 설명해준다(이 글을 쓸 즈음, CF 재단은 CF 유전형질요인에 관한 좋지 않은 이 정보를 대중에게 제공하지 않았다. 왜냐하면 그럴 가능성이 매우 희박하기 때문이었다).

CF는 삶을 아주 불쾌하게 만든다. 체액분비작용이 비정상적으로 굳어지고 이로 인해 기관지가 막히게 된다. 그래서 호흡곤란이 일어나고 갇혀 있던 박테리아가 증식되어 호흡기에 퍼질 수 있는 환경을 제공하는 것이다. 끈적한 액은 췌장을 막아 버리고 따라서 소화효소가 소장으로 들어가는 것을 방해한다. 후자 장애의 경우, 빈약한 성장과 탐욕스러운 식욕, 그리고 비정상적인 배변증상이 나타나는데 이를 방지하기 위해서는 적극적인 치료가 필요하다(낭포섬유재단 전문교육위원회,

1980).

대부분의 CF는 더 진행되면 만성 폐색성 폐질환(COPD)으로 넘어가게 되어 CF의 가장 심각한 합병증이 발생한다. 또 다른 증상으로는 짧은 호흡, 새가슴같이 되는 해부학적 변화, 혈액의 산소부족으로 인해 손가락이나 발가락이 뭉뚝해지는 것, 숨을 쉴 때 소리가 나는 것, 심각한 체중감소를 일으키는 심각한 식욕감소, 근육의 약화, 굽은 어깨와 자세, 성장발육부진, 그리고 만성적인 심한 기침으로 인한 구역질 등이 있다(CF 재단 전문교육위원회, 1980). 이러한 증상들이 환자의 자기상에 얼마나 부정적인 영향을 주는지 상상할 수 있을 것이다.

많은 환자의 경우 CF는 여러 방식으로 간에 영향을 주며, 좀 나이가 든 CF 환자들은 당뇨병을 갖고 있다. 일반적으로 남성은 굳은 체액으로 인해 울피안관이 수축되는데, 이는 성기능에는 손상을 주지 않지만 궁극적으로 불임을 일으킨다. 여성 CF 환자들은 생식계와 관련해 남성들과 유사한 해부적 변형을 갖지는 않지만 자궁과 질의 이상 분비작용 때문에 불임 가능성이 높고 임신이 어렵다(CF 재단 전문교육위원회, 1980).

치료법이 발전하여 CF 환자들은 삶에 대한 기대를 더 많이 하게 되었고 따라서 CF는 더 이상 아동들만을 괴롭히는 질병으로 생각되지 않게 되었다. 1980년대 들어 많은 CF 환자는 20대까지도 살았고 몇 명은 40대까지도 생존하였다.

CF 환자들, 특히 중증 CF 환자들을 치료하는 임상가들은 이 환자들이 일반적으로 경험하는 스트레스원들을 관찰하였다. 여기에는 (1) 피해자라는 느낌, (2) 곧 죽게 될 것임을 아는 것, (3) 거의 항상 부정적 자기상을 일으키는 신체적 특징이 포함된다.

이제 우리는 세 개의 사례를 살펴볼 것인데, 모두 COPD까지 진행된 환자들의 사례들이다. 가장 나이가 많은 데니스 역시 위궤양이 있었다. 우리는 신체와 정신상태에 대한 의식적이고 무의식적인 반영 둘 다를 관찰하기 위해 각 환자가 그린 일련의 그림들을 살펴볼 것이다. 덧붙여, 이 그림들에서 우리는 원형의 표상인 상징의 조정기능도 살펴볼 것이다.

그러나 진행하기에 앞서, 나는 내 연구에 참여한 CF 환자들과 관련해 나의 역할이 어떻게 제한되었는지를 분명하게 하고 싶다. 나의 역할은 입원 환자들이 병원 경험에 정서적으로 대처하도록 돕고 입원이 심리사회적 성장과 발달에 준 방해를 보상하도록 돕는 활동들을 제공하는 것이었다.

외래병동에서 나의 역할은 신체검사나 임상검사들로 인해 생긴 스트레스를 완화시켜주는 활동들을 제공하는 것이었다. 나는 입원 세팅이나 외래 세팅 모두에 다양한 미술활동을 자주 도입했지만 미술치료자로서의 기능은 하지 않았다. 또한 CF 환자들의 주상담자로서의 기능도 하지 않았다. 그리고 병원이나 외래 병동을 벗어나서는 그들과 만나지 않았다.

나의 연구에 참여한 환자들 중에는 CF로 인한 삶과 죽음과 관련해 정신건강 상담자를 만났던 환자들은 없는 것으로 알고 있다. 이러한 상담 서비스는 미국 전역의 CF 치료센터가 불필요하다고 과소평가하고 경시하는 부분이다. 이러한 나의 판단은 지역 및 국가 CF 협회에서 나온 정보에 근거한 것이다.

이 센터들은 환자들의 신체상태나 재정적 상황에 도움이 되는 다양한 서비스를 강조한다. 하지만 극소수를 제외하고는 일반적으로 환자와 가족들이 경험하는 정신적 고통들이 간과되고 있다. 다시 말해 이러한 정신적 고통이 환자와 가족들에게 정서적 지지를 제공하고 대처 기술을 가르치는 놀이치료나 가족상담을 제공할 만큼 중요한 것이 아니라고 여기는 것이다.

# 03 곡물 분류하기

회화적 표현의 세부사항을 연구하고 확충적인 꿈 이미지에 대한 융의 모델을 공부하면서 나는 말로 표현되진 않지만 삶과 죽음의 사이에 머물러 있는 환자들로부터 타당하고 신뢰로운 의사소통방식을 발견하였다. 나는 나의 강의를 들으면서 정신과 신체의 회화적 표상을 수용하지 못하고 저항한 사람들을 기억한다.

이러한 회의론자들은 내가 이 의사소통의 신뢰성을 증명해낼 수 없다고 주장할 것이다. 그들은 의도적이거나 의식적으로 작품을 그렸거나, 아니면 단순히 어떤 기억된 경험을 통해 그림을 그렸다고 합리화할 수도 있다. 측정될 수 없고 무게가 없거나 만져질 수 없는 무언가의 존재를 받아들이는 것이 어렵다는 것은 알고 있다. 어떤 사람들은 어떤 이미지가 환자는 인정하지 않는 무언가를 나타낼 수도 있다는 점을 받아들이지 못한다.

이러한 회화적 표현을 이해하기 위해서는 여성적 의식과 남성적 의식을 별개로 사용하는 것이 필요하다. 시작은 여성적 의식으로 시작해야 한다. 이는 수용적이고 환영하며 관계 맺고 직감적이며 세부사항을 분류하며 인내심을 갖는 것이다.

수잔 바치는 나에게 이러한 작업을 하는 데 여성적 태도의 중요성을 아주 강조했다. 그녀의 슈퍼비전을 받으면서 그림공부를 하는 동안 바치는 내 환자가 그린 그림들 중에서 어떤 세부적인 특징에 대해 질문하였다. 나는 내가 알고 있는 것을 말했지만 그녀는 좀 더 깊이 있게 보도록 하였다.

"그러면 저건 뭐지요?" 그녀의 질문은 나를 놀라게 했다. 나는 내가 그림의 세부사항들에 대해 이미 충분히 설명했다고 생각했다. 분명히 나는 뭔가를 빠뜨렸다고 느꼈는데, 왜냐하면 그녀가 계속해서 질문했기 때문이었다.

"거기서 무엇을 봅니까?" 그녀는 손가락이 그림에 닿지 않도록 하기 위해 사용하는 얇은 포인터로 그림을 두드렸다(그녀는 그림을 보존하는 데 아주 광적이었으며 필요 이상으로 그림을 만지는 것을 반대했다). 나는 몸을 앞으로 기울여 그림에서 내가 빠뜨린 것을 꼼꼼히 살펴보았다. 여전히 빠진 것을 찾아낼 수 없었지만 그녀는 포기하지 않았다.

"그게 어디에서 왔지요? 그게 무엇과 관련될 수 있나요?" 나는 그녀의 지속적인 질문에 오랫동안 침묵했다. 나는 내가 더 이상 할 말이 없다고 생각했다.

그녀가 침묵을 깼다. "좋아요, 이게 뭐지요?" 그녀는 자신이 그림의 특징을 탐색하는 것을 잘 들으라고 말했다.

나는 화가 나서 "몰라요!"라고 내뱉었다.

"물론, 당신은 몰라요. 하지만 무슨 느낌이지요?" 그녀는 아리스토텔레스처럼 질문했다.

그 순간 나는 내가 그림을 너무나 주지화하는 데 사로잡혀 있었다는 것을 깨달았다. 나는 나의 머리에서 나와 마음으로, 영혼으로 돌아가야 했다. 그렇게 함으로써 나는 환자가 경험했던 것을 비로소 느낄 수 있었다. 남성적 의식은 합리적 사고, 명료화, 정의, 그리고 판단으로 드러난다. 이것들은 이후 분석에서 아주 중요하다. 하지만 먼저 무의식적 과정에 대한 신념을 갖고 상징적이고 잠재의식적으로 의사소통하는 인간의 정신과 신체의 능력을 믿어야 한다. 이러한 태도는 존경심을 갖고 그림을 보게 해주며, 모든 세부사항을 흡수하게 해주고, 그 의미들을 신중히 고려하여 깨닫게 해준다.

많은 신데렐라 동화나 에로스와 프시케 신화를 보면, 여주인공들은 곡식을 좋은 것과 나쁜 것으로 힘들게 골라내야 한다. 마찬가지로 우리는 이 그림들의 요소들을 끈기 있게 분류해야 한다. 즉, 모든 반복되는 대상을 세고, 어떤 색이 사용되었는지 기록한다. 그림에서 무엇이 나타나고 또 일반적으로 포함될 수 있는 것들 중 무엇이 빠졌는지 알아야 한다. 이러한 작업은 그림의 진실을 밝혀준다. 마리-루이제 폰 프란츠(1972)는 다음과 같이 지적하고 있다.

> 곡식을 분류하는 것은 인내를 요하는 일로 급하게 할 수도 없고 빨리 할 수도 없다.…… 그것은 신중하고 세부적인 판별작업이긴 하지만 남성적 논리에 의한 판별은 아니다.
>
> 여성적 원리는…… 분명하게 보는 방식을 갖고 있으며…… 헤아릴 수 없는 세부적인 것들에 대한 선택에 의해…… 이것은 이것이고 저것은 저것이다라는 것을 보여준다.……(p. 156).

그러나 여성들이 세부적으로 들어가는 것, 즉 누가 무엇을 입었는지 또는 식사 때 무슨 음식이 나왔는지 등과 같은 것을 설명하고 보고하는 것 때문에 아주 지루해질 수도 있다. 어떤 사람들은 이러한 특성을 여성들은 수다스럽고 사소한 일에만 관심을 갖는다고 받아들인다.

그림평가에서 의미하는 여성적 '곡물분류'는 각각의 특징을 만들어내는 표식과 색채의 특성을 포함하여 모든 대상을 자세하게 조사하는 것이다. 바치는 그림 위에 트레이싱지를 놓고 선과 음영을 모두 따라 그리도록 했다. 이는 여성적 의식성이 근거하고 있는 아주 상세한 세부사항을 인식하도록 해주었다.

여성적 의식성은 남성과 여성 모두에게 중요한 이미지의 전체성을 경험할 수 있도록 해준다. 이는 반복되는 요인들이나 주제들을 잘 살펴보고 비교해보며 이들이 어떻게 관련될 수 있는가를 고려하는 것으로, 일종의 의미에 대한 것이다. 남성적 의식성은 그림의 모든 요소를 견고화하고 거기서 나온 전반적 메시지를 추출해내게 해준다. 이는 여성성은 '사실보다는 의미에 대한 것'이라고 말한 설리반(1989)의 여성적 남성적 접근과는 대조되는 것으로 보일 수도 있지만, 설리반과 나는 똑같은 생각을 제시하고 있다.

여성적 또는 음(陰)[1]적인 방식은 이미지의 모든 세부적인 것을 흡수하는데, 여기에는 몇 가지 가능한 의미를 산출하는 확충도 포함되어 있다. 이러한 의미들은 그림에 의미를 줄 수 있는 원형에 기운을 불어넣기 위해 남성적 또는 양(陽)적인 의식성에 의해 조직화되고 명료화된

1) 고대 중국철학과 종교에는 음(여성성)과 양(남성성)은 인생의 운명과 물질에 영향을 주는 것으로 생각되는 두 가지 원리였다.

다. 음(영혼, soul)은 이미지를 통해 무의식적 재료를 드러내게 해준다. 그리고 양(정신, spirit)은 그 이미지에 의미를 주기 위해 새로운 재료를 추출하고 조직화한다(영혼/아니마와 정신/아니무스는 5장과 10장에서 좀 더 자세히 다룬다). 남성과 여성 모두는 아니마/영혼과 아니무스/정신을 모두 갖고 있다. 영혼의 꿈을 진전시키기 위해서는 정신의 배열과 행위가 들어간다(이 개념은 10장에서 더 논의된다).

많은 사람은 그림분석에서 지루한 '곡물분류'의 측면들을 무시하고 전체의미로 바로 들어가길 원한다(언젠가 남편과 함께 익명의 한 환자의 그림을 함께 보고 있을 때 남편은 "난 이런 까다롭고 세세한 것들을 내 머릿속에 집어넣고 싶지 않아. 그냥 결론으로 가자구!"라고 하며 나에게 불평했다. 우리는 그림의 깊이로 들어가고 그 본질을 접했을 때만 의미를 발견한다. 영혼의 발견에는 공들인 곡물분류가 필요하며, 싫증에서 벗어날 수는 없다. 이 방법은 꿈해석에 대한 융의 글에 가장 잘 설명되어 있다.

그림이 무엇을 말하는가를 이해할 때 우리는 그림에 대한 완벽한 의미를 파악할 수는 없다는 것을 기억해야 한다. 꿈의 의미는 결코 완벽하게 드러나지 않기 때문에 환자의 삶에서 중요한 시기에 나온 그림과 함께 다룬다. 내가 그림이 무엇을 표현하는가에 대해 이야기할 때 임의적이고 모호하게 하는 것은 다 이런 이유 때문이다. 나는 학생들에게 그림은 답을 줄 수는 없지만 생각해봐야 할 질문이 무엇지는 보여준다고 주의를 준다. 독자들은 내가 제시한 그림들에 대해 부가적인 확충을 하면서 가능한 의미들을 더 발견하게 될 것이다. 내가 환자들의 그림에서 발견해내는 추론들은 부분적으로는 나의 지식과 그 환자와의 관계를 반영한다.

## 이미지와 이미지를 만드는 사람

이 책은 환자의 그림이 그 환자의 경험이나 상태에 대해 무엇을 말하는가에 주로 초점을 맞추고 있다. 따라서 그림을 어떻게 읽는가에 대한 입문서를 의도한 것이 아니다(바치 모델의 주요 특징에 대해서는 부록 A를 보라). 바치(1969, 1990)와 퍼스(1988)는 이미 이 부분을 다루었다. 베르토이아(1993)는 자신이 응용한 것을 보여주기 위해 그림분석과 사례연구에서 고려해야 할 퍼스의 '초점' 목록을 제시하였다.

우리가 이미지를 대하는 태도는 환자의 그림을 읽을 때 중요한 측면이 된다. 지시된 그림이든 자발적인 그림이든 모두 정신에서 온 선물을 품고 있는 메신저로 보아야 한다. 꿈과 마찬가지로 이 그림들은 의미 있는 현실을 반영하고 확신시켜주기 때문에 이러한 관점이 타당하고 또 필요할 것이다. 환자의 연상을 통해서든 확충을 통해서든 드러나는 모든 이미지를 존중하는 것이 중요하다. 이미지들은 자아와 개인적 무의식 및 객관적 정신(집단적 무의식) 간의 중재자로 작용한다.

융의 꿈분석은 자유연상을 사용하는 대신 '이미지와의 결합'을 강조한다. 자유연상의 경우 실제로는 존재하지 않는 꿈이나 그림의 의미를 해석하기 쉽다. 이미지와 함께 머물기 위해서는 이미지를 다각적으로 검토해야 하는데, 말하자면 이미지의 다양한 측면을 보아야 한다는 것이다. 그렇게 하기 위해서는 우선 그 이미지가 그림을 그린 사람에게 무슨 의미가 있고 그 사람에게 무엇을 불러일으키는지를 살펴봄으로써 과정을 시작하게 된다. 그 다음에 이미지가 개인에게 주는 메시지가 무엇인지, 또는 그 개인과 이미지가 어떻게 관련되었는지를 확충해 볼 수 있다.

우리는 이미지가 신화적이거나 문화인류학적인 틀에서 나타나는 것으로 보고 확충을 한다. 문화인류학적 유형의 확충은 개인이 이미지에 대해 특별한 연상을 하지 않을 때 더 도움이 된다. 사람들은 무언가를 그린 후 나중에 왜 그것을 그렸는지 모르겠다고 말할 때가 있다. 그들은 단지 그것을 거기에 그리는 것이 맞을 것 같았기 때문에, 아니면 그것이 매력적이거나 관심을 끌기 때문에 그렸다고 말할 수도 있다.

그러나 이미지의 확충은 자유연상과 마찬가지로 문제를 갖고 있다. 확충을 통해 이미지와 이미지를 만든 사람의 감정과 성격을 연결시킬 때 너무 지적이고 학문적으로 이미지를 분석하기 쉽다는 것이다. 나는 분석심리학의 원리들을 통해 이미지의 목적과 가치를 이해한다. 이 원리들은 이미지가 무슨 태도를 취하는지 또는 그 이미지가 어떤 의미가 있을 것이라고 생각하는 것과는 아무런 관계가 없다. 실제로 이미지를 만든 사람은 이미지가 자신에게 불러일으키는 어떤 의미 때문에 그 이미지를 만든다. 이미지를 만든 사람에 대해 잘 모르거나 그 사람과 관계가 없으면 우리는 이 이미지를 잘못 해석하기 쉽다.

CF 환자를 위한 지지집단과 상담집단이 나에게 충격을 준 적이 있었다. 면식이 있던 한 집단원이 자신들의 서비스를 알리는 브로셔에 내 환자의 그림을 사용해도 되는지 물어왔다. 나는 환자의 허락을 받아 동의하였지만 후회가 되었다. 그리고 브로셔에 환자 한 명의 그림 정보가 잘못 인쇄된 것을 발견하고 깜짝 놀랐다. 누군가가 멋대로 한두 그림에 환자가 죽음을 어떻게 경험하고 있는지에 대해 아주 잘못된 결론을 넣어 버린 것이다. 글을 쓴 사람은 환자를 전혀 몰랐으며 그의 사례사에 대해서도 전혀 연구하지 않았던 사람이었다.

회화적 메시지를 이해하기 위한 중요한 조건은 이미지를 만든 사람과 관계를 갖는 것이다. 그러한 관계가 없이는 중요하고 미묘한 차이를 간파할 수 없으며 메시지를 부정확하게 전달하는 위험을 초래하게 된다. 더욱이 그림을 이해할 때 개인적 수준에서든 문화적 수준에서든 원형적 내용이 특별히 개인의 정신과 어떻게 관련되는지를 놓칠 수 있다. 히포크라테스의 말을 달리 생각해 보면, 갖고 있는 질병의 종류가 무엇인가를 아는 것보다는 어떤 종류의 사람이 아픈가를 아는 것이 더 중요하다.

환자와의 이러한 동맹은 그것이 궁극적으로는 초월성으로 이끌어주는 환자의 심상화를 유지시키는 안전한 용기(container)를 만들어주기 때문에 중요하다. 이러한 신성한 용기, 즉 관계 속에서 이미지는 환자와 치료자 모두로부터 반응을 일으킨다. 성장과 정신적 변형은 영혼을 움직이는 이미지와의 신뢰로운 관계 맥락 속에서 일어난다.

치료자가 환자의 그림을 상담 도구로 사용할 필요는 없다. 그림을 그리는 행위 그 자체가 치료자의 노력에서 나온 치료적 부분이 된다. 치료자는 이미지의 힘과 환자의 무의식이 갖고 있는 기능을 믿어야 한다. 꿈은 신비한 방식으로 정신에 작용하며, 오직 꿈꾼 사람만이 자신의 꿈이 정말로 말하고자 하는 것을 알 수 있다. 마찬가지로 인생의 중요한 시기에 만들어진 그림들은 신비스럽게 정신을 돕는 작용을 한다. 그 이미지와 모티브는 그것을 만든 사람에 의해 점차 동화되는 특별한 의미를 갖는다.

환자들의 그림은 종종 환자와 치료자 모두와 특별하게 연결되는 에너지를 갖고 있다. 이 에너지는 원형적이며, 치료관계에서 일어나는 전이와 역전이를 구체화시킨다. 샤브리앙(1992)에 따르면 환자의 그림은 "원형적 재료가 발휘하는…… 매혹적인 힘으로, 보는 사람을 유혹할 가능성을 갖고 있다." 치료자가 이러한 자료에 사로잡힐 책임은 없지만, 그 자료들이 충분히 표현될 수 있도록 할 책임은 있다. 샤브리앙은 나아가 "치료자는 치료관계가 깊어질수록 이러한 그림들을 통해 친밀한 관계형성으로 잘 빠져들 수도 있다."고 하였다.

치료자는 다가오는 죽음에 대해 부분적으로만 의식하는 환자의 그림에 나타난 죽음과 재탄생의 상징으로 인해 자극을 받을 수도 있다. 그림은 무언의 메시지를 전달한다. 샤브리앙은 그림에서 나타나는 것처럼 치료자와 환자가 자신의 내적 세계에 대한 비밀스런 지식을 공유할 때의 전이와 역전이 특징을 설명하였다(p. 206). 이 단계에서 그림을 언어적으로 전환시키는 것은 시기상조일 수 있다. 그림의 상징과 그 의미는 아직 분리될 수 없으며, 환자들은 동화와 재통합이 일어나기 전에 그림과 함께할 시간이 필요하다.

치료자에게 우선적으로 가장 중요한 단계는 환자가 만들어내는 모든 그림을 깊이 존중하면서 받아들이고 경외감을 갖는 것이다. 둘째로, 치료자는 감정 수준에서 환자와 관계를 맺어야 하는데, 이 관계는 의례적인 주지화와 합리적 논의에 국한되어서는 안 된다. 치료자가 다양한 형태의 확충으로 환자의 그림에서 의미를 파악하는 것이 좋다. 치료자와 환자 모두가 펼쳐진 그림의 이미지와 미스터리를 존중할 때 그들의 치료동맹은 변형이 일어나는 필수적이고 신성한 테메노스를 창출할 것이다. 이는 얼마나 말을 많이 하고 심지어 얼마나 의식적으로 알고 있는가와는 상관없이 중요한 것이다.

어떤 수준에서는 우리가 다루고 있는 환자의 삶 속으로 들어가야 한다. 의학분야든 상담분야든 임상가들은 환자와 정서적으로 연루되는 것을 피하기 위해 훈련을 받을 때 조심해야 한다고 배운다. 없어서는 안 될 경계를 버린다든가 아니면 합리적으로 기능하지 못하거나 객관적 평가를 할 수 없을 정도로 환자의 삶 속으로 융합되지 않도록 조심해야 한다. 환자의 콤플렉스에 정서적으로 걸려들지 않도록, 즉 무의식적 역전이의 거미줄에 걸려들지 않도록 하기 위해 우리 자신에 대한 분석을 충분히 받아야 한다. 그러나 환자와 감정 수준에서 관계를 맺지 못하고 환자가 자신이 느끼는 바를 의식화하도록 촉진시킬 수 없다면 환자들이 내놓는 이미지들과 숨김없는 의사소통을 시작할 수 없다.

이미지는 무엇이 억압되고 부인되거나 잠재화되었는지, 그리고 그것들의 수용여부를 충분히 의식하게 해준다. 치료자는 환자의 자아가 다른 측면에서 온 밀사인 이 이미지들을 수용할 충분한 시간을 허용해야 한다. 환자가 이미지가 말하려는 것을 인정하는 것도 한 방법이지만, 그 메시지를 구체화하는 것도 방법이 된다.

'전체 인간'에 대한 중요한 메시지를 갖고 있는 꿈처럼, 환자의 그림은 그 개인이 속한 사회를 의미하는 메시지들을 포함하고 있을 때가 있다. 말기 환자들의 꿈과 그림은 이러한 메시지를 전달할 수 있다. 환자의 그림을 살펴보고 그 그림들을 편지 읽듯 '읽을' 수 있으며, 환자가 경험하는 것을 배울 수 있고, 환자와 함께 삶과 죽음에 대해 심도 깊은 이해를 나눌 수 있다. 나는 그림들을 그런 식으로 읽으려고 하며, 이를 통해 그림이 개인의 상황과 어떻게 관련되는지를 배울 수 있고 그림의 보편적인 메시지를 파악할 수 있다. 궁극적으로 나는 환자의 그림이 환자와 보호자 모두를 영혼이 함께하는 보다 가까운 관계로 나아가게 해준다고 믿는다.

# 04

## 처음에

데니스는 브라우닝 가족의 살아있는 세 명의 자녀 중 두 번째 아이다. 다른 한 명은 아주 어렸을 때 CF로 죽었다. 데니스와 형, 그리고 여동생은 나이 차가 적고 데니스만 CF에 걸린 상태다. 그는 의학적으로 빨리 CF 치료법이 발견되어 병이 낫길 간절히 바랐다. 하지만 CF 유전자를 분리시키는 획기적 발전은 그가 죽은 후 8년이 지난 1989년에야 이루어졌다.

이 유전자는 세포가 염화철분을 방출하는 것을 억제하고 특정 단백질의 생산을 막는다. 1990년에는 CF 유전자에 대한 실험이 많았다. 연구자들은 이 방어 유전자들을 정상 유전자에 삽입하여 수정시킨 뒤 회복된 CF 유전자를 역기능적인 CF 세포의 시험관으로 주입하여 세포가 정상적으로 기능하도록 하였다. 이 발견은 유전자 치료와 약물치료 실험에 새로운 영역을 제시하였다. CF 연구에서의 이러한 획기적 사건은 수년 내로 CF를 치료할 수 있다는 희망을 갖게 하였다.

이 연구 성과가 데니스와 이 책에 나오는 그림들을 그린 여타 환자들에게 도움을 주기에는 너무 늦은 감이 있다. 미국에만 3만 명 정도의 CF 환자가 있는데, 이 환자들은 내가 CF 연구를 하는 동안에는 불치병으로 살아야 했다.

데니스에게 그의 그림을 출판할 수 있도록 허락해 달라고 부탁했을 때, 나는 가족의 익명을 위해 성을 사용하지 않을 것이라고 설명했다. 그러나 데니스는 나의 연구에 너무나 신이 나서 자신의 성과 이름을 다 사용해도 된다고 했다.

데니스는 자신이 연구에 기여했다는 것을 사람들이 아는 것에 자부심을 느낀다면서 자신의 그림이 CF를 갖고 태어난 사람들의 경험과 욕구를 잘 이해할 수 있도록 도움을 주길 바란다고 했다. 나는 그의 소원이 이루어지는 것에 대한 엄청난 책임감을 느꼈고 내가 그의 삶과 죽음에 정의로운 일을 할 수 있도록 기도했다.

데니스의 의식이 어떤 형태로든 내세에도 계속 유지되었다면, 그는 1981년 자신이 죽은 후에 이루어진 CF 연구성과를 알고 흥분했을 것이다. 또한 내가 3년 동안 수집한 자신의 그림이 불치병으로 살고 죽는 것이 무엇을 의미하는지 사람에게 알리는 데 사용된다는 것을 알면 기뻐했을 것이다.

1978년 내가 처음 그를 만났을 때 그는 18세였다. 그는 폐(기흉증)가 망가지고 체중이 늘지 않아 입원을 했다(당시 그의 몸무게는 약 25.7kg였다). 그 외에도 그는 기관지 폐렴과 바이러스 감염상태였다. 그는 폐질환 회복을 강화해주는 수술을 받았으며, 의사는 이 수술로 데니스가 폐흉부 관련 질환을 덜 앓게 되길 바랐다.

데니스는 이 수술 끝에 심장압박을 겪었지만 부작용 없이 재빨리 소생되었다. 여전히 기흉증이 남아 있는 것을 제외하고는 수술 후 경과는 좋았다(왼쪽 횡경막 위에 공기가 차는 것을 치료하기 위해 개방흉부관을 삽입했다).

수술 후 약 2주 동안 의사는 영양문제를 해결하기 위해 고칼로리 영양법을 처치했다(고칼로리 영양법은 혈류로 영양분을 바로 흡수시키기 위해 정맥주사로 영양제를 주입하는 것이다). 이 절차로 데니스는 2주 만에 1.4kg가 늘었고 35일 후에 퇴원하였다. 고칼로리 영양법은 집에서도 계속되었다. 개방흉부관은 지역 주치의가 검토한 후 제거하였다. 수술은 도움이 된 것 같았다. 그리고 데니스는 나중에 다시 입원하기까지 18개월 이상을 잘 지냈다. 이는 그가 입원하지 않고 가장 오랫동안 지낸 시간이었다.

데니스가 수술대 위에서 심장박동이 멈춘 것 같은 임사경험은 이 질병을 앓는 사람들이 공유하는 경험이다. 여기에는 편안한 빛 속에 있는 느낌과 보살펴주는 사람들에 둘러싸이는 것, 그리고 천국과 같은 기쁨을 즐기는 것 등을 들 수 있다. 그래서 그들은 다시 살아나고 싶어 하지 않는다. 그러나 소생하면 삶에 대한 깊은 감사를 느끼고 더 이상 죽음에 대한 공포나 두려움을 갖지 않는다. 이들의 경험에는 종종 천국처럼 아름다운 풍경을 보는 것도 있다.

1970년대 레이먼드 무디 박사는 거의 죽었다 살아난 사람들을 인터뷰하여 임사경험(NDE)을 진지하게 연구하기 시작했다. 수년 후 소아과 의사인 멜빈 모스 박사는 NDE 아동들에 대한 별도의 연구팀을 맡았다. 그의 연구는 (1) 임사가 소위 임사경험을 하기 위해 필수적인지의 여부, (2) 임사경험이 약이나 혈액의 산소부족으로 일어나는 환각인지의 여부를 알아보기 위해서였다.

모스의 결과는 카스틸로, 베네시아, 밀스타인, 그리고 타일러와 공동 연구로 미국 아동질병 학술지(1986)에 실렸으며, 그의 베스트셀러 『빛으로 더 가까이』라는 책에도 실려 있다. 모스(1990)는 임사경험을 하기 위해서는 임사상태일 필요가 있다고 보고했다. 그러나 수면부족이나 마취제, 다일란틴(간질약), 페노바르비탈(수면제, 진정제), 매니톨, 몰핀, 바륨, 토라진, 할리돌, 항우울제, 기분상승제, 코데인이나 기타 통증완화제도 그렇고 환각을 일으키는 산소결핍상태도 전형적인 NDE를 일으키지는 않았다. 모스는 자신의 시애틀 연구가 사후생의 증거라고 단언하지 않았고, 연구결과가 세상의 이목을 끌지 못한 것 때문에 힘들어했다.

융 분석학자이며 저술가인 나탄 슈왈츠-살란트는 임사사건은 그것을 겪는 사람들에게는 초자연적 경험이 된다고 하였다. 그에 따르면 환자들은 육신으로 다시 들어간다고 느끼기 직전에 "초자연적인 빛을 경험하고, 이를 아무에게도 말할 수 없다가 나중에 20년이 지난 뒤에야 분석에서 중요한 요인으로 이를 다룰 수 있게 된다."

슈왈츠-살란트는 환자들이 아주 끔찍하고 신비스런 경험을 했다고 설명하였다. 그들은 특징적으로 신의 화신이 된 듯한 느낌과 자기(Self)와 우주가 완벽하게 조화를 이룬 전체감을 느낀다. 환자들은 종종 초자연적인 NDE를 억압하거나 아니면 적어도 이를 비밀로 유지하는데, 슈왈츠-살란트에 따르면 이는 그 경험이 시공간으로 들어가게 내버려두면 너무 두렵기 때문이라고 한다. 그들은 자신들의 회상이 일으킬 상실의 고통을 두려워한다(슈왈츠-살란트의 『나르시시즘과 성격변형』이라는 책을 보라. pp. 12-14, 18-21, 27, 169). 그들은 이 경험에 대해 선망의 공격을 받을까 두려워한다. 이러한 공포는 그들 자신의 선망이 투사된 것이다. 그들은 초자연적 임사상태를 간절히 원하는데 왜냐하면 그 경험이 완벽하기 때문이다. 즉, 그들은 자기(Self)의 비밀스런 핵심과 연결된 것이었다. 선망은 그들이 한 충만한 경험을 손에 넣을 수도 없고 붙잡을 수도 없다는 것을 알기 때문에 일어나는 것이다.

일반적으로 아동들은 성인들보다 더 믿을 만한데 특성상 순진하고 자기중심적이며 자연적으로 더 솔직하기 때문이다. 이는 왜 모스 박사가 NDE에 대해 열성적으로 이야기하는 수많은 아동과 만났는가에 대한 부분적인 이유가 된다. 데니스는 수술대에서 일어났던 죽음과의 충돌 이후 어떤 NDE 감각도 보고하지 않았다. 그러나 이후에 그려진 많은 그림은 초자연적인 것, 희망, 그리고 낙관적인 것을 시사하는 두드러진 모티브들을 담고 있었는데, 이 모티브들은 그가 그림을 그릴 당시의 위험한 신체상태와는 아주 대조되는 것이었다.

생애 마지막 3년 동안 데니스는 죽을 고비를 넘겼던 세 번의 상황에서 세 장의 그림을 자발적으로 그렸다. 이 그림들에는 NDE를 경험했던 사람들이 보이는 특징들이 담겨 있었다. 나는 폐질환 수술을 받으면서 임상적으로 죽어 있던 동안에 데니스 역시 모스 박사가 만났던 수많은 환자들처럼 천국을 보았다고 추측했다.

나는 데니스가 신체적으로 다시 악화되고 실제로 죽음을 맞았던 마지막 3년 동안 그의 정신을 유지시켰던 것은 이 초자연적인 경험이었다고 믿고 있다. 짧았던 죽음과의 충돌에 대해 데니스가 아무 말도 하지 않았던 것은 그 역시 그 경험에 대해 언급하는 것이 두려웠을 수 있고, 또 자신의 의식적인 자아 수준에서 그것들이 표면화되는 것을 용납하지 못했기 때문일 수도 있다. 그런데도 그것들은 그의 개인적 무의식에 내포되었고 따라서 고비가 있을 때마다 그의 정신이 그를 지지해줄 수 있었다.

이 그림들이 10개월 후에 나타나기 시작했을 당시 나는 데니스의 심박정지에 대해 잊고 있었는데, 왜냐하면 그것이 부정적 결과를 가져오지 않았기 때문이었다. 그가 죽은 후 그림들을 의학사와 비교하여 NDE에 들어맞는 조각들을 종합시키면서 알게 되었다. 이 책에서 보여줄 데니스의 그림들과 관련한 몇 가지 관찰들은 내가 그림의 상징적 언어를 이해하는 경험을 좀 더 쌓으면서 몇 년간 이미지들을 숙고한 후에야 나온 것들이다. 살아 있었을 때는 그림의 메시지를 놓쳤지만 나는 우리 둘 다 이 회화적 표현이 얼마나 불길했는지를 직관적으로 이해하고 있었음을 강하게 느꼈다.

안전파일에 그의 그림을 보관하고, 그림이 표현하는 모든 것을 존경하며, 데니스와 관계를 계속 유지하는 동안 나는 연금술에서 사용하는 뚜껑 달린 용기와 일치하는 '안전용기(safe container)'를 제공할 수 있었다. 이 용기 안에서는 의식적이고 무의식적인 내용이 합병되고 변형될 수 있다. 이러한 신비하고 연금술적인 방식으로 데니스는 점차 삶과 죽음에 대한 기존의 태도를 초월하여 좀 더 넓고 적합한 태도를 취하게 되었다.

융은 연금술에 대한 연구를 하면서 연금술사들이 그노시즘과 일치하는 상징들에 대한 글을 썼으며, 그들의 연금술적 텍스트들이 삶의 심리적 경험과 유사하다는 것을 발견하였다(Jung, 1965). 나중에 우리는 그림들을 연금술적 관점으로 좀 더 살펴볼 것이다.

앞서 언급한 폐질환 수술의 3주 뒤 입원상태에서 데니스는 첫 그림을 그렸다. 그 그림은 연필과 크레용으로 즉흥적으로 그린 것으로, 데니스는 '처음에(In the Beginning)'라는 제목을 붙였다([그림 3]). 데니스는 "이건 신이 세상을 창조할 때예요."라고 말했다. 그림의 오른쪽에 눈 덮인 두 개의 산이 있는데, 평평한 꼭대기에서 검은 연기가 부풀어 오르는 앞쪽의 산은 분명히 화산이다. 나머지 연기 없는 산도 화산일 가능성이 있지만 분명하지는 않았다. 데니스는 화산을 본 적이 없으며 화산이 있었던 곳에 가본 적도 없었다.

데니스의 설명으로 확충된 이 그림에서의 강조점은 생명의 창조지만, 연기가 나는 화산이 표상하는 파괴가능성을 무시할 수는 없다. 이 특징을 정신상태의 반영으로 본다면 우리는 끓어오르는 이슈가 이 후기 청소년의 삶에서 분출될 수 있지 않을까 생각해볼 수 있다. CF가 몇 가지 다양한 방식으로 데니스에게 신체적인 제한을 가했다고 볼 때, 그는 건강하게 보이고 정상적으로 기능하는 신체를 빼앗겼다는 것에 대해 비탄해하고 분노를 드러낼 이유가 충분히 있다. 화산이 신체를 반영한다고 본다면 우리는 데니스가 경험했을 수 있는 불타고 폭발하는 에피소드 같은 증상들을 찾아야 한다.

대략 21개월이 지난 후 데니스의 그림에서 화산이 다시 나타났다([그림 9]). 화산은 핑크빛이 도는 붉은 지면선 위로 희미하게 보인다. 이 색은 땅, 바위, 또는 풀색으로는 부적절하다. 이 색은 어떤 염증이 나타난 것은 아닌지를 깊이 생각하게 했다. 나는 화산의 부풀어오르는 연기가 그의 첫 그림([그림 2])보다 훨씬 더 뚜렷하다는 것에도 주목했다.

이 화산은 CF 유지관리를 위해 일상적으로 이루어지는 외래 방문시에 그려진 것이었다. 나는 이 그림을 병원에 있는 데니스의 CF 전문의에게 보여주고 '데니스에게서 뭔가 분출하는 것이 있는지 예측되는 것이 있나요?' 라고 물었다. 의사는 데니스의 신체검사에서 별 문제가 없는 것으로 나타났기 때문에 예측할 수 없다고 대답했다. 그러나 의사는 데니스에게 위궤양이 있어서 그것이 곧 '분출' 되더라도 놀라울 일은 아니라고 하였다. 14일 후 데니스는 위궤양 악화로 응급입원을 했다.

위산과 함께 대파괴를 일으키는 박테리아로 인해 일어난 위장내벽의 부식이 억압된 투쟁의 내적 세계, 즉 무기력감과 억압된 분노와 관련될 수 있는가? 확실히 데니스는 재발하는 신체문제로 대학생활을 포기했다는 것 때문에 우울하고 불안해했다. 그는 실내장식 사업을 하는 어머니의 매니저와 회계사가 되는 꿈을 갖고 경영학과 회계학을 공부하고 있었다. 이제 그의 진로는 물거품이 되었다. 그의 궤양 사건은 신체적 측면과 정서적 측면[1) 모두를 표현하는 것으로 보였다.

특징을 좀 더 살펴보기 위해 우리는 처음 그림인 '처음에'로 돌아가야 한다. 융에 따르면 물은 무의식을 나타내는 공통적인 상징이다. 데니스의 그림에서 밀물처럼 산 중턱으로 반쯤 파도치는 물은 무의식으로부터 뭔가가 통합을 위해 떠밀리고 있다는 것을 강하게 시사하고 있다. 데니스는 오른쪽 구석 아래(물의 반대쪽)에 물을 그린 색과 같은 푸른색으로 자신의 이름과 그림을 그린 날짜를 썼다. 성은 비밀보장을 위해 검게 칠했다. 왼쪽에 있는 푸른 물은 무의식을 시사할 수 있다. 같은 색의 오른쪽 이름은 자신이 어떤 정신적 내용을 의식으로 옮기거나 이를 받아들일 준비가 되었음을 의미하는 것일 수 있다.

무엇을 그렸는지 설명한 후 데니스는 실제로는 거기에 있어서는 안 되는 '무언가'를 그림에 그려 넣었는데 그것은 새들이었다(여섯 마리였다). 처음에는 새들이 없었지만 여섯 번째 날에 생겼다고 했다. 창세기

1) 비록 헬리코박터 유문이 대부분 위궤양의 근원적인 원인이긴 하지만, 면역체를 손상시키는 스트레스는 확실히 면역감염가능성을 증가시킬 수 있다.

에서 창조에 대한 설명을 보면 새는 5일째에 나타난다. 데니스가 여섯 번째 날에 새가 창조되었다고 성경말씀을 잘못 기억했을 수도 있고, 아니면 새가 '어제' 이후로 이미 여기 있었다는 성경적 확신과 관련하여 말한 것일 수도 있을 것이다.

중요한 것은 데니스가 그림에 붙인 제목과 관련해 새를 미숙하게 포함시키는 것에 대해 방어적이었다는 것이다. 분명히 데니스에게는 새를 포함시키는 것이 중요했다. 검은 새들은 수집된 그의 그림 20장 중 아홉 장에서 나타났다. 각 그림에서 데니스의 검은 새들은 그의 회화적 진술에서 빠뜨릴 수 없는 부분이다.

오늘날 검은색은 죽음이나 부정적 특성과 연관된다. 하지만 항상 그렇지는 않다. 구석기 시대에는 검은색은 생명을 주는 다산의 여신과 연관되는데 이 여신은 식물의 생명과 함께 자라고 죽는다(Gimbutas, 1989). 고대 유럽에서도 검은색은 대지의 어머니와 기름진 땅과 연관되었다. 짐부타스(1989)는 전 세계적으로 검은 성모 마리아가 있는 성당이 많이 있다는 점을 상기시킨다. 기적들은 이러한 성상에서 일어난다. 그리고 이 성상들은 독실한 순례자들의 방문을 받고 숭배를 받는다. 그 흑색은 순례자들에게 초자연적인 경험들을 불러일으킨 원형적 연상을 불어넣었다. 데니스의 검은 새들이 어떤 신비로운 시작과 관련될 가능성이 있는가? 우리는 데니스가 바로 이 질문에 대답하는 것처럼 보이는 그림 두 장을 나중에 볼 것이다.

'처음에'라는 그의 제목과 여섯 마리의 검은 새를 살펴볼 때 6개월 후가 그의 생일이라는 것은 별 가치가 없는 것일 수도 있다. 그때까지 그는 폐질환 수술 동안의 NDE에서 살아남았으며, 또 다른 해를 맞았고, 미숙한 죽음에 대한 공포에서 대담하게 벗어났으며, 성인기로 들어

가기를 바라고 희망했다.

민속학과 종교는 모두 신의 메신저로서 새와 천사를 언급하고 있다. 새나 천사는 종종 생명을 구하는 조언이나 지시를 전달해준다. 빈센트 반 고흐의 마지막 그림인 '까마귀가 나는 밀밭'([그림 4])은 중앙의 길로 인해 둘로 나누어진 농작지(때때로 다산과 새로운 삶의 상징)를 묘사하고 있다. 전경에는 왼쪽으로 난 길과 오른쪽으로 난 길이 하나 있다. 검은 새들은 하늘에서 급강하하여 곡식을 먹으려는 것 같다. 죽음에 다가가는 전의식적 지식(자살)이 고흐에게 사후생을 생각하도록 만들었을까? 그는 자신이 받아들여야 한다고 느끼는 인생에 대한 결정과 함께 이를 상징적이고 무의식적으로 추수준비가 된 생명을 주는 농작지로 나타냈을까? 생명을 유지하고 번식하기 위해 수확시의 농작물을 도둑질하는 검은 새들은 죽음과 새로운 생명을 모두 나타내는 것인가?

바치(1990)는 고흐의 마지막 작품에 나오는 검은 새들이 갈가마귀나 까마귀라고 보고, 유럽 민담에서는 까마귀가 '죽음과 재앙의 징조'이며, 따라서 이 그림에서는 화가가 자신의 요절을 예언한 것이라고 하였다(p. 90).

데니스의 검은 새들도 마찬가지로 죽음에 대해 영혼을 준비시키는 선구자를 나타내는 것일까, 아니면 마리온 우드맨(1985, p. 14)이 표현한 것처럼 '아직 살아 있는 생명의 탄생'을 의미하는 것일까? 검은 새들이 너무 이른 시기에 그림에 등장했다는 직관은 자신이 죽기에는 너무 빠르다는 것을 감지했음을 의미할 수 있다. 수술대 위에서 죽으려고 했지만 억지로 살아남았다. 의식적이고 합리적인 수준에서 그는 "오, 좋아. 여섯 번째 날이라고 추측해."라고 말하면서 소위 그림에서의 실수를 변명했다. 새들은 생명은 아직도 시작이라는 점을 그의 무의식적 정신에게 전달하는 것일 수 있다. 그는 청소년에서 벗어나 어른이 되고 죽기 전에 성인으로서 의미하는 모든 것을 경험하길 간절히 바랐다.

지금까지 이야기한 방식으로 데니스의 새들을 살펴보고, 이를 이 그림의 나머지 부분들과의 맥락에서 받아들인다면, 우리는 데니스의 성인기 '처음에' 그의 미래가 CF에 의해 위협받고 있다는 것을 볼 수 있다. 또한 이러한 위협과 함께 새로운 삶에 대한 희망이 오는 것도 볼 수 있다.

데니스가 CF 치료법이 빨리 발견되어 자신이 살아남기를 간절히 희망했다고 이미 앞에서 말했다. 비록 데니스가 이 희망을 의식적으로 가지고 있었지만 전의식적으로는 죽음만이 가져다 줄 수 있는 새로운 삶을 준비하고 있었는지도 모른다. 수술대 위에서 심장이 멈추었을 때 그가 희미하게 감지했던 것은 삶이었을지도 모른다.

우리는 화산이 나타내는 죽음의 그림자와 동반된 많은 삶의 신호를 본다. 이 그림은 무의식이 정신상태를 반영하는 상태를 보여준다. 무의식적 사고와 의식적 사고가 조화하고, 그림에서의 상징적 표현은 그 조화를 반영한다.

따라서 '처음에'는 비록 신의 창조를 받았지만 CF를 갖고 산다는 것은 활화산 아래의 골짜기, 즉 삶의 파괴가 불가피한 죽음의 그림자의 골짜기에서의 삶과 같다는 것을 보여준다. 삶과 죽음 모두의 현실을 수용한 것이 이 그림에 표현되어 있다. 그러나 파괴될 수 없는 존재, 즉 불멸의 존재에 대한 청소년기 특유의 환상은 나타나지 않는다.

데니스에게서 수집한 20장의 그림 중 첫 번째인 이 그림을 피분석자가 분석자에게 제시하는 첫 꿈이나 첫 모래놀이와 비교해 보라. 이 경우 무의식은 일반적으로 현재의 상황이나 다가올 상황을 제시한다. 데니스의 그림 '처음에'는 현재 신체적 생명이 있긴 하지만 시간의 문제로 인해 그것이 곧 파괴될 것이라는 것을 시각적으로 보여주고 있다. 그러면서 데니스는 자신의 본래의 어떤 잠재적인 측면을 확인하고자 했을 수 있다.

데니스는 묻힌 채 결코 현실화되지 못할 수도 있는 백일몽과 열망을 가지고 있었다. 폐질환 수술로 인해 약간 나아졌는데도 그는 질병의 위협에서 자유롭지 못했다.

[그림 1]  30세 여성의 그림

[그림 2]  지저분한 쿼터백

[그림 3] 처음에

[그림 4] 까마귀가 나는 밀밭(반 고흐)

[그림 5]  가라앉은 보물

[그림 6]  회상

[그림 7]  자유

[그림 8] 불모지

[그림 9] 연기 나는 화산

[그림 10] 시작

[그림 11] 끝

[그림 12] 산과 선인장

[그림 13] '붉은' 싹

[그림 14] 기록 세우기

[그림 15] 생명이 시작되다

[그림 16] 울타리와 헛간

[그림 17] 에너지

[그림 18] 장미 봉오리

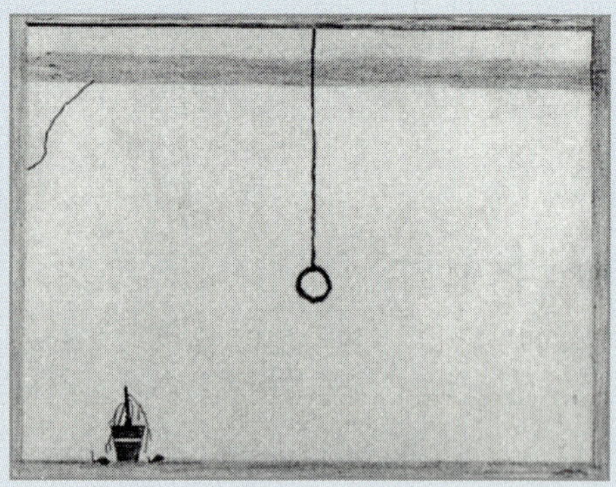

[그림 19] 상상

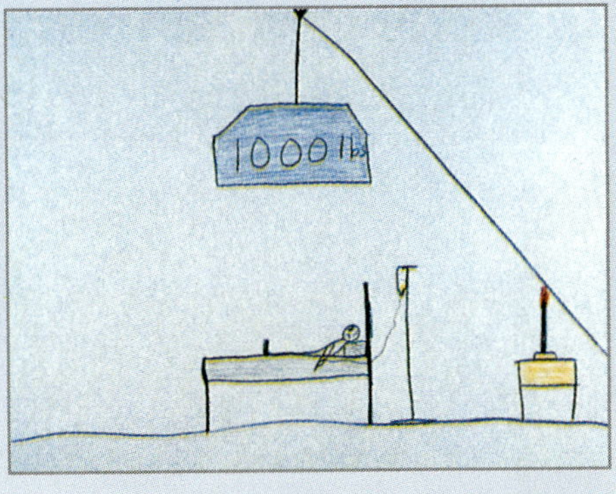

[그림 20] 자화상, 카툰 스타일

[그림 21] 태양

[그림 22] 생명의 끝

[그림 23] 클로버

[그림 24] 레프리칸의 모자

[그림 25] 부활절(Easter)

[그림 26] 론다 천사

[그림 27] 고양이, 개, 그리고 미스터리한 소년

[그림 28] 나는 자동차

[그림 29] 배트맨과 슈퍼맨

[그림 30] 마지막 전투에서

[그림 31] 모두 새로운

# 05 손에 넣기 힘든 보물

'처음에'를 그리고 4개월 뒤 데니스는 CF 외래병동에 오던 날 나를 위해 그림을 그렸다. 나는 이 미제의 그림을 '가라앉은 보물'이라고 부른다([그림 5]). 이 그림은 바다의 밑바닥에 보물상자가 있고 그 위로는 바다뱀이 헤엄치고 있다. 보물과 뱀은 주변에 맴도는 수호뱀이나 용과 함께 인간 자신의 진정한 본성, 즉 발견되지 않은 진정한 자기를 탐색하는 것을 생각나게 한다(융의 『분석심리학』 4장을 보라. 타비스톡 강의에서 그는 톨레도 대성당 밑에 있는 물의 방과 보물을 지키는 뱀에 대한 꿈을 이야기했다). 융은 이겨내야 하는 수호뱀이나 용이 있는 보물이라는 이 모티브를 '손에 넣기 힘든 보물'이라고 했다. 그것은 어머니와의 분리를 통한 개성화의 획득을 의미한다. 융은 이 모티브가 어머니-아들관계의 보편적 딜레마임을 반영하는 여러 신화에 대해 저술했다 (Jung, 1968; 1976a).

융(1976a)은 뱀과 물은 둘 다 하이워사(롱펠로의 시에 나오는 아메리카

인디언의 영웅)에 대한 밀러의 환상에서 '어머니 속성'을 나타낸다고 하였다(p. 350). 아들의 정신은 자신이 어머니와 자신을 구분한다고 주장하지만, 어머니에 대한 유치한 갈망은 앞으로 취해야 할 행동을 방해한다. 이 과정은 아들에게 어머니와 분리하여 자신의 길을 여행하는 것을 어렵게 만드는 여러 가지 불안을 만들어낸다. 어머니에게 매달릴수록 아들의 정신은 더 허약해지고, 이는 다시 그를 더 불안하게 만든다.

소년이 CF와 같은 질병을 갖고 태어나면 자신의 건강을 걱정하는 어머니에게 의존하기 때문에 어머니-아들관계가 더 복잡해진다. 이런 상황에 있는 어머니라면 건강한 아들에게 하는 것보다 더 특별한 관심을 보이고 더 많은 양육을 제공하며 더 전념할 것이다. 이러한 어머니의 열중은 아들의 의존성을 높이고 어머니에 대한 충성을 강하게 하면서 아들에게 마법을 거는 행동으로 작용할 수 있다.

어머니와 자신을 구별하려는 용기는 아버지의 힘을 통해 증진된다. 아버지는 아들을 지지하고 아들이 남성적 역할로 걸음을 내디딜 수 있도록 힘을 준다. 아버지의 책임은 아들을 어머니의 아이에서 남자로 변형시키는 것이다. 아버지는 아들에 대한 어머니의 '주문'을 깨고 영원한 아동기에서 아들을 해방시켜야 한다. 소년이 남자가 되는 과정의 원시적 의식을 보면, 그 첫 단계는 어머니와의 분리다. 아버지는 젊은 영웅상을 갖추어 줘야 한다. 이런 맥락에서 나는 데니스의 아버지와 어머니가 2년 전에 별거했다가 최근에야 화해하고 다시 합쳤다는 것을 독자들에게 알릴 필요가 있다고 생각한다. 데니스는 부모의 별거에 대해 아버지를 비난했으며 그에 대해 여전히 씁쓸한 감정을 가지고 있었다.

그림의 왼쪽 구석 맨 위에는 종이를 찍듯이 눌러 그린 밝은 노란색의 태양이 있다. 가볍게 색칠한 햇살은 사방으로 퍼져 있지만 물의 표면에 닿거나 물을 관통한 햇살은 하나도 없다. 이 태양의 힘은 남성적 의식과 비교할 수 있는데, 외부세계를 관통하는 에너지를 갖고 있는 정신의 기운찬 측면이다. 이 남성적 의식은 데니스의 손에서 거의 벗어나 있다. 태양의 밝음은 의식을 상징한다. 태양은 일반적으로 아버지 원형과 연결되었으며, 인간 아버지, 대부, 또는 천국의 아버지를 표상할 수 있다. 이 시기 데니스는 인간 아버지든, 대부든, 아니면 천국의 아버지든 자신에게 필요한 것을 아직 얻지 못했다고 느꼈을 수 있다.

데니스가 그린 물뱀은 땅의 색인 갈색으로 칠했고 그 위로 암녹색이 덧칠해져 있다. 이러한 배색은 대지의 어머니와 삶의 재생과의 관계로 고려해볼 수 있다. 융(1976a)은 환자의 이미지에서 '아니마'라는 남성의 '내적 여성'인 무의식적 여성성이나 정신의 영혼적 속성이 자주 뱀으로 나타난다고 하였다. 어머니와의 분리에서 소년은 처녀를 구출하는 영웅인 여성성을 되찾아야 한다는 것을 기억하라. 과제는 자신의 내적 여성성, 또는 영혼으로부터 자신을 단절시키지 않으면서 어머니에게서 자유로워지는 것이다.

뱀은 수많은 의미를 가진 복잡한 상징으로서 그 의미들은 서로 상충되기도 한다. 껍질을 벗고 새로워지는 창조물인 뱀은 죽음과 재생을 상징한다(뱀의 상징에 대한 더 완벽한 논의를 위해서는 상징과 신성한 이미지에 대한 참고문헌을 보아야 한다).

데니스가 그린 뱀이 보여주는 한 가지 특징적인 점은 그 꼬리인데, 꼬리의 마지막 끝부분이 넓어져 있다. 이 그림을 본 의료진은 이 넓어진 꼬리를 치료할 때 진단적으로 사용하는 청진기나 기관지경과 같은 임상도구들과 연관시키는 경향이 있었다. 상상을 통해 우리는 이 특징을 의인화적으로 뱀의 음문으로 볼 수도 있는데, 이 음문은 출산을 하기 위해 팽창된 것이다(새로운 자아의 탄생? 새로운 페르소나? 자기의 재탄생?).

19세기부터 인도 남부에서 보존되어 온 한 조각품의 일부에는 남근 모양의 피조물을 가진 작은 여신이 있는데, 이 피조물은 여신의 음문에서 튕겨져 나오는 '창조적 에너지의 뱀'으로 알려져 있다(Cooper의 사진, 1978, p. 149). 힌두교에서 알려진 것처럼 남근이나 음경은 인도문화에서는 고대적이고 신성한 상징이다(Gimbutas, 1989). 음경은 남성적인 창조원리인 우주적 창조와 삶의 부활을 나타낸다. 남성의 정신적 에너지는 소년을 객관적 현실과 연계시키기 위해서 밖으로 흘러가야 하며, 동시에 여성적 원리와 함께 친족관계를 통해 관계성과 의미를 발견해야 한다. 남성의 정신적 에너지가 어머니에게로 다시 투사되면 아들은 자신의 진정한 본성에서 여전히 분리된 채 무의식적으로 남게 된다.

데니스의 뱀은 남성적 특성인 정신(spirit)과 여성적 특성인 영혼(soul) 둘 다를 갖고 있다. 그렇다면 뱀은 데니스에게 부족한 것, 그래서 필요한 것, 즉 여성적 원리와 남성적 자아의 분화와 이후의 통합에 대한 무의식적 보상인가? 데니스로서는 진정한 자기의 보물, 즉 부모에게서 분화된 성격을 획득하는 데 필요한 새로운 '탄생'을 만들어내는 것이 어려울 수도 있다.

융(1968)은 네 번째 타비스톡 강의에서 보물의 본성과 관련해 아주 신비로운 무언가가 있다고 지적하였다. "그것은 신비로운 방식으로 뱀과 연관되어 있다. 뱀의 독특한 특성은 마치 보물의 특성이 두 개가 하나인 것처럼 표현한다."

남성의 아니마, 즉 융이 말하는 여성적인 영혼의 측면은 그의 삶에 영향을 준 여러 여성에게서 받은 인상에서 나온다. 아동기의 아니마는 주로 어머니와의 관계에 의해 만들어진다.

남성의 영혼의 특성에는 여성적 특성이 무의식적인 상태로 포함되어 있는데, 생애 초기에 특히 그렇다. 그러나 남자가 자신의 내부에 도달하여 어느 정도 자신의 내적 어머니를 감쌀 수 있다면, 이 내적 어머니는 그를 위해 다른 무의식적 내용을 안내하고 자아와 전체 자기 간을 중재하는 안내자로서 기능할 수 있다.

따라서 아니마는 남성의 개성화 과정에서 중요한 도구가 된다. 남성이 개성화하기 위해서는 물리적 어머니와 자신을 구분할 수 있어야 한다. 이 과제가 이루어지기 전까지는 남성은 자신의 무의식적 여성적 본성을 어머니에게 투사하거나 아니면 어머니 유형의 다른 여성들에게 투사할 것이다.

남성이 '여성적 측면'을 분화시키고 통합시키지 못하면, 여성과의 관계는 여성의 접촉으로 인해 삼켜지고 압도되며 사로잡힐 것 같은 편집증적인 느낌을 주어 위협감을 주게 된다. 이러한 상황은 특히 낭만적인 우정에 위협이 될 수 있는데, 이는 전념하는 남성의 능력을 차단한다. 여성은 몰입할 준비가 되면, 이 준비가 상보적이길 기대한다. 그러나 불행히도 남성은 여성의 이러한 준비를 자신이 갖고 있는 남성적 정신을 삼켜 버리려는 시도로 지각한다. 그러면 남성은 여성에게 애증을 느끼는데, 이는 소년이 어머니와 자신을 구분해야 할 때 어머니에게 갖는 느낌과 같다.

내가 제시한 간단한 설명은 어머니 콤플렉스가 가정하는 여러 형태 중 하나일 뿐으로, 불완전하고 미성숙한 남성의 정신에 미치는 그 영향은 다양하다. 게다가 나는 매력적이긴 하지만 논란의 여지가 있는 후기 융 이론을 적용하지 않고 전통적인 관점에 초점을 맞추었다. 남성 심리를 깊이 있게 알아보는 것은 나의 목적이 아니다. 나의 목적은 독자들이 문제의 여지가 있는 어머니-아들관계의 특징을 알 수 있도록 하는 것이다. 우리는 이 이슈를 미소포에틱 남성운동(mytho-poetic Men's Movement)의 관점에서 살펴보려고 하는데, 이 관점에서는 성인이 되는 소년에 대한 통절한 드라마를 연구하고 확충하고 있다. 로버트 블라이, 마이클 미드, 그리고 그 외의 여러 사람은 이러한 심리적 발달을 분석심리학의 관점에서 설명하고 있다.

만약 학대나 박탈 같은 두드러진 병리가 어머니-아들관계에 없다면, 자신을 길러주고 보호해주는 긍정적인 모성을 받은 소년은 어머니를 사랑하게 될 것이다. 반면에 어머니에게 영원히 구속되어 자신의 길을 포기하고 자신을 희생해야 한다는 공포와 두려움이 있다면 어머니를 증오하게 될 것이다. 만약 어머니가 '죽지' 않는다면 자신이 '죽을' 것이다. 이것이 바로 영웅이 필요한 이유다.

나는 '악하고 잘못되거나 파괴적인 것'에서 '선하고 진실한 것'을 구하고 보존하기 위해 자신의 생명을 희생하는 용기 있는 남성들을 지칭하기 위해 광범위하고 원형적인 고전적 차원에서 영웅이라는 용어를 사용한다. 그러나 미소포에틱 남성운동은 일반적으로 소년의 미성숙한 특성으로서 영웅을 말하고 있다. 이 영웅은 건강한 정신의 변형단계에서 '전사'로 발전한다. 따라서 남성운동에서는 대다수 문헌과 융의 연구에서 나오는 '영웅'의 의미를 '전사'라는 용어로 사용한다.

의식적 마음인 자아가 남성적 정신과 여성적 영혼을 통합해야 한다는 것을 수용할 수 없다면 이는 다시 어머니 또는 무의식으로의 퇴행이 일어난다. 아들이 자신의 독특한 자기에 대해 무의식적으로 남아 있는 한 그의 정신적 에너지는 어머니에 의해 사로잡혀 있게 된다.

데니스의 그림 속 뱀은 상징적으로 볼 때 무의식적 상태와 본능에 복종하지 못하게 하는 자기의심의 폐해를 내포하고 있다. 영웅이 나타나지 못하면 영구적인 청소년 상태(*Puer Aeternus*, 영원한 아동)의 덫에 걸리게 된다(폰 프란츠의 『영원한 아동: 영원한 아동의 문제』와 무어와 질레트의 『왕, 전사, 마술가, 연인』이라는 책을 보라). 자신의 삶을 책임지고 자신의 영혼을 찾으며 어머니에게서 분화해 나가는 것을 거부하며 미성숙한 상태로 남아 있는 남성들에게서는 어린이(puer)의 부정적 그림자만이 나타난다. 어린이의 긍정적 측면, 즉 신성한 아동(Divine Child)이 없는 남성은 심상능력과 놀이의 정신이 결여되어 있다.

융(1976a)에 따르면 뱀 꿈은 자아와 본능적 자기의 불일치를 시사한다. 뱀은 갈등에 대한 예시적 측면을 의미하지만 융(1976a)은 뱀이 '희생을 주는 사람과 희생되는 사람'인 영웅이라고도 하였다. 그는 고대 케크롭스의 신화처럼 영웅-뱀의 동일체라는 초기 흔적을 상기시키는데, 이 신화에서 영웅 케크롭스는 반은 사람이고 반은 뱀이다(p. 382). 힐만(1973)은 어린이 문제에 대한 저술에서 뱀의 신화적 의미에 대해 언급했다.

> (뱀은) 종교의 힘, 초자연성, 근본성이다. 그 의미는 우리가 붙잡으려고 할 때 허물과 허물벗기로 새로워진다.…… 의미들의 미끄러운 흐름은 대여신과 수호신이 합쳐져 그 특성을 상실하게 만들기 때문에 뱀을 통해 어머니는 어린이에게 손을 뻗어 영웅주의에 빠지게 한다. 어머니는 아들이 자신에게서 해방되는 것에 맞서 싸우도록 유혹한다.

이 모든 정보는 뱀이 의미하는 상징의 복잡성과 뱀이 갖는 수많은 연상과 의미를 묘사해준다. 집단적 무의식의 창고에는 뱀으로 표현될 수 있는 많은 원형이 있다. 인간은 이러한 원형적 상징들에 쉽게 빠져들 수 있다. 상징들은 우리의 생각을 제한하고 우리를 삼켜 버린다. 뱀처럼 말이다. 뱀의 꼬리를 생명을 주는 이미지로 확대한 우리의 탐색에 만족하자. 우리는 데니스의 그림에 나타나는 이 비일반적인 특징이 의미심장하다는 것을 보여주는 재료를 충분히 다루었다.

데니스의 뱀이 갖고 있는 또 다른 특징적인 것은 목 부분의 작은 돌출이다. 수염일까? 죽은 영웅들은 고대 그리스에서 숭배받았던 수염난 뱀처럼 허물을 벗는다. 몇몇 수염난 뱀은 신으로 알려져 있다. 나는 데니스에게 기관절개술 같은 것을 받아본 적이 있느냐고 물었다. 그는 그런 적이 없었다.

데니스가 의식적으로 뱀의 목에 이런 표시를 했는지, 아니면 평범치 않은 꼬리가 의식적으로 의도된 것인지는 알 수 없다. 이것이 우연일 수 있을까? 분석심리학에서는 우연이란 없다고 주장한다. 퍼스(1988)가 지적했듯이 우리는 그림에서 나타나는 모든 '우연'은 실착행위의 형태라고 생각할 필요가 있다. 그는 말실수와 이름이나 친숙했던 것들에 대한 정보를 갑자기 잊어버리는 것에 대해 실착행위라고 한 프로이트의 용어를 빌려 왔다. 퍼스는 그림에서 소위 '우연'이나 실수라고 하는 것에는 항상 억압이 있다고 말한다(p. 17). 정신에너지의 특정 패턴은 이러한 '우연'을 통해 의식으로 가길 원한다. 이는 자발적으로 그린 그림이나 그려 달라고 해서 그린 그림 모두에서 상당히 일반적으로 나타난다.

데니스의 뱀을 의인화하여 본다면 이 돌출을 '아담의 사과'를 의미하는지에 대한 질문으로 받아들일 수도 있다. 창조신화에 따르면 아담은 이브가 준 선악과를 먹었다. 금지된 과일 한 입은 아담의 목에 걸렸고 그래서 '아담의 사과'가 되었다. 좀 더 전통적인 창조신화에 따르면 아담은 불멸이 되려고 했지만 선악과를 먹음으로써 의식을 갖게 되었고 그 결과 죽어야 할 운명이 되었다. '아담의 사과'는 남자의 인간 본성과 생명의 신비를 이해하기 위한 본능적 허기를 신체적으로 상기시키는 것으로 보인다.

자아의식과 개성화를 일으키는 데 필요한 것은 그리스 신화에 나오는 신과 같은 영웅주의는 아니다. 그것은 본능에 경의를 표하는 인간의 자아강도에 의해 이루어진다. 모든 영웅신화의 주요 목표는 자아의식의 발달이다. 인간존재는 자신의 장단점을 인식하고 따라서 삶의 많은 도전에 순응할 수 있어야 한다(Jung, von Frantz, Henderson, Jacobi, & Jaffe, 1964).

데니스의 그림에서 오른쪽 위 사분면을 보면 하늘에 검은 새 10마리가 있는데, 이 새들은 물 표면 위로 옅은 푸른색으로 성기고 희미하게 칠해져 있다. 10이라는 숫자는 완벽한 수로 보고되는데, 여기에는 모든 숫자가 포함되어 있기 때문이다. 10은 모든 것과 모든 가능성을 나타낸다. 또한 이 숫자는 완벽함과도 연관된다. 신은 모세에게 십계명을 주었다. 그리스 신화에서 10이라는 숫자는 오디세우스와 트로이 신화에서처럼 영웅이 여행을 끝내고 돌아오는 숫자다(Cooper, 1978).

모래놀이 치료자는 반대편으로 놓인 형상들은 종종 통합되어야 하는 것들을 나타낸다고 본다. 데니스가 그린 새들은 물 아래에 있는 뱀과 진정한 균형을 이루기 때문에 우리는 이 반대되는 것들이 서로 어떻게 관련되는지 알아보기 위해 이 두 가지 요소, 즉 하늘의 새들과 바다의 뱀을 살펴보아야 한다. 이들은 서로에게 보충적인가 아니면 보상적인 것인가?

이 질문에 대답하기 전에 우리는 먼저 데니스의 새들과 바다뱀 간의 공통성을 생각해야 한다. 둘 다 두 가지 환경에서 살 수 있다. 뱀은 물과 땅, 그리고 새는 땅과 하늘에 똑같이 적응한다. 이러한 특징은 초월의 상징으로서 이 동물들을 나타내는 보편적 단서다. 이 새들은 해방의 상징이며, 이 해방은 상징적 표현으로 초월적 특성을 반복해서 보여준다. 데니스는 이를 15개월 후에 그린 그림에서 다시 묘사했다('자유', 6장, [그림 7]). 새들은 때때로 천사처럼 영웅에게 조언을 하는 정신적 안내자로 나타난다. 몇 가지 동화에 등장하는 새들은 그림형제의 '작은 새 세 마리'에서처럼 진실의 전달자다. 정신적 안내와 진실은 초월을 지지한다.

뱀은 바다처럼 본능적 특성인 깊은 무의식으로 내려가는 것을 의미한다. 여기서 우리는 그림자와 영혼 그리고 정신의 내적 현실을 직면할 수 있게 해주는 의식으로 갈 수 있다. 자아가 이 정신적 부분들과 섞이면 인간은 새처럼 더 높은 정신으로 올라갈 수 있다.

우리는 새와 뱀이 보충적인지 보상적인지에 대한 질문에 대답하였다. 데니스의 새와 뱀은 보충적인 초월의 측면들이다. 이 이미지들은 불안을 가져온다. 데니스의 경우 개성화와 초월을 향한 첫 번째 영웅적 발걸음은 어머니와의 미숙한 애착에서 벗어나는 것이다. 죽음에 직면한 사람들에게는 이것이 만만찮은 일일 수 있다. 그는 죽음은 피할 수 없지만 퇴행함으로써 어머니와의 유대를 계속 유지할 수 있고, 따라서 안전한 항구에 머물러 있다는 느낌을 유지할 수 있다. 그는 어느 길을 택할 것인가? 보물을 바다 밑바닥에서 영원히 잃어버린 상태로 있을 것인가? 한 남자로서의 데니스의 잠재력은 무의식적 깊은 바다에 머물러 있을 것인가?

데니스는 여성적 영역에 의존했던 것을 초월하고 성공적인 사진기자인 형이 이미 시작한 남성적 생활방식과 좀 더 가깝게 동일시하려고 노력하고 있었다. 하지만 변한 것은 병 때문에 어쩔 수 없이 어머니에게 의존했던 그의 태도만이 아니다. 데니스는 이미 삶의 마지막에 가까이 가 있었다.

그는 종이 바닥을 가로질러 스케치한 좁은 영역에 물 아래의 진흙 또는 모래바닥을 그렸다. 바닥 중간에는 진하게 검은색으로 윤곽을, 그리고 붉은색으로 속을 채운 산호조각이 있다. 검은색으로 부가적인 표식을 한 것 때문에 이 사물은 바위처럼 보인다. 산호는 동물의 뼈 잔해이기 때문에 우리는 이것을 죽음의 상징, 또는 전생의 상징으로 볼 수도 있다.

산호와 CF 간에는 또 다른 흥미로운 공통점이 있다. 어떤 산호의 막은 물로 채워진 것으로 알려져 있다. 마찬가지로 CF로 고통을 당하는 사람들의 경우 어떤 세포막은 액체나 점액으로 가득 찬 결각이 있다. 게다가 산호는 썰물 동안 공기에 노출되면 CF처럼 점액을 분비한다.

아름다운 산호는 고가의 바다표본, 즉 해양의 보물이다. 어떤 식으로 보면 산호가 보물상자보다 데니스의 생명을 더 정확하게 나타내는 것일 수 있다. 그것은 CF에 취약하게 만들어진 삶이다. 반면 보물상자는 병이 치료된 삶을 꿈꾸는 것과 더 일치하는 것으로 보인다. 즉, 데니스의 생애에서 아주 손에 넣기 힘든 보물인 것이다.

산호의 왼쪽 가까이에는 자주색 바탕에 붉은 보석이 달린 상자가 있다. 붉은색은 생명과 열정을 나타낸다. 산호와 가장 가까운 쪽의 상자면 위로는 연푸른색의 보석이 일렬로 있다. 자주색은 '손에 넣기 힘든 보석'에 어울리는 귀족스러운 색이다. 바치(1990)는 상자에 걸쳐 있는 구슬의 엷은 푸른색은 '생명력의 상실'을 반영하거나 '거리감의 색'으로 볼 수도 있다고 하였다(p. 50). 이 그림을 그렸을 때인 입원 당시가 데니스의 생명력이 낮아졌을 때를 의미한다는 것에 대해서는 논란이 없다. 데니스는 죽음을 예견하고 현재의 환경에서 철수할 수밖에 없다고 느꼈을까?

조안 켈로그(1984)에 따르면 연푸른색은 목을 의미하는 신체 샤크라의 색이다. 이 샤크라는 생명을 유지시키는 탄생수와 '우리가 당연히 원하지만 아무도 얻은 적이 없는 이상적 어머니, 우리의 모든 욕구를 충족시키고 아무것도 돌려받길 바라지 않는 어머니(p. 78)'와 정서적으로 연관된다. CF는 숨이 막히는 질병이다. 우리는 이미 부정적 어머니 콤플렉스의 숨막히는 측면들을 생각해보았다. 이는 바치가 말한 거리감의 색인 푸른색을 생각나게 해준다.

데니스는 집에서 받는 치료 때문에 어머니에게 의존하면서도 어머니로부터 심리적으로 거리를 두려고 하였다. 활력의 근원인 붉은 보석과 연푸른색의 목걸이는 개성화를 위한 노력과 CF와의 투쟁에서 삶을 유지하려는 노력에서 경험하는 긴장을 상징한다.

보물상자의 뚜껑은 열려 있다. 뚜껑은 연노란색이며 양쪽 옆면이 암녹색으로 덧칠해져 있다. 데니스는 이 녹색 부분을 '물 속에 있는 사물에서 생기는 쓰레기'라고 했다. 이 진술을 통해 우리는 데니스의 '가슴(폐)'에서 자주 생기는 감염물질인 '쓰레기'를 연상할 수 있다. 이 말은 꿈에서 자주 나타나는 말장난과 다르지 않다.

보물상자의 뚜껑 위 가장자리 중간에는 노란색으로 진하게 칠해진 자국이 있는데 원의 일부처럼 생겼다. 같은 색의 노랑으로 덧칠된 또 다른 원은 종이를 찍어 만든 태양 묘사에서도 나타난다. 만약 이 상자의 일부가 태양에서 잃어버린 것을 보충하는 것이라고 본다면 데니스의 무의식의 깊은 곳에는 아버지 원형이 보물상자를 여는 핵심이 된다.

요약하면, 데니스가 자신의 진실되고 자연스런 자기를 경험하도록 돕는 것은 그의 남성적 본성이 지지하는 영혼-관계성이다. 열려 있는 상자와 드러난 보물들이 보여주듯이 데니스가 자신의 삶에 책임을 지려고 노력할 가능성이 상당히 크다. 보물을 끌어올려 물 밖으로 가지고 나오는 것은 또 다른 과제로 이 시점에서는 다루기 힘든 일일 수 있다. 아들은 항상 자신의 엉덩이를 때릴 준비가 되어 있는 어머니의 감정을 거스르지 않으면서도 자신을 도울 수 있어야 하는데, 이는 자기의 깊은 내면에 있는 남성적 에너지를 불러냄으로써 가능해진다. 소년이 자신을 한 개인으로 정의 내리고 자신의 창조적 정신과 양육적 영혼과 자발적으로 관계 맺도록 힘을 주는 것이 바로 이 에너지다.

앞서 우리는 햇살이 물을 관통하지 않았다는 것을 보았다. 이 형태는 데니스의 아버지가 부재했던 최근의 시기를 떠올리게 해준다. 만약 아들이 아버지의 부재로 상처를 받는다면 소년은 생명을 주는 남성적 에너지와 연계하기 위해 자신만의 방법을 찾아야 할 것이다. 이렇게 하기 위해 그는 객관적 정신(집단적 무의식)에 내포된 남성적 원형을 경험하고 활성화시켜야 한다. 남성적 개성화를 주도하는 이러한 태도는 아주 어려운 일인데, 특히 강력한 남성 역할 모델이나 전문상담자의 도움이 없을 때는 더 그렇다.

데니스의 그림에는 일렬로 서 있는 해저식물이 있는데 어떤 것은 암녹색이고 또 어떤 것은 연한 황록색이다. 이 중 두 식물은 황록색과 갈색이 섞여 있고 하나는 진한 갈색이다. 중간에 위치한 가장 큰 식물의 줄기와 가지들은 모두 오른쪽으로 기울어져 있는데, 이는 뱀이 향하는 방향과 같다. 이 식물의 가지들은 거의 수면을 넘을 정도로 자라 있다. 짙은 녹색은 주로 건강한 성장을 나타내는 것으로 해석되지만, 좀 더 약한 색조인 황록색은 건강이 쇠약해지거나 다시 악화될 때 주로 나타난다(Bach, 1969).

물 속에서 일어나는 해초의 성장은 데니스의 신체적 성장과 심리적 성장 모두를 나타낸다. 신체적 관점으로 보면 데니스가 말한 것처럼 왼쪽의 암녹색의 '해초' 영역은 이전의 더 좋았던 건강과 일치한다. 식물들의 실 같은 특성은 데니스의 마른 체형을 상기시킨다. 그는 항상 저체중이었고 영양결핍인 것처럼 보였다. 이는 CF가 많이 진행된 환자들이 보이는 전형적인 증상이다.

데니스의 건강쇠약은 빈번한 재발과 함께 정서적으로 스트레스를 받는 시기를 보여준다. 이 시기는 신체상태가 반복적으로 안정되었다 다시 악화되는 것과 일치하게 빈번히 올라가고 내려가고, 진전과 퇴보, 희망과 우울로 괴로움에 빠지는 시기다. 때때로 그는 생이 끝날 때가 다 되었다는 것에 단념하고 용감하게 자신의 운명을 받아들이는 것처럼 보였다. 또 때로는 자신의 생명이 끝난다는 것을 부인하는 것처럼 보이기도 했다. 이러한 동요는 그가 죽기 8개월 전까지 계속되었다.

그림의 오른쪽은 주로 개인의 과거 삶이나 무의식과 일치한다. 그리고 오른쪽은 종종 현재나 미래, 또는 이미 의식되었거나 막 의식으로 들어가는 것을 의미한다. 우리는 물의 강한 흐름으로 인해 종이 한가운데 산호 옆의 인상적인 식물이 오른쪽으로 밀리는 것을 느낄 수 있다. 따라서 이 식물이 의식으로 나아가거나 아니면 미래를 바라보거나 앞으로 올 것을 열심히 예측하는 것이라고 볼 수 있다. 이 식물의 바로 오른쪽에 있는 산호는 이미 죽음을 상징하거나 아니면 데니스가 자주 경험하는 정체된 액체, 그리고 개인적 자기(self)와 내적 자기(Self)에 대한 그의 자존감을 은유적으로 나타낸다.

데니스는 CF의 혹독한 시련에서 살아남는 영웅이 되어 '손에 넣기 힘든 보물'을 되찾길 간절히 바랐다. 아마도 병을 극복하여 정상적으로 성장할 수만 있다면, 그 승리의 결과로 그는 어머니와 자신을 분리시키고 심지어는 아버지보다 더 뛰어난 성인기로 개성화할 것이라고 믿었을 것이다. 하지만 현실적으로 그의 발달을 침범한 CF의 위협은 그의 청소년기를 제한하였다. 가족에 대한 의존, 특히 어머니에 대한 의존은 신체적이고 도덕적인 도움을 받아야 했기 때문에 성인기로의 도전을 더 어렵게 만들었다.

융(1976a)은 사무엘스(1985)가 말한 어머니의 이중적 측면에 대해 이야기했는데, 이는 (1) 개인적 어머니와 어머니 원형 간의 이중성, 또는 (2) 생물학적이든 원형적이든 좋고 나쁜 어머니의 이중성으로 이해될 수 있다고 하였다.

CF를 가진 아동은 무의식적으로 자신의 질병에 '나쁜 어머니(마녀나 뱀파이어)'를 투사할 수 있다. 심지어 CF는 이런 투사를 부추기기도 한다. CF는 유전되는 질병으로 염색체 쌍 모두가 어머니로부터 전달될 수도 있기 때문에 어머니가 전적으로 이 고통에 책임이 있을 수 있다. 이러한 상황은 CF를 가진 소년들에게 CF의 파괴적 힘과 격려하는 어머니의 매력적인 힘에 대해 이중으로 전쟁을 치르게 한다. 자식을 붙잡고 싶어 하는 '요부 같은 어머니'는 좋은 어머니의 그림자 측면을 나타낸다.

CF를 극복하지 못하고 실패한다는 것은 신체적 죽음을 의미한다. 마찬가지로 어머니와 함께 있고 싶은 영아적 소망을 극복하지 못한다는 것은 진정한 자기의 희생적 죽음을 의미한다. 나아가 생후 2~3세에 입원을 경험하면 어머니와의 분리에 대한 불안이 생길 것이다.

어머니의 이중성에 대한 융의 설명은 CF를 가진 환자들이나 생명에 위협이 되는 유전장애를 가진 환자들에게도 적용될 수 있다. 이 확장된 개념은 인간 어머니의 매력(과 어머니와 동일시하고자 하는 유혹)과 유전되는 질병이라는 벗어날 수 없는 악마의 '주문' 사이의 이중성을 인정한다. 그것은 어머니를 '좋은' 부분과 '나쁜' 부분으로 분리시키는 아동의 본능에서 나온다. 'CF 마녀 어머니'는 자녀를 자신의 저승세계로 영원히 밀어넣으려고 하지만, '매력적인 어머니'는 마녀 어머니와 경쟁하면서 자식이 살아 있도록 계속 붙잡아준다.

매력적이면서 소유적인 어머니와 마녀적(흡혈적)이면서 소유적인 어머니 간의 이러한 이중성은 소년들뿐만 아니라 소녀들도 경험할 수 있다. 이 이중성은 남성적 자아발달에 심각한 장애가 되어 남성들을 무의식의 어둠 속에 묶어 놓는다. 여성의 개성화 역시 부정적으로 영향을 받지만 동일한 방식은 아니다. 여기에서는 데니스가 경험한 남성적 개성화 과정에 한정하여 설명하고자 한다.

이 이중상태는 아동의 원시적인 정신을 통해 처음 경험된다. 인간 어머니의 좋고 나쁜 측면들을 경험하는 것 이상으로 CF 환자 또는 어머니로부터 유전된 질병을 가진 환자들은 '좋은' 어머니의 그림자인 매혹적인 여성을 가정하며, '나쁜' 어머니에 대해서는 생명을 위협하는 '나쁜 유전자'를 전달하는 아주 악마적인 면을 가정한다. 'CF 마녀 어머니'와 '매력적인 어머니'의 이러한 충돌이 인간 어머니에게 적용될 수도 있지만 이러한 역동은 원형적 어머니에 대한 느낌에도 영향을 줄 수 있다.

CF 마녀 어머니를 외관상 친절하고 매력적인 어머니보다 훨씬 더 큰 악마로 의인화한다고 해서 CF를 가진 아동들이 이 질병을 어머니가 악마적으로 강요했다고 의식적으로 비난하고 화를 낸다는 것을 의미하는 것은 아니다. 생명을 주고 양육하는 데 근본적으로 아버지보다 어머니가 더 책임을 지는 경향이 있다. 이는 자궁에서 시작된 원시적 유대와 관련될 수 있으며, 실제적인 탄생 이전에 경험한 어머니의 친숙한 목소리를 통해 신생아를 강화할 수 있다. 따라서 태내기와 출산 후 영아가 갖는 어머니에 대한 경험은 이후의 삶이 어떻게 되든 간에 어머니가 더 책임을 갖는 비합리적 경향을 만드는 것 같다. 이런 이유로 CF를 가진 아동들은 무의식적으로 어머니를 자신의 질병과 연결시킬 수 있다. 그리고 심지어는 의식적으로 어머니를 생명을 주는 사람이며 그 생명과 함께 질병도 준 사람이라고 연결시키기도 한다. 비록 성숙과 지적 발달을 통해 아동의 운명을 불공평하게 막아 버리는 유전자를 갖게 한 데 대해 부모 모두에게 의식적인 분노와 화를 내게 만들기도 하지만 이러한 감정은 주로 억압된다.

런던 연구에 참여했던 9세 소녀 환자는 CF에 대한 자신의 감정을 어머니에게 직접적으로 직면시킬 수 없었다. 그녀는 어머니의 베개에 자신의 노트를 슬쩍 떨어뜨려 놓았는데, 그 노트에 자신의 심정을 표현하고 어머니가 질병과 그 결과에 책임이 있다는 것을 은근히 표현해 놓았다. 그녀는 이 노트에 8각형을 그렸다. 쿠퍼에 따르면 이는 재탄생의 상징이다. 기독교 교회에서는 세례반이 8각형의 모양으로 만들어져 있기 때문이다. 8각형 안에 그녀는 "낭포성 섬유증-나는 낭포증이다."라고 썼다. 이 그림 아래에 그녀는 다음과 같이 덧붙였다.

> 나는 낭포증이에요. 왜 엄마는 나에게 이런 것을 가져다 주었어요? 나는 치로[오타]를 받는 게 싫어요. 난 다른 사람들과 같아지고 싶어요. 어떤 낭포증 환자는 벙[오타]과 사울[오타] 수 없어요. 모든 사람이 나에게 왜 낭포증이냐고 물어요. 나는 그게 싫어요. 침묵을 지키는 게 나아요. 엄마는 나를 도와줘요. 엄마는 내가 그걸 싫어한다는 걸 아라요[오타]. 엄마에게 쓰고 있는 이 편지에 대해서도 난 울고 있어요. 제발 도와주세요. [여기에 자신의 이름을 썼다] 엄마의 낭포증 아이. 안녕. 흑흑(SOB SOB) 운다.

SOB SOB의 O 안에 그녀는 입이 아래로 처진 얼굴을 그렸고 옆으로는 귀를, 그리고 머리 부분에 머리카락을 세워 그렸다.

2년 뒤 데니스도 만화 스타일의 그림에 이런 감정을 표현하였다. 그것은 임박한 그의 죽음을 묘사한 흉악한 유머였다. 이 그림은 다음 장에서 살펴볼 것이다.

# 06 새처럼 자유롭다

세 번째로 병원을 방문했을 때 데니스는 그 다음 그림을 그렸다. 병원 방문은 6주에 한 번꼴로 이루어졌다. 처음 두 번의 방문 때는 나는 런던에서 수잔 바치와 함께 연구중이었다. 그의 그림은 그리도록 요청된 것이었으며, 그는 제목을 '회상' 이라고 했다([그림 6]). 최근에 그가 새로 부화된 아기새 둥지가 있는 나무를 발견했기 때문에 이런 제목을 붙였다고 말했다. 왜 그런지는 모르지만 이 장면은 그에게 깊은 인상을 주었고 그래서 항상 그것을 기억하고 싶다고 말했다.

새 둥지를 본 것에 대해 나와 느낌을 나눌 때, 그는 다시는 보지 못할 수도 있는 계절에 대해 영원히 기억하고 싶어 하는 것 같았다. 나는 사랑하는 것에 대해 작별을 이야기하는 것이 얼마나 어려운지 떠올렸다. 우리가 어떤 사람이나 어떤 장소를 다시는 볼 수 없을지도 모른다는 것을 깨닫는 것은 상처가 된다. 이때 우리는 우리가 떠나야 하는 장소나 사람과 연관된 모든 기억을 느끼고 소중히 한다. 우리는 상실하는 것을 간절히 붙잡으려고 한다. 우리는 보았던 것을 마치 목이 말라 벌컥벌컥 물을 마시듯이 흡수한다. 모든 감각이 매우 민감해져서 이미 알고 있고 자주 느꼈던 것인데도 처음 경험하는 것처럼 경험한다. 이러한 정서적 경험은 예기적 비탄의 한 형태다.

'회상' 그림을 그리고 나서 23개월 후, 죽음은 데니스를 세상의 삶과 떼어놓았다. 확실히 여러 가지 의미 있는 일과 특별한 사람들이 데니스의 삶에 행복을 가져다주었다. 그는 그런 것들을 새둥지만큼이나 기억하길 원했을 것이다. 새둥지가 있는 나무와 아기새가 이렇게 감상적으로 심금을 울렸을까?

새 생명을 부화시키는 알은 죽음과 재탄생의 상징이다. 죽음-재탄생의 원형은 데니스가 그린 20장의 그림에 나타나는 두드러진 주제다. 이는 다른 CF 환자들의 그림에서도 나타나고 있다. 재탄생의 아이디어는 생명에 의미를 부여하며, 죽음 너머에 있는 것을 기다리는 희망을 전달한다. 나는 사후생을 믿는 사람들은 이런 믿음이 없는 사람들에 비해 죽음을 좀 더 평화롭고 조화롭게 받아들인다는 것을 보아 왔다. 재탄생의 원형과 관계를 맺음으로써 인간은 정신에 대한 보상을 한다. 이 보상은 죽어가는 과정에도 영혼을 유지하는 희망이 된다. 정신이 죽음-재탄생의 공현(epiphany)을 받아들이면 영혼은 만족하게 된다.

배고파 부리를 여는 아기새는 먹이를 갖고 돌아와 자신들을 키워주는 부모에게 의존적이다. 새의 이러한 의존적 측면은 데니스가 그의 부모, 특히 어머니에게 보였던 의존성과 유사하다. 데니스가 둥지를 떠나 날아갈 시간이 곧 올 것인가? 이러한 자유가 데니스에게 자신의 어머니가 삶을 안전하고 좋게 느끼게 만들어준 것에 대한 그리움과 함께 외로움도 줄 것인가? 의식적으로 데니스는 자신의 신체적 악화를 심각하게 인식하였으며, 적어도 무의식적으로 자신이 곧 떠나야 할 시간이라는 것을 알고 있었다. 둥지에 있는 아기새를 보았을 때, 그는 자신이 다음해 봄이 올 때까지 살 수 있을지 생각했는지도 모른다.

그의 무의식적 정신은 이 장면에 깊은 인상을 받았지만, 그것은 다른 이유에서였다. 데니스의 질병은 청소년기까지 계속되었다. 무의식적으로 그는 살날이 얼마 남지 않았기 때문에 둥지를 떠나는 과업을 수행할 시간이 많지 않다는 것을 감지했을 수도 있다.

심리학 문헌에 보면 어머니에게서 독립하여 어머니와 거리를 두고 싶어 하면서 동시에 그런 일들을 하는 것에 대해 두려움을 느끼는 남자 청소년들의 양가감정에 대해 논한 것이 있다(4장에서 논의되었다). 만약 데니스가 어머니로부터 자유로워질 수 없다면 자신이 진정으로 누구인지에 대해 알지 못하게 될 것이다. 만약 CF로부터 자유로워질 수 없다면 그는 자신이 살고 싶은 삶을 살 수 없을 것이다. 두 가지 딜레마 모두 데니스의 입장에서는 너무 압박감을 주는 것이었고, 청소년기는 혼돈스럽고 폭풍 치는 여정이다.

건강보호 제공자들은 생명에 위협이 되는 질병이 젊은이들의 정신에 주는 이중적 부담을 너무 잘 잊어버린다. 아동과 청소년들을 대상으로 생명을 위협하는 질병이 갖는 심리적 결과를 이해하는 우리 같은 사람들은 이 이슈에 관심이 있는 의학전문가들을 각성시킬 책임이 있다고 본다. 내가 볼 때 적어도 미국의 의학전문가들은 임종 아동과 청소년들의 정서적-정신적 욕구를 거의 무시하는 것 같다. 하지만 민감한 소아종양학자와 기타 격식에서 벗어난 의사들이나 외과의들은 예외일 수 있다.

이 그림에는 언급할 만한 또 다른 특징이 있다. 데니스의 그림에서 둥지를 받쳐주는 팔처럼 생긴 가지들이 있는 나무는 모성의 특징을 보여준다. 쿠퍼(1980)에 따르면 나무는 '대모의 길러주고 보호해주며 지지해주는 여성적 원리'를 상징한다. 나무는 우리가 어머니-아들관계로 돌아가게 하는 것 같다.

데니스의 나무는 아래와 위 가장자리에 종이를 찍어 눌러 그린 것이다. 심리적으로 밑면의 종이를 찍어 눌러 그린 것은 특별히 현실-경계를 의미하며, 아마도 불안정감과 지지가 필요한 것을 의미하는 것 같다. 위쪽의 종이를 찍어 눌러 그린 것은 성취하지 못했거나 부인되었던 것을 공상하는 경향과 함께 높은 포부를 시사한다. 나무 아래쪽의 찍어 눌러 그린 것은 지면선을 과장한 것이다. 이는 데니스가 점차 삶을 상실하고 있어 삶에 대해 안정감을 느끼고자 하는 욕구를 표현하는 것이다. 위쪽의 가지를 찍어 눌러 그린 것은 곧 CF 치료가 가능해져서 자신의 생명을 구하게 되길 바라는 환상을 의미한다.

나무의 오른쪽은 태양의 황금 햇살에 닿아 있다. 오른쪽 위 구석에 역시 종이를 찍어 눌러 그린 태양은 여덟 개의 큰 햇살과 아홉 개의 작은 햇살을 발하고 있다. 이 그림을 받았을 때 나는 데니스의 삶에서 중요한 시간단위와 관련된 8이나 9의 숫자를 발견할 수 없었고 지금까지도 그렇다. 나는 데니스의 부모가 재결합한 것이 몇 월인지 알고 싶다.

쿠퍼(1978)는 8이라는 숫자는 새로운 시작을 나타내는 숫자이며, '되찾은 낙원…… 재생, 그리고 부활'을 나타내는 숫자라고 하였다. 또한 8과 9 모두 '지상낙원'과 마찬가지로 '충족, 달성, 시작과 끝, 전체'를 나타낸다고 하였다(p. 118). 더욱이 홀수는 양(陽) 또는 남성적인 것이며, 심지어 어떤 수는 음(陰) 또는 여성적인 것을 상징한다고도 알려져 있다. 앞서 태양과 아버지 원형 간의 관계를 살펴보았는데, 태양

또한 하나님 아버지를 표상하는 것으로 생각해볼 수 있다.

따라서 데니스의 나무는 반대극, 즉 천국과 땅, 아버지와 어머니, 정신과 영혼, 남성성과 여성성, 또는 죽음과 탄생을 결합한 것으로 보인다. 이 대극들은 데니스의 개성화 과정이 그의 남성적 정신을 여성적 영혼과 결합시켜야 한다는 것을 시사한다. 그는 자신의 장점과 단점, 한계와 잠재력을 모두 배우기 위해 무의식 깊은 곳으로 내려가야만 한다. 이러한 경험을 통해 그는 자신의 진정한 본질을 개발하게 될 것이다. 이러한 경험은 그가 아버지와 나란히 자신의 자리를 차지하도록 힘을 줄 것이며, 그렇게 되면 더 이상 자신을 어머니와 동일시하고 어머니에게 투사하면서 살지 않게 될 것이다.

이 과정은 낡고 발달되지 않은 자아의 죽음과 새롭게 개발된 자아의 탄생을 나타낸다. 데니스는 무의식적으로 소년기를 초월하여 남자가 되기 위해 노력하고 있다. 황금 태양은 진정한 자기라는 보물에 대한 은유다. 데니스가 그린 생명의 나무는 이 보물이 양육한다. 나무의 뿌리는 남성의 아니마의 상징인 땅속으로 들어가 그 속에 깊이 묻혀 있는 '황금'을 발견한다.

외부세계와 아버지 원형과의 연계는 데니스에게 자신의 남성적 정신과 만날 기회를 준다. 그리고 영혼의 세계인 내부세계와의 연계는 남성적 정신이 본능과 여성적 느낌과 건강하게 결합하게 해준다. 따라서 그는 외부세계와 내부세계인 위아래로부터 소중한 황금의 보상을 받고 있으며, 이 보상은 그의 생명을 변형시킬 수 있다.

창백한 나뭇잎의 수가 건강한 푸른 잎보다 많다. 8개월 후 데니스의 건강은 눈에 띄게 나빠졌고 이후 6개월 동안 그는 네 번이나 입원을 해야 했다.

검은 새(갈가마귀?)는 여기서도 눈에 띈다. 새는 왼쪽 위 구석을 향해 나무 너머로 날아가는 것처럼 보인다. 만약 이 새의 위치를 태양이 지는 서쪽 수평선이라고 본다면 이 자리를 삶의 끝, 즉 데니스에게 '태양이 지는' 때라고 생각할 수 있다. 수잔 바치(1990)의 경험적 연구에 따르면 왼쪽 구석 위에서 사물이나 인물이 '저 너머 위로'와 '태양이 마지막으로 보이는 곳'을 향해 움직이는 것은 천천히 생을 마감하는 환자들의 질병과 관련된다(p. 39). 이러한 발견은 예언적 신호[1)]로 볼 수 있다. 그러나 전체 태양의 원을 그려보면 태양의 대부분이 그림에 들어와 있지 않은 것을 보게 된다. 이때는 데니스의 건강이 나빠져 대학교육을 계속 받을 수 없게 되기 8개월 전이었다.

데니스가 의식적으로는 아기새의 어미가 갈가마귀라고 할 수 있다. 만약 그렇다면 우리는 이 새의 위치와 검정 크레용으로 진하게 칠한 것에 주목해야 한다. 이는 어머니(주 양육자이자 보호자)에 대한 그의 태도가 죽어야 한다는 무의식적 감각을 의미한다. 왼쪽 구석 위로 날아가는 갈가마귀는 하나의 상징이 어떻게 동시에 신체와 정신(어머니 콤플렉스와 신체적 죽음의 접근) 모두의 상태를 표현할 수 있는지를 보여준다.

이런 장면이 향수 때문에 데니스에게 자극을 줄 수 있는가? 아동기와 세상에서의 삶에 작별을 고한다는 것은 뒤에 남겨두고 떠나는 것에 대한 엄청난 상실감과 강한 회상을 불러일으킬 것이다.

데니스는 빨간색 크레용을 사용하여 태양을 향해 비스듬하게 '회상'이라고 제목을 써서 그림을 완성시켰다. 빨간색은 생명을 주는 피

---

1) 키에페네르(1980)의 연구들은 이 결과를 입증하였고, 반면 퍼스(1973)의 연구는 이를 지지할 중요한 증거를 제공하는 데 실패했다.

의 색이며 강한 감정을 나타내는 색이다.

데니스는 스무 살이 된 다음해 초겨울에 CF가 재발되어 입원을 하게 되었다. 1월의 마지막 날, 그는 '자유'([그림 7])라고 제목을 붙인 그림을 그리고 나서, '이것은 물이고 새 한 마리가 물 위로 날아가요. 그리고 밝은 태양이 있어요. CF 치료법을 찾으면 나는 이 새처럼 자유로워질 거라고 생각했기 때문에 이 그림을 자유라고 했어요.'라고 말했다. 데니스가 그린 새는 언제나 그렇듯 검은색이며, 제목은 오른쪽 구석 위에 써 있다. 그는 이 구석의 뒷면에 연필로 자신의 이름과 날짜를 썼다. 그래서 '자유(Free)'의 마지막 글자 e는 데니스 이름의 첫 세 글자와 겹쳐진다. 종이 뒷면을 빛에 비춰보면 알 수 있을 것이다. 데니스가 자신의 이름을 이런 위치에 써놓은 것은 CF에서 자유로워지고 싶은 강한 의식적 소망을 무의식적으로 보여주는 것이라고 볼 수 있다. 하지만 데니스의 정신이 지향하지만 인식하지 못할 수 있는 또 다른 자유가 있다. 그것은 아동기와 어머니에 대한 의존에서 벗어나고자 하는 자유를 향한 움직임이다.

왼쪽 구석 위에 있는 부분적으로 그려진 태양은 황금노란색으로 덧칠해진 붉은 오렌지색으로 힘이 있다. 엷은 노란 햇살은 태양에서 내려와 물 근처까지 닿고 있다. 엷은 노란색은 푸른 물과 섞여 있는데, 아마도 태양의 햇살을 나타내려고 한 것 같다(데니스는 여기서 노란색 연필을 사용했지만 푸른색과 혼합되어 녹색 같은 색조를 준다). 푸른색으로 엷게 수평으로 칠한 것은 하늘이다. 새와 태양을 가장 진하게 색칠했고, 다음으로 진한 것은 '자유'라는 제목이다. 이는 남성적 정신이 데니스를 어머니와 함께 있고자 하는 미숙한 소망에서 자유롭게 하기 위해 '빛'이 필요하다는 것을 시사한다.

독립을 시도한다는 것은 중증의 병을 앓는 젊은 남성에게는 무척 어려운 일이다. 현재의 건강상태와 끔찍한 신체 외모를 놓고 볼 때, 그가 자신의 상태를 현실적이지 않은 방식으로 합리화하는 것은 얼마든지 가능한 일이다. 이 그림은 남자가 되는 데 방해가 되었던 것을 극복하기 위해 청소년기 이후로 계속 노력해 온 것을 보여주는 그림이다. 이 방해물은 한편으로 보면 어머니에게 의존하는 것과 여성적인 성격이며, 또 다른 한편으로는 성인기로 충분히 들어가기도 전에 목숨을 위협하는 CF다.

1980년 겨울이었다. '자유'를 그리고 나서 이틀 뒤 입원한 동안 데니스는 '불모지([그림 8])'라고 이름 붙인 또 다른 그림을 자발적으로 그리겠다고 했다. 이 제목은 데니스의 꺼져가는 생명과 유사하다. 불모지라는 용어는 남부 다코다와 네브라스카의 일부 불모지처럼 메마르고 부식된 토양을 의미한다. 문자 그대로 메마르다는(불모라는) 것 외에도 데니스는 남성으로서의 성취감을 아직 갖지 못했다. 무엇보다도 그의 폐는 감염으로 인해 점차 더 부식되고 있었다.

그림의 왼쪽 아래로 큰 갈색 바위가 있는 사막 같은 전경이 있다. 오른쪽에는 뿔이 달린 동물의 해골이 땅 위에 꽂혀 있는 막대기에 걸려 있다. 종이의 2/3 정도 위쪽에 있는 수평선 가운데 산이 두 개 있고 두 산 사이로 떠오르는 태양이 있다.

이 그림을 마치면서 그는 "이 그림은 나의 병과 상관이 있어요. 불모지는 내가 CF를 겪었던 힘든 시간과 내가 이 병에 걸렸다는 사실을 나타내요. 두 개의 산은 병과 싸우면서 극복해야만 하는 장애물이라고 생각해요. 난 이 산에다 약간의 녹색 수풀을 그려 넣었는데, 왜냐하면 비록 내가 건강하지는 못하지만 건강해지면 지금 이 시간을 전적으로 나쁜 시간만은 아니었다고 생각할 때가 있을 거라고 보기 때문이에요. 그래서 적어도 약간의 잎, 약간의 자라나는 생명이 있어야 한다고 생각했어요."라고 언급했다. 그는 계속해서 "태양이 떠오르고 있어요."라고 말했다. 오른쪽 아래의 장면에 대해 말해 달라고 하자, 그는 간단하게 동물 해골이라고만 말했다.

태양은 이전의 그림에서처럼 밝게 칠했는데, 황금노란색과 주황색이 섞여 있다. 엷은 노란 햇살이 태양에서 퍼져 나와 두 산의 꼭대기 위로 떠오르는 색채 띠를 만들어내고 있다. 데니스는 그림에 태양을 그리는 것이 좋다고 말했다. 데니스가 태양을 좋아하는 것이 병을 앓는 동안 경험한 광경과 무의식적으로 관련된 것인지 아니면 자신의 남성적 자아에 빛과 에너지를 좀 더 가져다주려는 욕구를 보여주는 것인지 궁금했다.

그림을 마치면서 그는 왼쪽 구석 위에다 연필로 '불모지'라고 제목을 썼다. 데니스는 종이 뒤에 연필로 자신의 이름과 날짜도 썼다(이름과 날짜는 종이를 빛에 비춰보면 동물 해골 오른쪽 옆에 써 있다). 미술치료자들은 연필로 그린 것들은 종종 비영속적인 것을 시사한다고 이야기한다.

동물 해골은 죽음의 신호이거나 이미 살았다가 끝난 생명의 신호로 볼 수 있다. 해골, 왼쪽의 바위, 그리고 태양은 그림에서 가장 진하게 칠해진 것들이다. 바위와 해골은 전경에 있기 때문만이 아니라 이 불모의 땅에 다른 것들은 아무것도 없기 때문에 시선을 끈다. 무엇보다도 해골은 어떤 신호물이거나 기념비인 것으로 보이는데, 의도적으로 땅에 꽂은 막대기(뼈?) 위에 걸려 있다.

한 학생이 막대기에 꽂힌 데니스의 동물 해골과 쿠퍼의 상징 백과사

전(1978, p. 85)에 나와 있는 샤이엔 인디언들의 뿔 달린 의식용 방울이 갖는 유사성에 대해 이야기하였다. 인디언의 의식용 방울은 악마 엑소시즘, 샤먼이나 성인의식, 그리고 죽음의식에 사용되었다(Leach & Fried, 1972). 전통적으로 방울의 머리 부분은 옥수수 알이나 씨앗을 넣은 조롱박이나 나뭇조각으로 만들어졌다. 방울이 달린 막대기나 남근처럼 생긴 지팡이는 남성형으로 고안되었고, 여성형은 주로 고치나 종 모양으로 만들어졌다. "남성형의 의식용 방울은 생명부활과 치료를 추구하는 환상의 탐색과 연관된다"(Leach & Fried, 1972, p. 927).

해골을 신중하게 살펴보면 검은 눈구멍 사이에 어떤 무늬가 있는 것을 볼 수 있는데, 꽃이나 옥수수 이삭과 비슷하다. 데니스는 이를 흑연 연필로 그렸는데, 이는 지울 수 있는 매체다. 이러한 임시적인 묘사는 데니스가 직면한 어떤 모호성을 시사한다. 그는 해골에서 어떠한 특정 동물을 연상하지는 못했지만 소과의 동물이 분명한 것 같다.

이제는 이 세 가지 대상, 즉 태양, 소 또는 소 해골, 그리고 바위가 공통적으로 갖고 있는 것이 무엇이고, 이 공통성이 데니스와 어떻게 관련되는지를 살펴보자. 우선 전기독교적 신앙을 몇 가지 살펴보아야 한다. 예수가 태어나기 몇 천세기 전에는 여신 중심의 종교가 전 세계에 자리잡고 있었다. 짐부타스(1989)에 따르면 여신숭배는 인도-유럽의 종교나 기독교보다 훨씬 더 오래 지속되었고, 따라서 우리 서구인의 무의식은 이 여신숭배 시기에 의해 영구적으로 각인되어 온 것으로 보인다.

고대문화의 풍습과 이미지들은 종종 꿈이나 민속학에서 나타나는 집단무의식에서 나온다. 융은 이러한 사실을 환상과 꿈을 예로 들어 극적으로 설명하였다. 한 정신분열증 환자가 융(1976a)에게 자신의 환상을 보고하였다. 거기에서 그는 발기된 성기가 있는 태양을 보았고, 머리를 이쪽저쪽으로 움직이면 태양의 페니스도 역시 따라 움직였다. 그것은 변화하는 바람의 방향을 보여준다. 융은 미트라교 기도서로 보이는 고대원문을 읽기 전까지는 이 괴상한 환각 때문에 혼란스러워 했다.

그 원문은 태양판에서 뻗어 나오는 튜브에 관한 것으로, 이 튜브는 창조적이고 풍성한 바람의 기원이라고 되어 있다. 고대의 기록들을 보면 튜브가 회전을 하면 그에 부응하는 바람이 만들어진다고 한다. 그것이 동쪽으로 돌면 무한한 서풍이 불고 서쪽으로 불면 이에 상응하는 동풍이 분다. 융은 이 정신이상자의 환상이 이 미트라교 원문에 나오는 튜브의 움직임에 대한 묘사와 놀랄 만큼 일치하는 것을 발견했다. 그러나 융은 중등교육만 받은 이 환자가 어떻게 미트라교 원문에 나오는 태양적인 남근상, 그것의 움직임, 그리고 바람의 기원을 알고 있었는지 이해할 수 없었다.

융(1976a)은 이 신화원문의 초판이 이 환자가 입원하고 나서 몇 년 후에 나왔다는 것을 알았고, 그래서 이 사례는 '물려받은 아이디어에 대한 문제가 아니라, 유사한 사고를 만드는 선천적인 성질 또는 모든 인간에게 공통적인 동일한 정신구조에 대한 문제'를 나타낸다고 결론지었다(pp. 157-158). 융은 모든 인류에 공통적인 이러한 동일한 구조를 집단적 무의식이라고 불렀다.

융이 미국에서 만났던 문맹의 한 아프리카계 미국 남성은 융(1976a)에게 바퀴 위에서 처형당하는 한 남자에 대한 꿈을 꾸었다고 말했다. 십자가에 못 박히는 남자에 대한 꿈이라면 그렇게 이상한 일이 아니겠지만 이 꿈은 흔치 않은 것이었다. 즉각적으로 융은 태양신을 달래기 위해 사람을 희생물로 처형했던 고대 태양바퀴의 이미지를 기억해냈다. 이러한 유형의 처형은 그리스 익시온 신화에 묘사되어 있는데, 인간과 신들에게 저지른 익시온의 사악한 행동이 벌을 받는 것이다. 제우스는 영원히 돌아가는 바퀴에 익시온을 묶어 놓는다. 융은 이 미국인이 그리스 신화를 한번도 접한 적이 없었다거나 그 꿈을 꾸기 전에 익시온의 처형 그림을 본 적이 없었다는 것을 증명할 수 없었다. 하지만 무엇보다도 이 남성이 이러한 개념을 의식적으로 갖고 있었는가가 아주 의심스러웠다. 이 사례를 통해 융은 집단 무의식에는 문화적이거나 인종적인 경계가 없다는 것을 알게 되었다.

내가 아동의 그림에서 나오는 모티브와 고대신화에서 나오는 모티브 간에 일치성이 있다고 주장하면, 사람들은 아동들이 모호한 신화를 잘 알고 있었을 가능성이 없다고 반박할 것이다. 그러면 나는 융의 실제와 경험에서 나온 이 두 사례를 이야기해준다. 계속해서 데니스의 그림 '불모지'와 관련될 수 있는 신화와 고대종교에 대해 알아보고자 한다.

16세기 중반쯤 시몬 그루노가 쓴 고대 프로이센 역사기를 보면, 몸의 일부가 식물로 되어 있는 황소에 대한 신앙을 다룬 기록이 나온다(Gimbutas, 1989). 이 놀라운 황소는 죽으면서 식물에게 탄생을 준다고 한다. 짐부타스(1989)에 따르면 미케네 미술에서는 종종 황소의 뿔 사이에서 자라는 꽃이 묘사되곤 한다. 이 꽃들은 살아있는 것처럼 보이기보다는 양식화되어 있는데, 종종 뿔 모양의 싹이다. 짐부타스에 따르면 제물로 바친 소의 몸을 통해 여신은 '꽃, 나무, 물풀, 벌, 또는 나비'의 모습으로 스스로를 드러낸다고 하였다(p. 265). 황소는 실제적인 신성은 아니지만, '생성(becoming)의 상징'이다(pp. 265-266).

만약 황소의 머리와 뿔을 여성의 자궁과 나팔관으로 본다면, 새로운 생명창조와 황소 두개골 모양을 가진 장식품인 부크라니움과의 연관성을 이해할 수 있다(짐부타스는 그림을 제시하여 이를 보여주고 있다).

고대 페르시아의 미트라교는 2세기 초부터 4세기까지 기독교 신앙과 경쟁하였다. 미트라교에 따르면 빛, 믿음, 그리고 정의의 신은 바위에서 태어난다. 이 신은 태양과 힘을 겨루었지만 결국 태양과 평화 관계를 맺는다. 그리고 그 다음의 주요 과제는 태고의 황소를 죽이는 일이었다. 황소의 피를 뿌리고 사지를 절단하는 것은 모든 동식물을 태어나게 하는 것이며, 황소의 영혼은 동물의 수호신이 되어 천국으로 가게 된다(Leach & Fried, 1972).

페르시아의 미트라(Mithra)와 마찬가지로 베탄다 철학(역주: 범신론적 관념론적 일원론으로, 인도철학의 주파)의 미트라(Mitra)는 태양신이며 태양의 가치있는 속성을 드러낸다. 이미 기원전 14세기 초 북부 메소포타미아 문화에서 미트라(Mitra)를 숭배하였다는 증거가 있다. 특히 미트라(Mithra)는 이란 지역에서 더 대중적인 영향력이 있는 신성이었는데, 예언자 차라투스트라의 시대에는 인기가 사라졌다가 그 이후 가장 강력한 페르시아 신성 중 하나로 부흥하였다.

수세기 동안 미트라(Mithra)는 수많은 지역에 걸쳐 타 종교와 신화에 막대한 영향을 끼쳤다. 미트라는 상당히 적응적인 신성이었는데, 인도에서는 일광의 신으로, 그리고 근대 조로아스터교에서는 '광대한 목초지의 주인'으로 나타난다(Leach & Fried, 1972, pp. 732–733). 이후 미트라는 '천국과 지옥의 가운데 영역에 있는 페르시아의 바위에서 태어난 신'으로 나타나고 또 나중에는 '동굴에 사는 소를 죽이는 로마군대의 영웅신'으로 나타난다(Leach & Fried, 1972, p. 733). 4세기에는 다시 태양신으로 숭배를 받았고, 황제 줄리앙의 숭배도 받았는데, 이는 기독교인들의 반감을 샀다.

리치와 프라이드(1972)에 따르면 미트라교는 기독교적 신앙과 상징, 그리고 기독교적 실제와 많은 공통점을 갖고 있는데, '원죄의 사함을 위한 세례, 봉헌된 포도주 같은 상징적 성찬식, 이마의 사인, 구제, 구원, 신성한 은총, 정신의 재탄생, 견진성사, 영원한 삶의 약속'과 같은 것들이 있다(p. 733). 더욱이, 미트라의 탄생일은 12월 24일이며 그의 재탄생일은 춘분 때인데, 이는 부활절과 아주 비슷하다(Leach & Fried, 1972). 역사를 보면 초기 기독교인들은 정치적 탄압을 받으면서 비밀스럽게 활동해야 했으며, 예배는 지하 동굴에서 이루어졌다. 마찬가지로 미트라교도 비밀종교로서 지하 동굴에서 활동이 이루어졌다(Leach & Fried, 1972).

지하에 남아 있는 미트라교 신전의 부조물들을 보면 미트라를 소를 죽이는 젊은 남자로 묘사하고 있다. 왼손으로는 동물의 콧구멍이나 뿔을 잡아 머리를 뒤로 잡아당기고 있고 오른손으로는 단도를 들고 소의 목을 찌르고 있다. 일반적으로 작품들은 까마귀와 나무나 식물 몇 그루 그리고 황소의 꼬리에서 곡물이 싹트는 장면들로 구성되어 있다. 이 상징적 묘사는 주로 죽음과 재탄생극의 계시로 해석된다. '이 속에서 신성한 소는 위대한 생산력과 희생적 죽음을 통해 채소와 동물의 생명을 기름지게 하고…… 일 년마다 땅의 재생을 보장한다(Leach & Fried, 1972, p. 733).

이렇게 고고학, 신화학, 종교, 역사는 우리에게 데니스의 '불모지'가 어떻게 불가사의한 삶의 재생을 나타내는 것인지를 설명해준다. 이 그림에는 태양신 미트라의 탄생과 유사한 밝은 태양과 눈에 띄는 바위(탄생석?)가 있는데, 이는 땅에서의 삶이 부활할 것을 예기한다. 만약 이 그림의 에너지가 새로운 삶의 출현을 향하는 것인지 의문이 든다면 그림의 해골 앞쪽에 있는 양식화된 식물 도안에 주목하라. 이 모티브는 꽃봉오리나 곡식의 싹과 비슷하다. 그것은 새로운 삶에 대한 생각을 보여주는 것이지만 그 당시 데니스는 이 생각에 회의를 가졌을 수도 있다.

데니스는 배경을 이루는 그림의 위쪽 부분, 특히 산을 상당히 자세히 설명했고 태양에 대해서는 그보다 덜 설명하였다. 반면에 그는 전경의 아래쪽 반 부분에 대해서는 아무 말도 하지 않았으며, 소 해골 장식품에 대해서는 특별한 의식적 연상을 하지 않은 것으로 보였다. 이러한 연상과 설명부재는 양식화된 식물 도안과 함께 볼 때 그의 무의식이 뭔가 분명해지길 원하며 그것이 의식의 문턱에 있을 수도 있다는 점을 강하게 시사하고 있다. 정신이나 신체의 어떤 측면이 정당함을 찾고 있었는지도 모른다.

계속해서 나는 소 해골 장식품과 바위를 확충하여 이를 진하게 칠해진 '떠오르는' 태양과 관련짓기로 했다. 그의 '무의식적 전경'을 '의식적 배경'과 관련시키면 이 젊은 남성의 정신이 자신의 죽어가는 과정과 어떻게 연관되었는지를 더 잘 이해할 수 있다. 전경에 있는 재탄생의 신호들은 생명을 축하하려는 강한 의지를 반영한다. 이 생명은 신체적인 것인가 아니면 정신적인 것인가? 또 아니면 그 둘 다인가?

이 그림의 두 가지 또 다른 요소를 특별히 언급할 필요가 있는데, 사막과 산은 둘 다 정신적 성장과 관련된다. 어떤 사람들은 정신적 진리를 찾고 신을 만나기 위해 사막을 헤매거나 산을 오르기도 한다.

이 그림을 그리고 나서 얼마 후 데니스는 병원에서 퇴원할 만큼 충분히 안정되었다. 이후의 외래 방문시 우리는 그가 대학을 그만두었다는 것을 알았다. 이전의 두 번의 입원(1월과 2월)으로 인해 두 번째 학기를 시작하지 못했고, 그래서 대학생활을 계속하지 못하게 되었다. 앞서 언급한 화산([그림 9])을 그린 것은 이 당시에 병원을 방문할 때였다. 이 그림은 앞으로 2주 동안 일어날 위궤양의 '폭발'을 예고하는 것 같다.

나는 지난 10년 동안 만성적인 스트레스와 면역계 약화 간의 유의미한 관계를 다룬 연구에 특별한 관심을 갖고 있었다. 『누가 아프게 되는가?』라는 책(1987)에서 블레어 저스티스는 프랑켄하우저의 연구에 대해 언급했는데, 이 연구는 자신의 직업에 대해 통제할 수 없다고 믿는 노동자들에게서 스트레스 호르몬이 상승하고 면역력이 저하함을 보여주고 있다.

저스티스(1987)는 유방암이 있는 여성들에 대한 연구를 제시한 레비의 논문을 취재하였다. 레비는 이 여성들이 느끼는 고통이나 무력감의 정도와 이들의 면역계에 있는 자연적 킬러 세포의 활동 간에 유의미한 상관이 있음을 발견하였다(Justice, 1987, 10장, note 9, pp. 360–361). 저스티스는 소년의 생물학적 민감성은 특정한 신체장애를 일으키는 심리사회적 요인들에 가장 잘 반응하기 쉬운 부분이라고 하면서 '과잉반응하는 위장이나 코 또는 기관지를 가진' 사람들이 있다고 하였다(p. 40).

물론 우리는 데니스의 소화계와 폐가 CF로 인해 모두 약해졌다는 것을 알고 있다. 이 모든 결과를 고려하면 데니스의 폐감염이 약해진 면역계와 관련될 수 있으며, 위궤양 증상이 스트레스와 의사소통하는 신체의 방식이라는 것이 분명해진다.

데니스가 대학에서 중도탈락한 겨울은 '자유' '불모지' '연기 나는 화산'을 그린 시기로, 그에게는 우울한 시기였다. 대학을 그만둔 것은 데니스의 중요한 목표 중 한 가지에 실패한 것으로, 이 사건으로 인해 데니스는 깊은 슬픔에 빠졌다. 위궤양을 치료하고 며칠 후에 퇴원을 했지만 데니스는 위궤양이 재발해서 다시 입원하였다.

신체와 정신은 분리되지 않는다. 신체와 정신은 하나의 실체로서 기능한다. 이러한 개념은 수잔 바치의 연구와 영국 피부과 의사이면서 융 분석학자인 앤 마귀어의 강의와 실제에서도 항상 강조되는 부분이다. 독자들 역시 이 전제를 태도의 치유와 치료적 심상작업의 핵심으로 이해할 수 있을 것이다.

프레드릭(1976~77), 슐레이퍼, 켈러, 카레리노, 손튼과 스테인(1983), 그리고 헬싱, 스즈클로와 콤스탁(1981)은 장기적인 슬픔은 신체의 면역계를 억누르고 그 결과, 인간을 점점 외적 병원체에 취약하게 만든다고 하였다.

# 07 새는 무지개 위로 날아간다

데니스의 그림에 나오는 메시지들을 연구하는 과정에서 나는 독자 여러분들이 인내심 있고 확고부동한 태도를 유지하길 권한다. 세부적인 것들을 생략해서 훨씬 단순하게 만들 수도 있지만 그렇게 하면 'A'에서 'B'로 어떻게 가는지 배울 수 없을 것이며, 환자의 그림이 어떻게 평가될 수 있는지 이해하기 위한 실제적인 경험모델을 사용하는 임상가들의 권리를 빼앗는 것이 될 것이다. 우리는 정신과 신체의 미묘한 차이들을 확충하기 위해 그림들이 갖는 많은 특징 속에서 신중하게 곡식을 분류해내는 여성적 원리를 적용할 것이다. 우리가 통찰을 얻는 것은 분류된 그림들이 아니라 분류하는 그 과정 속에서다.

병원에 입원한 후 곧(1980년 3월 2일) 데니스는 심각한 두통과 구토증세를 보였다. 비록 데니스가 CF에 주로 나타나는 정맥두염으로 인해 두통 증상을 간헐적으로 겪긴 했지만, 그의 담당의사는 두통을 전적으로 이 원인으로 돌리지는 않았다. 의사는 그의 위궤양과 편두통이 너무나 고통스러워서 아직은 통합할 수 없는 내적 두려움이 신체적으로 표현된 것일 수 있다고 보았다. 의사들은 데니스가 자신의 신체상태를 분명하게 인식하고 있으며 CF에 대한 정보를 잘 알고 있다고 보았다.

데니스는 자신의 건강상태가 생명연장을 약속하지 않는다는 것을 깨달았다. 그는 CF 팀의 몇 집단원에게 이런 불안을 표현하였다. 나는 데니스가 죽음 그 자체를 두려워했다고는 믿지 않는다. 그는 자신이 한 남자로서 성취감을 느끼기 전에 시간이 다 가 버리는 것을 두려워했다.

입원 이틀 뒤 데니스는 색연필을 사용하여 자발적으로 무지개를 그렸는데, 제목을 '시작'([그림 10])이라고 붙였다. 그림을 보면 종이 아래에 걸쳐 녹색과 암갈색으로 지면이 칠해져 있다. 땅의 오른쪽으로는 네 개의 싹을 가진 '묘목'을 그렸는데, 그는 나중에야 이를 묘목이라고 하였다.

그는 무지개의 일부를 그렸고 이 무지개의 오른쪽을 종이 가운데의 땅과 연결시켰다. 무지개의 꼭대기 아치는 종이의 왼쪽 절반보다 약간 높은 가장자리로 뻗어 있다. 무지개의 띠는 땅 쪽에서 빨간색, 연녹색, 오렌지색, 그리고 연한 파란색으로 칠했다.

왼쪽 구석 위의 하늘에는 검게 칠한 새 두 마리가 날고 있다. 오른쪽 구석 위에는 찬란한 태양이 아주 일부만 보인다. 태양의 빛은 오른쪽 위 사분면 공간을 거의 다 차지할 정도로 아래로 뻗어 있다. 수잔 바치의 주장에 따라 우리는 동쪽에 있는 이 태양이 떠오르고 있다고 본다. 데니스는 태양의 일부만 그렸고, 따라서 태양이 전체 주기를 따라 지기 전까지 상당히 많은 시간이 남았을 거라고 생각할 수 있다.

데니스는 종이 뒤쪽 구석에 검정 연필로 '시작'이라고 제목을 써 넣었다. 이것은 종이 앞면에서 보면 태양이 있는 자리다. 다행히 제목에 대한 설명 외에도 그 그림에 대해 데니스가 설명하는 것을 들을 수 있었다. 그는 그림에 '무지개, 태양, 그리고 막 싹이 트기 시작한 묘목'이 들어 있다고 하였다. 무지개에 대해 무엇이 연상되는지 묻자 그는 "무지개 끝에 있는 것, 그러니까 황금 항아리요. 다른 말로 하면 저는 그게 희망을 나타내는 것이라고 생각해요."라고 대답했다. 그러나 데니스는 새들에 대해서는 아무 말도 하지 않았다. 바다 위를 날고 있는 커다란 검은 새가 나오는 '자유'라는 그림을 그린 것이 두 달 전이었다. 그때 그는 "만약 CF 치료법이 발견된다면 나도 이 새처럼 자유로울 거예요."라고 말했다.

새 모티브는 데니스에게서 수집한 20장의 그림 중 아홉 장에서 나온다. 그가 그린 묘목에서 새로운 성장이나 재탄생의 모티브를 볼 수 있는데, 이 모티브 역시 열 장의 그림에서 나타나고 있다. 그의 약한 몸에 새로운 '시작'을 가져다주고 그를 '새처럼 자유롭게' 해줄 치료에 대한 희망은 그의 그림에서 두드러지게 나타나는 주제다. 이 자유와 관련된 이중적 의미의 가능성에 대해서는 이미 언급했다. 의식적으로는 CF로부터 자유로워지고 싶어 하고 무의식적으로는 어머니로부터 분리되어 남자가 되고자 하는 심리적 자유를 갈망하고 있었다.

데니스가 '시작'이라는 그림 제목을 무엇에서 연상하였는지 알고 싶을 것이다. '폭풍' 후의 새로운 시작, 아니면 새로운 날, 새로운 성장, 새로운 삶인가? 새로운 자아의 시작과 남성다움의 싹틈인가? 아니면 데니스가 마음속에 두고 있는 또 다른 시작인가?

그는 스무 장의 그림 중 13장의 그림에 제목을 붙였다. 그 중 아홉 개의 그림은 기본색연필들을 제공했는데도 불구하고 연필이나 검은색 색연필로 제목을 붙였다(좀 더 일반적으로 보면, CF 환자들은 연필뿐 아니라 빨간색, 녹색, 자주색, 핑크색, 갈색, 그리고 오렌지색으로 그림의 제목을 붙인다). 데니스가 검은색으로 제목을 붙인 아홉 장의 그림 중 일곱 장은 그의 건강이 위험상태일 때 그린 것이었다. 그리고 나머지 두 장은 그의 건강이 나빠지기 직전에 그린 것이었다.

이렇게 검은색으로 태양이 자리잡은 종이 뒤쪽 구석에 '시작'이라고 제목을 썼다는 점을 고려하면서 우리는 이 검은색 제목과 밝은 태양의 앞뒤 병렬의 중요성에 대해 깊이 생각해야만 한다. 이 '시작'이 데니스에게 의미하는 것이 무엇이든 상관없이 이것과 관련한 어떤 위험요소가 있는 것인가?

그가 그린 태양은 힘과 에너지를 많이 가진 것으로 보인다. 그것은 앞으로 남은 얼마간의 시간 동안 그를 지탱할 강력한 의지인 삶에 대한 확신을 상징할 수 있다. 그 다음 우리는 그가 쓴 검은색 '시작'이 그가 그린 여러 장의 그림에 걸쳐 나타나는 삶에 대한 희망이라는 주제를 의미하며, 동시에 이 '시작'이 앞으로 살아있는 동안 할 수 있는 경험은 아닐지도 모른다는 점을 생각해볼 수 있다. 진정한 '시작'이 되기 위해서는 데니스가 꿈꾸는 CF 치료법이 필요하다. 데니스가 '봉오리'라고 말한 아주 작은 묘목의 불모의 싹에서 진실을 알 수도 있는데, 이는 데니스의 생명이 꽃을 피울 만큼 충분히 오래 가지 않을 것이라는 점을 예시해준다.

동료들 중 몇 명이 이 그림에 나오는 태양이 땅과 너무 가깝고 방출하는 열이 너무 강해서 위협적인 것으로 볼 수도 있지 않은지 물었다. 너무 강한 태양열은 약하고 어린 식물에 과한 것인가? 앞서 데니스의 그림들 중 몇 개의 그림은 그의 임사경험을 반영한다고 언급했는데, 그것은 모든 인류에게 밝고 위안을 주는 빛과의 긍정적인 관계를 포함한다. 그의 정신이 심각한 신체적 고통을 겪는 동안에는 이 위안을 주는 빛을 회상하지 못할 수도 있는 것일까?

융 심리학은 우리의 삶에서 대극들이 균형을 이루는 것이 중요하다고 강조한다. 이 과제는 우리에게 편파성을 피하고 전체성을 위해 노력하도록 한다. 꿈은 부족하거나 균형이 깨진 것들을 과장하며, 좀 더 확실한 방향성을 의식으로 가져온다. 아마도 과장된 태양은 양육적이고 지지적인 어머니와의 밀접한 관계를 통해 발달된 영혼적이고 '여성적인 의식'을 균형잡기 위해 힘 있고 정신적이며 '남성적인 의식'이 필요하다는 것을 나타내는 것 같다.

연금술적으로 보면, 이 이글거리는 태양은 루베도(*rubedo*) 단계를 나타낸다. 이는 동틀 녘, 즉 알베도(*albedo*) 다음에 오는 일출이다. 그러나 그 전에는 모든 것이 어둡다. 초기 단계는 니그레도(*nigredo*)로, 심리학적으로 볼 때 그것은 우울, 울적함, 실망이라는 검은 밤을 의미한다. 니그레도에서 루베도까지의 전체 주기는 부적절한 자아의 죽음을 뜻하는데, 이 속에서 의식은 새로운 삶이나 새로운 관점을 갖게 된다. 성격의 개성화에서 이 주기는 전체 삶에 걸쳐 영속된다. 따라서 이 그림을 데니스의 삶과 연금술적으로 관련시켜 보면 루베도 기간, 즉 새로운 인식의 시기와 일치한다. 그리고 이후에 그는 또 다른 니그레도 단계를 경험할 것이다. 그는 자기상실감을 느낄 것이며 재통합을 원할 것이다. 이 단계는 개성화로 나아가는 나선형적 경로를 나타낸다.

부담스러운 상황과 고통스러운 증상들 속에서도 데니스는 결코 희망을 버리지 않는 용기 있는 젊은이였다. 그는 무지개를 희망과 연계시켰고, 동쪽 수평선 위에 있는 이글거리는 태양을 그림으로써 이러한 생각을 강조하는 것 같았다. 또한 '막 싹이 트기 시작한' 어린 묘목과 '시작'이라는 제목을 통해 희망을 확신하였다. 데니스의 무지개는 하나님이 인간에게 한 약속을 상기시킨다. 노아는 하나님을 믿었고 대홍수에서 살아났으며, 하나님의 놀라운 약속을 받았다. 노아처럼 데니스도 파괴적인 '홍수', 즉 그의 폐기능을 위협하는 CF의 점액분비가 심해지는 위험에 처해 있었다.

데니스는 치료효과를 보기 전에 이 그림을 그렸다. 이러한 사실은 그에게 훨씬 더 강한 희망을 갖게 만들었다. 우리는 이러한 불굴의 희망이 어디서부터 왔는지 궁금했다. 노아의 하나님은 데니스에게도 살아 있는 진짜 하나님이었다고 본다. 아마도 그는 수술시에 했던 임사경험을 통해 하나님과의 교류를 느꼈을 것이다.

그림(태양) 뒷면에 검은색으로 제목을 쓴 다음 데니스는 종이를 180도 돌려 제목 반대쪽 구석에 검은색 연필로 자신의 이름과 날짜를 비스듬하게 썼다. 그림 쪽에서 보면 왼쪽 구석 아래 희망의 무지개 아래쪽이 된다.

이렇게 그림으로 드러난 진술은 생존에 대한 데니스의 의식적인 희망과 CF에서 자유로워지고 싶은 커다란 희망이 죽음을 통해서만 이루어질 수 있다는 무의식적이거나 전의식적인 지식을 모두 나타내는 것으로 보인다. 죽음을 통해서만 자유를 찾을 수 있다는 희망은 무지개의 다른 끝에 묻혀 있는 '황금 항아리'로 상징화될 것이다. 데니스가 그림에 황금 항아리를 그려 넣지 않았기 때문에 비록 언급은 했지만 무지개 끝을 볼 수는 없다.

이 그림을 그리고 나서 약 3주 뒤 데니스는 퇴원해서 외래 치료를 받을 만큼 충분히 안정되었다. 우리는 극소수의 대상 몇 개만 그려진 이러한 그림을 보면 놀라운 정서적 충격을 경험한다. 그것은 우리를 인내력과 취약성으로 양극화시켜 사로잡는다. 그림이 비록 황폐감과 외로움을 일으키긴 하지만 또한 우리의 영혼을 따뜻하게 해주는 아름다움과 평화로움도 뿜어내고 있다. 이러한 그림을 통해 우리들은 환자들이 느끼는 생명에 대한 감정을 좀 더 깊고 의미 있는 방식으로 견뎌낼 수 있도록 배우게 된다. 데니스는 13개월 후 21세 5개월의 나이로 죽었다.[1)]

다음 날 데니스는 색연필을 가지고 자발적으로 또 다른 그림을 그리고 '끝'이라고 제목을 붙였다([그림 11]). 침몰한 범선이 바다 밑바닥에 가라앉아 있다. 오른쪽에 종이를 찢어 그린 뱃머리는 그림의 중앙을 향하고 있다. 배의 측면에는 날카로운 톱니 모양의 커다란 구멍이 나 있고, 돛대는 쓰러져 45도 각도로 뱃머리 쪽으로 기울어져 있다. 돛대의 꼭대기 부분은 중앙 윗부분에 종이를 찢어서 그렸다. 이물장식을 주로 붙이는 뱃머리 끝에서부터 위쪽으로는 검은 화살이 뻗어져 나와 있다. 이 화살은 종이 중앙을 약간 지나가 있다. 돛대에는 밧줄이 세 개 달려 있다. 밧줄, 돛대, 배의 측면, 그리고 뱃머리의 화살에는 모두 녹색으로 된 무언가가 매달려 있는데, 일종의 해저식물처럼 보인다. 신체적으로 이 식물 형태는 미생물이 들어 있는 타액으로 연상될 수도 있다. 데니스가 [그림 5]에서 바닷속의 보물상자에서 자라는 녹색 '쓰레

---

1) 만약 이 그림에 나오는 숫자들을 예시적으로 살펴본다면, 서쪽 구석의 새 두 마리는 여름과 겨울 이후 두 번의 전환기를 의미하는 것일 수 있다. 데니스는 죽어서 무지개 너머로 날아가는 '새처럼 자유'로워질 것인가? 실제로 그는 4월 15일에 죽었고 그의 무지개 그림은 1980년 3월 4일에 그려졌다. 그가 4월에 죽었다는 것을 볼 때, 죽음을 예언하는 데 무지개가 네 가지 색으로 되어 있고 묘목의 싹이 네 개라는 것을 언급할 수 있을까?

기' 에 대해 언급한 것을 기억해보라.

배의 한쪽에는 'S. S. Sword' 라는 이름이 써 있다. 뱃사람 은어로 'S. S.' 는 증기선을 의미한다. 비록 데니스가 그린 배가 범선이긴 하지만 은유적으로 보았을 때 이 배는 증기력을 잃어버렸다고 말할 수 있다. 돛대에 돛이 달려 있었다는 표시는 없다. 배 측면에 난 구멍은 데니스의 폐가 망가지고 있고(COPD의 원인), 그의 에너지('증기' ?)를 빼앗기고 있음을 나타내는 것인가? 'Sword' 라는 이름과 이물의 화살은 둘 다 남성적 특징을 갖고 있다. 또한 돛대는 남근적 상징이라고 할 수 있다. 이 특성에 대해서는 다시 이야기할 것이다.

이 그림의 밑면은 갈색의 바다 밑바닥으로, 종이의 전체 넓이로 확장되었긴 하지만 상당히 얇다. 중앙에서 왼쪽으로 데니스는 '바위' 를 그렸는데, 테두리는 검정이고 속은 붉은색과 약간의 갈색으로 칠했다. 신체와 연관하여 보았을 때 이 색은 심한 부비강염의 경우 종종 콧속에서 발견되는 말라붙은 피 찌꺼기를 시사한다. 수잔 바치(1969)에 따르면 혈종이 있는 암환자들이 이러한 색을 사용한다.

바닥의 가장 왼쪽에 있는 녹색 '해초' 들은 범선의 이물 높이 정도로 자라 있다. 이 해초는 범선에 붙어 있는 녹색의 생장물과 마찬가지로 연녹색과 암녹색을 띠고 있다. 바치(1974/75)는 백혈병 환자들이 하나의 사물에 두 가지 명암의 녹색을 사용할 때를 보면 혈액의 화학적 불균형으로 인해 빈혈을 보일 때라는 것을 관찰하였다. 우리는 이 색채 혼합이 혈액과 관련해서 굳이 언급하지 않아도 신체적으로 CF에 대한 것이라고 생각할 수 있다. CF에서는 일반적으로 전해질의 화학적 불균형, 특히 나트륨과 염화물의 불균형이 훨씬 더 많이 일어난다. 즉, 세포가 나트륨은 너무 많이 흡수하고 염화물은 너무 적게 방출하는 것이다

(흥미롭게도, 접두사인 염소[chlor]는 녹색을 의미한다).

왼쪽 위 사분면에는 황금색과 오렌지색의 생물을 그렸는데, 데니스는 '해파리'가 왼쪽 구석 위로 헤엄치고 있다고 말했다. 종이의 나머지 부분은 수평의 푸른 선들로 약하게 칠해져 있는데, 바닷속을 채우고 있는 바닷물이다.

데니스는 그림에 '끝'이라고 제목을 붙였다. 종이 뒷면에 검정 색연필로 이 제목을 쓰고 밑줄을 그었다. 그것은 그림 쪽에서 볼 때 해파리가 헤엄치고 있는 지점 바로 위 구석이다. 그러고 나서 그는 종이를 수직으로 돌려(여전히 종이 뒷면) 일반 연필로 자신의 이름과 1980년 3월 5일이라고 썼다. 이는 그림 쪽에서 보았을 때 왼쪽 구석 아래로, 해초들이 있는 지점이다.

퍼스(1988)의 연구에 의하면 종이 가장자리에 있는 사물이나 인물들은 무언가에 대해 '제약을 받고 있는 것'인데, 갈등상태에서 애를 쓰고 있다고 할 수 있다. 데니스를 갈등으로 몰아넣는 것이 무엇인가? 그에게 피하고 싶어 하는 무언가가 있는가? 확실한 것은 적어도 21세가 될 때까지는 그가 죽음을 피하고 싶어 했다는 것이다. 그림에서 이물 대신 고물을 그릴 수 없었던 것이 중요한 의미를 갖는가? 그것은 데니스가 쉽게 자신을 내맡기지 못했던 부분, 즉 마지막을 따르는 것인가?

우리는 이 그림의 이미지가 데니스의 내적 세계에서 전달하는 메시지가 무엇인지 알고 싶었다. 오른쪽 구석 아래에는 커다랗게 벌어진 검은 구멍이 나 있는 가라앉은 배가 있고, 반대쪽의 왼쪽 구석 위에는 해파리가 있다. '검은 구멍'은 구속을 나타내는 표현으로, 이는 18세기 캘커타의 블랙홀(역주: 1756년 6월 인도 캘커타의 토굴에 갇힌 영국 병사 146명 중 123명이 하룻밤 사이에 죽은 데서 유래)을 의미한다. '해파리' 역시 원기와 힘이 없거나 우유부단한 사람을 의미한다.

CF가 심하게 삶을 구속하였기 때문에 데니스는 돛대, 이물에 있는 똑바로 선 화살, 해파리의 남근적 모양, 그리고 'S. S. Sword'라는 이름으로 상징되는 자신의 남성적 잠재성을 펼칠 수 없었다. 삶에 대한 그의 희망과 꿈은 가라앉았고. 그의 모든 계획은 끝났다. 배에 무슨 일이 일어났느냐는 질문에 그는 "모르겠어요. 그냥 가라앉았어요."라고 대답했다. 두 달 전에 그가 미래의 삶을 준비하는 대학생활을 단념해야만 했다는 것을 기억하라.

전날 그린 그림인 '시작'은 신체상태와 관련해 정신상태의 적절성을 나타낸다는 면에서 이 그림과 관계가 있다. 밝은 빛은 새로운 삶으로의 길을 밝혀줄 것인데, 이 새로운 삶에서 데니스는 지금의 삶에서는 현실화될 수 없는 보석을 얻을 것이다. 데니스는 지금의 삶이 갖는 한계를 죽음 후의 새로운 삶의 가능성과 통합하는 것으로 보인다.

연금술 과정이 여기에서도 고려되어야 한다. 이미 우리는 '시작'이라는 그림이 루베도 단계와 일치한다는 것을 보았는데, 이 단계는 새로운 날 또는 새로운 삶을 상상할 수 있는 시기다. 개성화의 여행을 계속하기 위해서는 데니스가 니그레도 단계로 돌아가 아직 드러나지 않은 어두움을 직면해야 하는 과정이 따른다. 우리는 '끝'이라는 그림에서 수많은 니그레도 이미지를 볼 수 있다. 우리가 무의식의 이슈를 밝히고 이들을 통합하면 할수록 우리의 정신은 표면으로 가져 가야 하는 또 다른 전의식적 이슈를 추구한다.

그림의 오른쪽 아래에 있는 키가 큰 해초들은 두 가지의 녹색으로 되어 있는데 하나는 진하고 하나는 흐리다. 이는 데니스가 살았던 삶을 시사하며 CF가 그의 전해질에 강요하는 불확실성을 시사한다.

바위 이미지는 데니스가 그린 그림들 중 세 장의 그림에서 나타난다. '불모지'라는 그림에서 처음 볼 수 있는데, 이는 생명을 재생시키는 태양의 신인 미트라의 탄생석을 시사하였다. 침몰한 배를 그린 이 그림에서 데니스는 이 대상을 그냥 '바위'라고 하였다. 특정한 연상을 하지 않았기 때문에 우리는 데니스의 그림에서 그것이 갖는 의미를 확충하기 위해 다른 자원을 살펴본다. 미트라교와 기독교 간의 유사점들에 대해서는 이미 이야기하였다. 바위는 성 베드로를 상징하며 그리스도 역시 바위라고 불린다. 바위는 영원, 안정, 강함, 불변성, 생명수의 근원을 상징한다. "살아있는 바위는 인간의 근본적 자기다"(Cooper, 1978).

이 모든 의미는 '해파리'가 의미하는 것과는 아주 대조적이다. 이 역설은 데니스의 두 가지 측면을 모두 투사하는 것으로 볼 수 있다. 신체적으로는 체력과 원기가 부족하지만 그의 정신은 의연하게 삶을 지탱하고 있다.

이 그림에서는 이전의 바닷속 장면과는 달리 바다의 표면 위를 볼 수 없다. 여기에 있는 것은 모두 바닷속의 풍경이다. 우리는 이를 지하세계나 죽음, 새로운 생명의 탄생수, 또는 자아로 다가가는 무의식적 의도를 강조하는 것이라고 볼 수 있다.

이 그림을 그린 후 데니스는 이 그림과 전날 그린 그림에서 흥미로운 점을 발견했다. 이 그림을 전날 그림과 겹쳐놓고 보니 무지개는 해초와 바위 위 그리고 해파리 밑으로 완벽하게 맞아떨어졌다. 태양의 햇살은 돛대와 만나면서 오른쪽 구석 위에 들어맞았다. 이에 대해 데니스는 마치 자신이 무지개와 태양의 자리를 의도적으로 남겨둔 것처럼 보인다고 말했다.

침몰한 범선 그림을 그리고 나서 4일 뒤, 여전히 입원을 한 상태에서 데니스는 두통과 구토를 호소하면서도 또 다른 그림을 그리기로 했다([그림 12]). 그는 종이 가운데에 거의 종이를 다 차지하게 산을 그렸다. 산은 두 가지 명암의 갈색으로 칠했는데, 밝은 갈색 위로 어두운 갈색을 덧칠했다. 밝은 쪽 부분에는 두 가지 명암의 녹색과 함께 갈색도 약간 있다. 데니스는 이것이 "한쪽 면에서 잎이 자라고 있는 산"이라고 했다.

산꼭대기는 평평하고, 그 뒤로 밝은 색의 노란 태양이 2/3 정도 보인다. 진하고 검은 선은 산의 밑면을 의미하며, 이 기저선의 앞으로는 앞쪽으로 향해 점점 흐린 녹색으로 엷어지는 암녹색 부분이 전경으로 칠해져 있다. 그리고 엷은 녹색 부분은 회색 같은 아주 밝은 검은색으로 색칠된 부분과 함께 엷은 갈색 전경으로 바뀐다.

진하고 어두운 두 개의 녹색 부분과 겹쳐서 색칠되어 있는 조그마한 노란색과 녹색 조각들이 회색 전경을 가로막고 있는데, 이 영역은 암녹색과 갈색으로 진하게 칠해진 선인장을 받쳐주고 있다. 선인장 위의 오른쪽 구석에는 검은 새가 네 마리 날고 있는데, 데니스는 이를 '검은 새 가족'이라고 하였다.

산은 총 여섯 장의 그림에 등장한다. 데니스는 수 마일에 걸쳐 옥수수, 밀, 콩밭이 펼쳐져 있는 인디애나의 평야 지대에서 살았다. 내가 아는 한 그는 한 번도 산악 지역에 가본 적이 없었다. 그는 산과 언덕이 주는 아름다움과 위엄에 감탄했는데, 이는 그가 살았던 지역의 단조롭고 평평한 들판에 대한 보상을 나타내는 것이라 할 수 있다. 산의 상징은 아주 많은 것을 의미한다. 그중에서도 산은 천국과 땅이 만나는 장소, 영원성, 항구성, 확고부동함, 침묵을 나타낸다. 산은 영적이고 신성한 것으로 연상되며, 산꼭대기는 충만한 의식상태를 상징한다(Cooper, 1978). 때때로 산은 극복해야 하는 장애물이나 도전을 나타내기도 한다. CF에 걸린 젊은이가 산의 이미지에 그렇게 매달리는 것은 자연스러운 일이다.

데니스의 정신력이 산으로 표현된 것이라고 볼 수 있다. 산꼭대기 위로 떠오르는 태양은 새로운 의식, 즉 삶과 죽음 그리고 재탄생이라는 현실수용을 나타낸다. 이러한 생각은 그가 그린 이전의 그림들에서도 나타나 있다.

선인장을 그린 땅 색은 신체를 반영한다. 수분이 많은 선인장은 데니스가 경험하는 폐충혈의 액체보유를 신체적으로 표상하는 것이다. 이 그림에서 데니스가 만들어낸 장면은 황폐한 장면으로, 이는 데니스의 앞날도 황폐하다는 사실을 의미한다. CF가 그를 불임으로 만들었다는 것을 기억할 필요가 있다. 이 그림은 5일 전에 만들어진 '시작' 그림과 유사하게 평온감을 주긴 하지만 동시에 고독감도 준다. 아마도 자아의식의 성숙은 비록 데니스가 정상적이고 건강한 삶에서 차단되었음에도 그를 평온감으로 축복하였을 것이다.

마지막의 그림 세 장을 연속적으로 살펴보는 것이 도움이 되는데, 이 그림들은 그가 학교를 자퇴한 후 두 달 정도 병원에 입원한 동안 그린 것이다. '불모지'의 황폐한 특성은 직업을 가질 수 있는 기회가 상실되었음을 반영해준다. 일련의 그림들은 한 장의 그림이 주는 것보다 그 사람에 대해 훨씬 더 정확한 특성들을 제시해줄 수 있다. 이 그림 시리즈들은 데니스의 병이 심하게 악화되면서 동시에 정서적으로도 우울을 경험할 때 시작되었다.

정신과 신체와 직면하는 새로운 경험들은 우리의 자아를 강하게 북

돋아주며, 우리가 이 경험과 편안하게 관계를 맺고 내면화할 수 있으면 전체감을 갖게 된다. 만약 우리가 새로운 경험에 적응하는 건설적인 방법을 찾을 수 없어 자아(의식적 자기)가 경험을 통합하지 못하면, 우리의 전체 자기는 분열되고 약해진다(여기서는 자폐증이나 정신분열증, 심각한 뇌손상, 또는 성격장애와 같은 정신병리가 없는 자기(self/Self)의 기능 과정을 의미한다). 자아를 압도적으로 위협하는 내용은 자동적으로 억압된다.

일련의 딜레마와 이것의 극복을 통해 나오는 이 자기배열 과정은 태어나면서부터 시작하여 일생에 걸쳐 지속된다. 융 학파에서 하는 아동치료의 공헌자인 마이클 포드함(1988)은 이 순환적 현상을 분해-재통합이라고 보았다. 이 과정에 대한 그의 이론은 조엘 라이스-미누힌(1988)에 의해 더 정교화되고 확장되었는데, 조엘은 분해과정이 요람에서 무덤까지의 인생발달에 적용되며, 분해와 통합은 자아성장과 전체 자기와의 관계를 통해 지속적으로 일어난다고 주장하였다.

함께 이야기를 하면서 일련의 그림을 그리는 동안 데니스의 병은 상당히 악화되었고, 위급한 증상을 겪으면서 그는 자신의 생명이 위험하다는 것을 알았다. 2년 전의 임사경험은 데니스에게 힘든 병을 견디고 통합하도록 도와주었을 것이다. 이 시리즈 중 첫 번째 그림에서 나온 찬란히 빛나는 태양을 임사경험에서 일반적으로 보고되는 고전적 의미의 '밝은 빛'과 비교하면, 데니스의 태양은 그에게 새로운 생명이 꽃피는 희망을 주었을 것이다. 이 재통합은 자아/자기 상태를 유지하도록 해줄 뿐만 아니라 궁극적인 분해-재통합적 경험, 즉 죽음을 준비하도록 해줄 수 있다.

분해는 다음 날 침몰한 범선으로 다시 나타난다. 늘 쇠퇴해 있는 신체상태인데도 그는 다시 재통합을 이루었다. 이는 4일 뒤 산꼭대기 위로 태양이 떠오르는 그림을 그린 것에서 알 수 있다.

데니스는 산 그림([그림 11])에 나오는 태양이 '떠오르는' 것이라고 말했는데, 이는 연금술의 루베도와 유사하다. 연금술 과정은 개성화의 분해-재통합 과정과 일치한다. 따라서 5일 동안에 만든 세 장의 그림은 두드러진 양극, 즉 시작과 끝, 이득과 손실('막 싹을 틔우기 시작한 묘목', 새로운 날, 산 위의 녹색 생장물, 그리고 침몰한 'S. S. Sword'와 대조되는 선인장), 루베도와 니그레도, 분해-재통합의 합일을 반영하는 것으로 보인다. 이 모든 것은 삶과 죽음을 은유적으로 표현한 것들이다.

비록 데니스가 산 그림에 대해 몇 가지를 설명하긴 했지만, 제목을 붙이거나 이름을 쓰지는 않았다. 태양은 여전히 충만한 한낮의 빛을 향해 가고 있다. 이런 점에서 데니스와 대화를 해본 사람들이라면 그가 의학연구의 진전으로 결국은 CF에서 쾌유될 것이라고 순진하게 낙관한다고 볼 것이다. 그러나 데니스의 그림은 좀 더 광범위한 방식으로 그를 드러내고 있다. 나는 그림이 종종 우리의 의식적인 자아자기보다 앞서 있다고 본다.

그림들은 그가 자연과 어떻게 관계 맺고 있는지를 분명하게 보여준다. 무엇보다도 그의 그림들에는 영적인 특징들이 있다. 어떤 것들은 평온한 내적 평화에 대한 묵상을 시각적으로 묘사하고 있으며, 양육적인 재탄생의 주제가 두드러진다. 우리는 그의 영혼이 끊임없는 희망을 갖고 또 다른 날, 새로운 시작, 또 다른 시간, 또 다른 인생, 또 다른 기회를 갈망하는 것을 볼 수 있다. 동시에 그의 정신은 그가 가라앉고 압도되어 있을 때 불멸의 태양처럼 다시 솟아오르고, 질병의 짐을 뛰어넘으며, '자유'로워지도록 이끌어 주고 있었다. 우리는 그의 명랑하고 밝은 성격에 속지 않는다. 그 페르소나 밑에는 열심히 생명을 보호하려는 엄숙한 전사가 있다. 하지만 그의 전사가 활동하기 전에 데니스가 먼저 그의 생명을 찾아야 한다. 그는 누구이며, 자신이 찾고 있는 것을 어디에서 찾을 것인가?

# 08 남자 되기

산, 선인장, 그리고 떠오르는 태양을 그리고 나서 얼마 후 데니스는 다시 퇴원해서 외래치료를 받을 정도로 안정이 되었다. 그 후에 병원에 왔을 때 그는 나의 요청으로 '붉은 싹' 이라고 제목을 붙인 아주 인상적인 그림을 그렸다([그림 13]). 그림 중앙에는 박태기나무가 있고 그 밑에는 암녹색 잔디가 자라고 있다. 그림 아래쪽 가장자리에는 좁은 회색 땅이 수평으로 뻗어 있다. 이 회색 위의 땅은 밝고 어두운 갈색이다. 나무의 오른쪽으로는 녹색부분 위로 진하게 칠해진 다섯 개의 버섯 또는 독버섯이 자라고 있다. 더 오른쪽으로는 흐린 황록색이 회색 땅과 섞여 있는데, 이 땅 위로는 갈색, 암녹색, 그리고 황록색의 부채모양 관목식물이 있다.

그림의 왼편에는 종이의 가장자리 바닥을 찍어 놓은 부분이 있는데, 검게 표시하여 숯이 된 어두운 갈색의 커다란 죽은 그루터기가 있다. 암녹색과 황록색의 두 가지 색으로 칠해진 이끼가 그루터기 양쪽에 붙어 있다. 중앙에 있는 나무기둥은 암갈색으로 칠했는데 왼쪽에 있는 그루터기의 5분의 1 정도 넓이밖에 되지 않는다. 전체 나무기둥을 따라 검은 줄이 그려져 있다. 42개의 가느다란 암갈색 가지는 나무기둥의 각 측면에서 뻗어 나와 있고, 밝고 붉은 '싹'이 양쪽으로 각각 21개씩 있다.

나무 꼭대기에는 비어 있는 것으로 보이는 새둥지가 있는데, 역시 갈색 덧칠과 몇 개의 검은색 무늬로 진하게 칠해져 있다. 연푸른색 배경의 수평선은 하늘을 의미한다. 연노랑의 빛줄기가 오른쪽 구석에서 나와 그림 전체에 퍼져 있다.

그림을 끝낸 후에 데니스는 붉은색으로 종이 뒷장에 '붉은 싹(red Bud)'이라고 썼는데, r은 소문자로, B는 대문자로 썼다. 이 제목은 부채 모양 관목식물의 바로 뒷면에 있다. 그 다음 그는 제목에 검은색 따옴표를 붙이고 제목 아래쪽 구석에 검은색 연필로 자신의 이름을 쓰기 시작했다. 이는 노란 햇살이 시작되는 오른쪽 구석 위의 뒷면이다. 그러나 'D-E-N'을 쓴 후 데니스는 지울 수 있는 일반 연필로 바꾸더니 종이를 90도 돌려 'Den'의 반대쪽 아래 구석에 날짜와 함께 자신의 이름을 썼다. 따라서 그는 그림의 왼쪽 위 구석에 목판글자체로 서명을 한 것이다. 이는 햇살이 나오는 구석과 반대쪽이다. 종이 뒤에 한 그의 서명은 '붉은 싹' 제목과는 대각선으로 반대쪽이다.

삶이 처한 상황의 상보적 측면을 살펴보는 방법으로서 수잔 바치는 그림을 빛에 비춰서 뒷쪽에 무엇이 있는가를 보라고 가르쳤다. 생생한 피의 색으로 쓰인 데니스의 제목은 그림 쪽의 식물이 묘사하는 원기왕성한 생명을 확신시킨다. 이는 그가 21세 생일까지 살아 있고자 하는 희망과 용기를 시사한다.

이 생명의 구석과 대각선으로 반대쪽에 있는 그의 이름은 그림 쪽에서 보면 왼쪽 구석 위로 비쳐 보인다. 바치(1990)는 이 공간을 '태양이 마지막으로 보이는' 구석이라고 이름 붙였다. 완성되지 않은 데니스의 이름은 오른쪽 위 구석을 통해 보이는데, 이는 햇살이 나오는 곳과 더 가깝다. 생명이 거의 끝날 때가 되었음을 알게 되면서 데니스는 자신이 영원한 빛, 즉 임사경험에서 보았던 빛과 궁극적으로 하나가 될 것이라고 느끼기 시작하는 것 같았다. 데니스는 이 장면이 계절과 일치하는지에 대해서는 아무 이야기도 하지 않았다. 그는 이 그림을 1980년 4월 4일에 그렸다. 나는 아주 밝은 붉은 싹들에 마음이 끌렸다. 그것들은 나무의 싹보다는 핏방울을 연상시키는데,.즉 '붉은 피나무'인 것이다. (1) 나무의 양 측면에는 각각 21개의 싹이 그려져 있다. 데니스는 7개월 후 21세 생일을 맞을 것이며, 명목상 성인기로 들어갈 것이다. (2) 봄에 만개하는 박태기나무는 만개기인 루베도[1]를 상징한다. (3) 그는 싹(Bud)의 B는 대문자로 하고 붉은(red)의 r은 소문자를 사용함으로써 새로운 삶을 강조하였다. 이 문체를 다른 방식으로 보면, 소문자 r은 낮은 생명력 또는 인간 삶의 감소를 나타내고, 대문자 B는 새로운 삶, 즉 내세를 강조하는 것일 수 있다.

나는 이러한 특성들이 성인기로 들어갈 수 있도록 생명을 유지하려는 희망을 나타내는 것은 아닌지 궁금했다. 이는 '회상'([그림 6])에 나오는 나무를 떠올리게 했는데, 나무가 '죽음과 삶의 미스터리한 관계'를 상징한다고 한 폰 프란츠의 주장(von Franz, 1987)에 관심이 갔다. 데

---

1) 연금술의 마지막 단계로, 기초금속이 황금으로 변형된다. 융은 이를 재통합, 자기각성, 그리고 양극통합을 포함하는 개성화 단계에 비유하였다.

니스는 11개월 전에 '회상'을 그렸는데, 당시 그 그림은 데니스가 다음 해 봄을 볼 수 있을지 걱정하는 건 아닌가 하는 의문을 갖게 하였다. 지금 그는 자신이 성인기에 도달할 수 있을지 걱정하는 것일지도 모른다.

'붉은 싹' 그림에 나오는 새둥지에서는 무엇이 중요한가? 데니스가 사는 지역에서 4월 초는 아기새가 둥지를 떠나기에 너무 이른 시기다. 알들이 아직 둥지에 있는가 아니면 알을 낳지 않았는가? 이 그림에서 표현된 잠재적인 생명은 이생에서의 신체적 생명을 의미하는가 아니면 빛이 안내하는 사후의 영적 생명을 의미하는가? 이 그림에서는 새가 없다. 이전에 데니스는 새를 자주 그렸지만 여기서는 둥지만 그렸다. 둥지는 일찌감치 버려졌는가? 데니스는 자신의 기념비적 생일 이전에 심리적으로 서둘러 둥지를 떠나야 한다고 느끼는가? 아니면 둥지가 도둑맞았는가? 데니스는 자신이 성인기를 충분히 깨달을 수 있기 전에 생명을 강탈당하고 있다고 느끼는가?

박태기나무는 낙엽수다. 그것은 '늘 새로워지고 재생되는 세계'에 대한 은유다(Cooper, 1978). 나무는 대모, 생명의 나무, 여성적 원리, 지식의 나무 등의 수많은 상징 의미를 갖고 있다.

죽음-재탄생은 죽은 나무 그루터기에서 자라고 있는 이끼로 상징된다. 살아 있는 나무의 오른쪽에 그어진 검정줄은 무엇인가? 이는 빛을 바라보고 있는 면이다. 따라서 검은색이 나무의 어둡고 그림자진 쪽을 나타낼 수는 없다. 그렇다면 그것은 상처난 죽은 껍질을 의미할 수 있는가? 검정줄이 무엇을 의미하든 나무는 죽음-재탄생 모티브를 반복하며, 둥지가 나타내는 새로운 생명에 대한 토대를 제공한다.

라이스 미누힌(1988)의 자기/자아(Self/ego) 개념을 통해 우리는 정신이 중요한 신체적 변화에 어떻게 반응하는지 배울 수 있다. 그의 이론은 칼 융과 마이클 포드함의 자기이론에 근거한다. 내가 라이스 미누힌의 이론을 이해한 바에 따르면, 재통합은 합체통합(con-integrates)이라는 군집적인 '자아 하위체계들'의 지원을 받는다(p. 8). 합체통합은 자아가 자기(Self)에서 분화할 수 있도록 도와주는 개인적 경험을 정신적으로 저장한 것으로, 자아가 이 경험들을 인식할 때 분화가 가능하다. 합체통합은 객관적 정신(집단적 무의식)과의 관계를 통해 자아가 원형적 이미지와 조화를 이룰 수 있게 한다.

원형적 이미지를 합체통합에 견주는 것은 자기(Self)에 대한 개별감을 입증시켜준다. 분해단계 동안 발달하는 자아는 원형과 동일시함으로써 일시적으로는 자기를 상실하게 된다. 합체통합은 원형과의 관계를 만들며, 이는 재통합을 일으킨다.

아동과 성인 모두의 경우, 개성화에는 자기(Self)와의 관계가 포함된다. 그것은 개인의 가장 충만한 잠재력 실현을 향한 지속적인 움직임이다. 포드함은 『아동기의 삶』(1944)에서 원형은 성인과 아동 모두에게 본질적으로 동일한 방식으로 기능한다는 것을 보여주었다. 그러나 성인은 아동에 비해 자기의 상징 의미를 더 잘 파악할 수 있다. 원형적 상징은 분해-재통합 과정에, 그리고 나아가 성숙과정에 중요한 기여를 한다.

기독교적 정신을 갖고 있는 아동들은 모래놀이를 할 때 크리스마스보다는 예수의 탄생을 더 많이 묘사한다. 이는 그들의 자아(자기감)가 좀 더 강해지는 통합단계와 일치한다. 한편, 아동들은 모래놀이상자 가운데 보물상자를 놓기도 한다. 보물이든 신성한 아기든 어떤 대상을 선택하든 이는 성격의 다양한 부분이 점점 더 통합되어 간다는 것을 반영한다.

아동들이 모래놀이를 할 때 자기(Self)와 자아의 상징들을 이해하는 것은 아니지만, 상징은 작은 놀잇감들이 갖고 있는 가치를 인식하고 관계를 맺도록 해준다. 놀이실 선반에 있는 아기 예수상이나 보물상자 모형은 손에 넣기 힘든 신성한 잠재력에 대한 내적 인식과 관련된다. 성인은 아기나 보물상자에 대한 꿈을 꿀 수도 있으며, 특히 꿈해석을 잘 알고 있다면 이 이미지가 양육되고 밝혀져야 하는 자기(self/Self)의 가치있는 잠재성을 나타내는 상징임을 금방 알아차릴 수 있다.

버섯이나 독버섯(균류)이 '붉은 싹'에서 가질 수 있는 의미는 무엇인가? 이것들은 아주 빠르게 자라고 퍼지며 때로는 독이 있기도 하다. 만약 암환자의 그림에서 이것들이 나타난다면, 전이를 의심해볼 수도 있지만, 이런 버섯의 성장이 데니스와 그의 병에 얼마나 빨리 적용될 수 있을까? 그의 폐 감염은 점점 더 회복하기 어려워지고 있었다. 그래서 식이요법에는 독한 실험용 항생물질이 들어 있었다. 우리는 독버섯의 빠른 성장과 퍼져가는 폐 감염, 그리고 이 감염을 없애기 위해 복용하고 있었던 '독'간의 신체적 연관성을 확인할 수 있다.

이 그림에는 버섯이 다섯 개 있다. 이것은 데니스의 신체가 갑자기 악화되는 것이 다섯 번이 될 것임을 의미하는가, 아니면 빠른 정신적 성숙이 다섯 번이 될 것임을 의미하는가? 이 그림은 4월 초에 그려졌고, 5개월 후는 9월 초다. 무슨 일이 일어나는지 알기 위해서는 그의 생활사를 살펴봐야 한다. 먼저 그가 5~8월에 그린 그림 여섯 장을 살펴볼 것이다.

데니스는 박태기나무를 그린 후 얼마 되지 않아 퇴원하였다. 한 달 뒤 입원 이후의 상태를 점검하기 위해 그는 병원에 왔다. 그는 그림 한 장을 그리겠다면서 "이건 속성으로 그릴 거예요."라고 말했다(여기에는 그림이 제시되지 않았다). 색연필 상자를 열고 갈색과 녹색이 겹치게 기저선을 그린 다음, 기저선 중앙에서 갈색 나무줄기를 그리고 이것을 연녹색과 암녹색을 겹쳐서 색칠했다. 꼭대기 근처에는 역시 두 가지 음영의 녹색이 섞인 가지를 그렸다. 그리고 나머지 부분은 그냥 비워 두었다. 어떤 식물인지는 몰라도 그 나무는 완전히 고립되어 있었다. 열매나 싹, 또는 잎이 없는 식물은 병과 어머니의 보호에 대한 의존성이 복합되어 만들어진 성숙에 대한 데니스의 노력을 보여준다.

팀 동료 한 사람이 데니스에게 이 그림에 대해 무엇을 말하고 싶은지 물었다. 그러나 데니스는 저쪽에서 다가오는 간호사를 쳐다보면서 "안 되겠어요, 시간이 없어요."라고 말했다. 간호사는 지금 소변검사를 받아야 하지만 나중에 다시 돌아와서 그림을 마치면 된다고 했다. 그러나 데니스는 "이미 끝났어요."라고 했다. 그림을 정말로 마친 것인가 아니면 간호사의 방해가 막 시작된 과정을 차단한 것인가? 환자들은 진단과 치료를 받기 위해 병원에 오는 것이지 그림을 통해 정신과 신체 경험을 표현하러 오는 것은 아니다.

그날의 검사결과는 폐기능을 제외하고는 모두 정상이었다. 폐기능은 이미 진척된 COPD 때문에 항상 정상 이하였다.

몇 주 지나지 않아 데니스는 건강이 악화되어 다시 입원했다. 7월 3일 나는 그의 병상을 찾아갔고, 그는 전날 밤 끔찍한 악몽을 꾸었다면서 그 악몽에 대해 열심히 설명했다.

"날고 있는 꿈을 꾸었는데, 뜨거운 애드벌룬을 타고 있었어요. 바람이 강하게 불어서 애드벌룬이 점점 더 높이 올라갔어요. 돌아가기 위해 할 수 있는 일은 없었고 바람은 더 심해졌어요. 바람 때문에 너무 겁이 나서 깨어났을 때도 계속 무서웠어요. 꿈에서 바람이 점점 더 강하게 불어서 나는 완전히 무기력해졌어요. 바람이 나를 날려 버려 다시는 아래로 내려가지 못할까 봐 너무 두려웠어요."

이 꿈이 데니스에게 준 절망감은 그의 의식적 자아자기가 느끼는 두려움을 반영한다. 그의 자아는 두려움이 닥쳤을 때 실제로 그가 무기력해진다는 것을 수용할 준비가 되지 않았다. 하지만 무의식적 정신은 그가 생명을 잃어 가고 있다는 것을 알고 이러한 현실을 받아들이도록 그를 준비시키려고 한다.

꿈을 이야기한 뒤 데니스는 그 꿈을 보여주는 그림을 그리고 싶다고 하였다. 나는 그렇게 하도록 격려했다. 꿈을 그리는 것은 꿈이 계속되도록 해주는 하나의 방법이다. 꿈에서 얻은 이미지를 그림으로써 무의식은 자아와 상호작용을 계속하는데, 마치 무의식과 자아가 대화를 하는 것 같다.

데니스는 종이 중앙의 약간 왼쪽에 애드벌룬의 곤돌라에 타고 있는 한 소년(데니스 자신)을 그렸다([그림 14]). 그는 자신의 눈에 커다란 검정 동그라미를 그렸는데, 이는 얼굴 표정을 불안해 보이게 만들었다. 알아볼 수 있는 또 다른 얼굴 특징은 없었다. 그는 밝은 색의 붉은 셔츠를 입고 있었는데, 머리와 어깨만 볼 수 있다.

애드벌룬의 꼭대기는 암녹색이고 밑은 진하게 칠해진 황록색이다. 모래주머니 두 개가 곤돌라 옆에 매달려 있다. 곤돌라의 로프는 곤돌라의 왼쪽 가장자리에서 오른쪽으로 나와 아래의 연한 황록색 지면과 거의 맞닿아 있다.

오른쪽 구석 위에는 연하게 칠한 오렌지색 햇살이 있는 노란 태양이 있는데, 종이를 찍어서 그렸다. 분석심리학에서는 태양을 아버지의 상징으로 본다. 4장에서 논의된 것처럼 이는 생물학적 아버지, 대부의 원형, 또는 하나님 아버지일 수 있으며, 이 그림에서 우리는 데니스의 태양이 사라지는 것을 볼 수 있다. 그림 속의 나무는 생물학적이든 원형적이든 어머니를 상징한다.

동료 중 한 명이 데니스의 애드벌룬이 자궁과 탯줄과 유사하다고 지적하였다. 이 비유는 병으로 인해 그에게 강요된 어머니에 대한 의존성을 시사한다. 로버트 블라이는 아들이 어머니와 분리하는 과정을 지지하는 데 아버지가 중요한 역할을 한다고 했다. 어린 소년에게는 남성적 개별화에 필요한 부성적 양육을 제공할 수 있는 좋은 아버지 또는 남자 스승이 필요하다.

데니스의 부모는 데니스가 10대 초반이었을 때 헤어졌다(5장에서 언급되었음). 이 사건은 데니스에게 그와 가족이 아버지에게 버림받았다는 느낌을 주었고 데니스를 한동안 비참하게 만들었다. 데니스가 이 그림을 그렸을 즈음은 그의 부모가 화해하고 재결합한 뒤 1년이 좀 지났을 때였다.

나무를 그리면서 데니스는 "꿈에서는 나무가 없었지만 이걸 그려서 나무에 줄을 감아 다시 땅으로 내려갈 수 있도록 했어요."라고 말했다. 이전 장에서 말했듯이 나무는 죽음과 삶이 맺고 있는 신비한 관계를 상징할 수 있다. 나무의 기둥은 진하고 어두운 갈색이며, 밝고 어두운 녹색을 사용해 둥글둥글하게 그린 수관이 있다. 갈색의 가지들이 수관 사이로 보인다. 데니스의 그림에는 모두 나무가 들어 있지만 태양이 항상 있지는 않다. 흥미롭게도 이 나무와 태양의 등장 비율은 그의 심리적 상황과 일치한다.

'육체이탈'을 경험했다고 보고하는 사람들은 공통적으로 자신의 몸에 어떤 끈이 붙어 있어 이것이 결국 땅으로 끌어당겨 다시 몸으로 들어가는 경험을 했다고 이야기한다. 데니스가 죽음과 충돌하는 동안 이렇게 연결해주는 끈의 느낌을 경험했는가? 무의식적으로 그림에 나오는 줄을 이 끈과 연계시킨 것인가?

오른쪽 가장자리의 스케치한 듯한 푸른 선들이 애드벌룬이 가는 방향을 향해 위로 계속 나아가고 있다. 데니스는 이것이 애드벌룬을 위로 날리는 바람의 힘을 나타내는 것이라고 설명하였다. 애드벌룬은 오른쪽에서부터 움직여 왼쪽 구석 위로 올라가는 것처럼 보인다. 이는 수잔 바치(1990)가 '병으로 인해 천천히 생명을 잃어가는 아동과 성인들의 그림에서' 발견한 움직임이다.

그림을 다 그린 후 그는 그림을 설명하기 시작했는데, 마치 또 다른 꿈을 이야기하는 것 같았다. 즉, 그는 애드벌룬과 관련해 두 개의 꿈을 연속으로 꾼 것 같았다. "애드벌룬을 타고 있는데 내려갈 수가 없어서 두려워요." 잠시 멈춘 후 그는 "기록을 세우기 위한 경기를 하고 있어요. 바람이 정말 세게 불어요. 겁이 나요. 그건 내가 앓고 있는 CF 같아요. 난 CF를 극복하는 기록을 세우려고 해요. 난 병으로 죽고 싶지 않아요."라고 했다. 그러고 나서 그는 종이를 뒤집어 왼쪽 위 구석(바치가 말한 '삶에서 벗어나는' 구석)에 연필로 '기록 세우기'라고 썼다. 그리고 그 아래에는 이름과 '7/3/80. 나이-20'이라고 덧붙였다. 그는 죽기 9개월 전에 이 그림을 그렸다.

전의식적으로 데니스는 자신의 생명이 끝나가는 것을 알았다. 바람에 의해 끌려가는 꿈이 주는 은유적 의미는 그의 자아가 나아가기에 너무 위협적이었다. 그래서 데니스의 자아는 이 꿈을 개인적 무의식으로 추방하였다. 그림에서 그가 보인 방어적 반응은 자신을 살려줄 수 있는 나무(어머니?)를 덧붙임으로써 시각적으로 묘사되었다. 만약 데니스가 하늘로 더 높이 올라가지 않기 위해 나무에 로프를 감는다면 경기는 하지 못할 것이다. 그것은 개인적 무의식이 나무를 도입함으로써 CF를 극복하려고 경주하는 비현실적 희망을 수정하는 것 같은데, 나무는 그의 자아가 그를 딜레마에서 벗어나도록 돕기 위해 사용하는 상상의 대상이다.

데니스의 역설을 좀 더 자세히 들여다 보자. 그는 생명을 통제하기 위한 수단을 끌어들이기 위해 나무를 덧붙여 그렸고, 그것은 미지의 절망적인 불안정감에 대한 공포를 친숙한 것에 닻을 내리는 감정으로 대치하였다. 나무는 안전감을 느낄 땅에 그를 붙잡아주는 닻이다. 그는 안전하고 안정되고 싶어 했지만 또한 CF를 극복하는 경기에서 이기고 싶어 했다. 애드벌룬 경기로 상징되는 이 경주는 시간과 함께 한다. 즉, CF 치료법을 발견하는 데는 시간이 걸릴 것이다.

아니면 단순히 그것은 정상적으로 성인기로 들어가는 21번째 생일까지는 4개월이 남았다는 것을 의미할 것이다. 안전감을 느끼는 것과 이기기 위해 경기하는 것은 반대되는 목표처럼 보이지만 이 둘은 동일한 목적, 즉 성인기에 도달하기 위해 생존하는 것을 지향한다. 나무에 대한 의존은 목적에 도달하기 위한 힘든 여행에서 CF라는 엄청난 짐을 견디도록 돕고 지지해주는 타인들에 대한 의존을 나타낸다.

비록 개성화를 위해 어머니로부터 자신을 떼어내려는 데니스의 노력을 강조하긴 했지만, 분리와 연계를 모두 허용하는 지지적 관계의 가치를 깨닫는 것이 중요하다. 가족과 건강관리자와의 좋은 관계는 데니스가 자신에 대해 적절한 책임을 갖고, 도움과 지지를 주는 대상이 무엇인지 확인하며, 이 목적을 성취하는 데 필요한 대인관계 기술을 발달시키도록 격려할 것이다. 데니스는 CF를 극복할 때까지 육체적이 아니라 영적으로 성숙하고 버틸 것이며, 그의 죽음은 CF를 정복할 것이다.

나무는 데니스가 자신이 처한 환경 속에서의 양육적 잠재성을 필요로 한다는 것을 보여준다. 인생에서 이 당시 무엇보다 필요했던 지지를 얻기 위해 어머니를 포함해 타인에 대한 의존성을 인정할 수 있다는 것은 건강한 것이다. 생명을 위협하는 유전적 질병을 가진 젊은 남성에게는 어머니와의 분리가 발달목표로 그렇게 적절한 것이 아닐 수도 있다. 오히려 어머니-아들 관계에서 한 개인으로서 인생을 좀 더 지지해줄 수 있는 관계로 변형시키는 것이 더 나은 목적이 될 수 있다(Quintana & Kerr, 1993). 가족과 친구와의 적응적인 관계는 데니스가 인정받고 가치 있는 존재라는 느낌과 함께 필요로 하는 양육을 받아들일 수 있게 하였다.

'기록 세우기'를 그린 그 주에 그는 퇴원을 하였다. 그러나 집에서의 상태는 그리 좋지 못했다. 2주 뒤 그는 다시 병원으로 돌아왔다. 여기서 그는 '생명이 시작되다'([그림 15])라고 제목을 붙인 인상적인 그림을 그렸다. 그림이 갖고 있는 생장적인 모티브 때문에 이 그림은 상당히 인상적이다. 데니스의 건강이 많이 악화된 시점에서 그 그림은 재탄생을 의미한다. 밝고 붉은 색연필을 사용하여 그는 그림의 왼쪽 위 사분면의 뒷면에 '생명이 시작되다'라고 제목을 쓰고 그 아래에 이름을 썼다. 그리고 이름 밑에 날짜를 덧붙였다. 그림 쪽에서 보면 이 공간은 검은 새들이 있는 곳이다.

검은 새를 전래동화에서 말하는 죽음의 메신저인 갈가마귀라고 가정해 보자. 우리는 또 다른 역설을 보게 된다. 즉, '다른 면'에는 생명의 피색으로 '생명이 시작되다'라고 썼지만, 그림이 그려진 면에서는 갈가마귀가 죽음을 예언하고 있다.

데니스는 왼쪽 구석 위에 산이나 절벽 같은 것을 그리기 시작했는데, 오른쪽 아래로 내려가고 있다. 바치(1990)는 이렇게 왼쪽에서 오른쪽으로 가는 움직임은 그것이 영구적이든 일시적이든 생명으로의 귀환, 성공적인 치료, 또는 회복과정과 연관된다는 것을 발견하였다. 게다가 산기슭에는 새로운 생명의 신호, 즉 연하고 진한 녹색으로 칠한 싹이 있다.

산 역시 밝고 어두운 갈색인데, 어두운 갈색은 낮은 경사면에 더 많이 칠해져 있다. 산 위에는 밝은 녹색 줄로 표현된 지피식물과 함께 연녹색과 암녹색으로 된 지피식물 영역들이 있다. 산의 측면으로 흘러내리는 시냇물은 푸른색과 암녹색으로 칠했는데, 그림의 가운데 아래쪽 근처에서 사라진다. 이 녹색 부분의 오른쪽에 있는 연한 갈색 영역은 거리상으로 볼 때 또 다른 산일 수 있다. 그림의 기저선은 두 가지 갈색으로 진하게 채웠다.

연갈색 위의 암갈색 땅의 작은 흙더미에서 새로운 식물이 싹을 틔우고 있다. 비옥해 보이는 이 토양은 오른쪽으로 가면서 낮아졌고 그 옆으로는 그보다 더 작은 흙더미가 조금 솟아올라 있다.

갈가마귀로 추측되는 검은 새 세 마리는 왼쪽 위 사분면에서 날고 있으며 왼쪽 구석 위를 향하고 있다. 수잔 바치(1990)는 이 곳은 '태양이 마지막으로 보이는' 곳이며, '병으로 인해 천천히 생명을 잃어가는 성인과 아동들'의 그림에서 나타나는 방향을 의미한다고 말했다. 오른쪽 구석 위에는 거대한 붉은 황금색의 태양이 떠오르고 있다. 그림에서는 오른쪽을 동쪽으로 보고 왼쪽을 서쪽으로 본다(Bach, 1990). 황금색 태양과 붉은색 햇살은 오른쪽 위 사분면의 나머지 부분을 거의 다 채우고 있다. 경험적으로 배운 바에 따르면 이 지역은 개인의 현재 상황을 반영한다.

신체상태든 심리상태든 건강한 측면을 시사하는 긍정적 사인들을 살펴보자. 우리는 땅의 색인 갈색을 많이 사용한 것을 볼 수 있으며, 산 아래로 흘러가는 시냇물이 결국은 비옥한 땅의 토양으로 흘러가 어린 식물에 생명을 줄 수 있음을 볼 수 있다. 동쪽 하늘에는 작열하는 태양이 있고, 그것은 엄청나게 많은 에너지를 갖고 있다. 건강한 쪽으로의 진행에 대한 긍정적 증거는 왼쪽 위에서 오른쪽 아래로 가는 움직임에서도 나타나는데, 이는 태양이 회복과 생명의 장소에 머물 수 있도록 해준다. 이 모든 건강한 사인들은 태양 아래에서 싹을 틔우는 어린식물에 의해서도 재확인된다. 이 식물은 산에서 흐르는 시냇물이 적시는 비옥한 땅에 뿌리를 내리고 있다. '생명이 시작되다'라는 제목은 생기를 시사해준다. 마지막으로 제목과 이름이 둘 다 붉은 피색으로 적혀 있는데, 이는 그림과 마찬가지로 삶의 건강한 측면과 동일시 하는 데 생명력을 준다.

덜 긍정적인 것으로 보이는 대상이나 요소들에는 왼쪽으로 날아가고 있고 검은색으로 진하게 그려진 새들, 산의 두 영역이 연녹색으로 나타난 것, 그리고 어린 식물에 연녹색과 암녹색이 같은 비율로 나타난 것이 있다. 그러나 연녹색은 치료를 받아 건강을 회복하는 것을 의미하기도 하며, 연녹색이 반드시 정신이나 신체의 약화를 의미하는 것은 아니다. 기저 부분의 더 밝은 갈색과 산의 연한 갈색이 영양부족과 허약함뿐만 아니라 영양분을 저장하기 위한 노력, 즉 건강상태로의 회복도 의미할 수 있는가?

그림에는 인물이 없다. 데니스는 20장의 그림 중 단 두 장에만 사람을 그렸다. 어떤 사람들은 이를 부정적 사인으로 해석할 수도 있다. 그러나 긍정적이거나 건강한 색깔이나 움직임, 그리고 배치가 부정적이고 건강하지 못한 것들보다 훨씬 많다.

이 그림에 대해 나와 동료는 이렇게 외관상으로 건강한 회화적 표현이 데니스의 상태와 임상적으로 예측되는 결과와는 맞지 않는다고 보았다. 데니스의 그림은 그의 삶에서 무슨 일이 일어났는지 또는 그의 운명이 어떻게 될 것인지를 반영하지 않는다. 병원의 간호사는 이 그림에 대해 '그는 죽음 뒤에 시작되는 삶을 준비하는 것이 틀림없어요.'라고 말했다. 데니스는 부활과 사후생에 대해 강한 믿음을 갖고 있는 신교적 배경을 갖고 있다.

식물과 새에서 3이라는 숫자가 반복되는 것을 보면서 우리는 3이라는 시간단위로 일어날 수 있는 것이 무엇인지 궁금했다. 아마도 이생에서 세 번의 시기에 걸쳐 그의 생명이 완결되고 그의 운명을 확인해주는 영적인 다음 생이 시작될 것이다. 아니면 세 번의 시기에 걸쳐 예기치 않게 건강한 상태로 회복될 수도 있다.

그 다음 달에, 데니스는 건강이 너무 악화되어 병원에 입원하였다. 입원하고 그 동안 그는 네 장의 그림을 그렸는데, 이는 나중에 논의할 것이다. 데니스는 이 기간에 점점 불안해했다. 입원하고 약 4주 뒤 퇴원을 하긴 했지만 폐가 악화되는 바람에 곧 다시 입원해야 했다. 안정이 되어 다시 퇴원한 후 외래진료 때 심잡음이 발견되어 8월에 다시 입원하였다. 그래서 그는 불과 몇 주만 집에 있을 수 있었다. 심잡음은 그가 복용하던 복합적 처방과 관련 있었다. 의사가 약처방을 바꾼 뒤 심잡음은 감소하다 결국 사라졌고, 데니스는 퇴원하였다.

이제 8월 중순이 되었다. 이는 데니스가 '생명이 시작되다'를 그린 지 약 3개월 후였고, 그가 21번째 생일을 맞기 대략 한 달 전이었다. 이 당시 데니스는 자신의 상황이 너무 절망스러워서 CF 전문의에게 알리지도 않고 약초 전문가에게 자문을 구했다. 이 의사는 데니스에게 어떤 영양결핍이 있는지 알아보려고 그의 머리카락을 분석했고, 분석결과 비타민과 허브를 많이 복용하게 하는 처방을 내렸다. 8월 말경, 그 다음 번 CF 병원 외래방문 시 우리는 다른 데니스를 보았다. 그는 숨을 헐떡거리지도 않았고 힘이 있어 보였다. 얼굴색도 좋았고 잘 먹었으며, 체중도 약간 늘었고 폐도 훨씬 깨끗해졌다. 그리고 밤에만 산소 호흡기를 사용하였다.

데니스는 처음에 자신이 약초 전문가에게 갔다는 것을 알리길 주저했지만, 곧 다른 약을 복용한다는 것을 주치의가 알아야 한다고 생각했고, 한편으로는 CF 약과 약초 처방약을 동시에 복용하는 것이 문제가 없는지 걱정했다. 그래서 병원에 오기 전 CF 전문의에게 전화를 해서 약초 전문가의 처방대로 CF 치료를 계속해도 되는지 물어보았는데, 의사는 비타민과 허브가 아무 문제가 없다고 그를 안심시켰다. 게다가 의사는 데니스에게 개선이 있다면 계속해서 허브와 비타민을 복용하라고 하였다.

8월 말('생명이 시작되다'가 그려지고 3개월 후)에 병원에서 그를 보았을 때, 약초 전문가의 처방전 또는 그에 대한 데니스의 믿음은 중요한 개선을 가져왔다. 이것이 플라시보 효과인지 아니면 그 이상인지는 상관없었다. 중요한 것은 무언가가 그의 건강을 증진시켰다는 것이었다.

데니스의 생활사를 좀 더 살펴보기 전에 8월 초에 있었던 데니스의 입원으로 돌아가보자.

다음은 연필로 그려진 것으로 '울타리와 헛간'이라고 제목을 붙인 그림이다([그림 16]). 이 그림은 데니스가 내가 없을 때 자발적으로 병실에서 그린 것이다. 그는 내가 빌려준 앤드류 와이어스의 화첩을 보면서 영감을 얻었다고 말했다. 그는 종이 오른쪽에 건초보관 창고를 그렸는데, 창고 중앙은 종이를 찍어 눌러 그렸고 딱 절반이 보인다. 위를 향해 똑바로 진하게 그려진 남근모양의 사물이 왼쪽 지붕 중간 정도 지점에 있다. 그것은 화살처럼 생겼고 꼭대기에 둥근 사물이 있다. 데니스는 이를 피뢰침이라고 했다. 헛간에 피뢰침이 있어서 번개가 치면 헛간을 지켜줄 것이다. 남근적 특성을 보이는 것 외에도 피뢰침은 지붕 가장자리에 불안정하게 서 있는 막대인물과 닮았다.

헛간은 본능을 상징하는 동물들의 쉼터로, 거기에는 겨울 동안 동물들을 먹일 건초가 있다. 그림에서 헛간이 절반만 있는 것은 자아가 아직 본능의 경고를 받아들이지 못했음을 시사한다. 아마도 데니스는 폭풍 같은 자신의 병을 겪는 동안 그를 지지해주고 유지시켜 주었던 무언가에 대해 본능적으로 알았을 것이다. 그의 지식은 그가 겪었던 임사경험과 관련되는가?

이를 퍼스(1988)가 그림에서 '가장자리'라고 말한 것과 비교해 보면, 데니스가 삶에서 벗어난 것도 아니고 그렇다고 삶에 충분히 들어가는 것도 아닌 삶의 가장자리에 있다고 느낀다는 것을 생각해볼 수 있다. 피뢰침을 막대인물로 볼 수 있다는 가정은 이러한 생각을 지지해준다.

헛간은 왼쪽으로 내려가 왼쪽 맨 가장자리 직전에 사라지는 경사면 위에 있다. 이 경사면을 오른쪽에서 왼쪽으로 그렸는지 아니면 그 반대로 그렸는지는 알 수 없다. 이 경사면 위에 데니스는 13개의 울타리 막대와 가시 달린 철사줄을 세 줄 그렸다.

종종 13은 불행의 숫자로 받아들여지지만, 기독교의 사순절 의식에서 보면 하나씩 끄는 13개의 촛불은 그리스도가 죽었을 때 일어난 세상의 어둠을 상징한다(Cooper, 1988). 3이라는 숫자는 종교, 신화, 전래 동화에서 많은 의미를 갖는다. 그 외에도 3은 신체, 영혼, 정신으로서의 인간을 나타내며, 탄생, 인생, 죽음을 의미하기도 하고 시작, 중간, 끝, 그리고 과거, 현재, 미래를 나타내기도 한다(Cooper, 1988). 또한 3은 신, 여신(소피아), 성령을 의미하거나 아니면 인간가족으로 반영되는 신성(아버지, 어머니, 아들)을 시사할 수 있다(Cooper, 1978).

왼쪽 구석 위에는 여섯 마리의 새가 날고 있다. 그림의 중앙은 비어 있고 왼쪽 부분도 마찬가지다. 동물도 보이지 않고 농기계나 장비 그리고 사람도 없다. 철조망과 무채색이라는 특성은 그림에 혹독성을 부여해준다. 삭막한 그림이며 이는 고립감을 전해준다.

남근 모양으로 생긴 피뢰침 또는 막대인물은 죽음이 오기 전이나 가장자리로 떨어지기 전에 성인기에 뿌리를 내리고 싶은 소망을 떠올리게 한다. 그는 그림 쪽에서 봤을 때 피뢰침이 자리하는 구석의 뒷면에 연필로 이름과 날짜를 썼다.

숫자상 여섯 마리의 새는 상징적으로 조화, 균형, 완성, 창조를 시사한다(Cooper, 1978). 신은 6일 만에 세상을 창조했다. 데니스는 점차 자신의 이성적 성인기와 동일시하면서 좀 더 균형 잡힌 성격을 향해 나아가고 있었다. 덧붙이면 6개월 후 그는 마지막으로 병원에 입원을 했다.

성공적으로 일을 하고 약혼도 한 형은 데니스에게 좋은 모델이었다. 아버지와 데니스의 관계도 나아지고 있었다. 연초에 데니스는 병원의 보조 간호사와 짧고 로맨틱한 관계를 가졌다. 그러나 관계가 지속되지는 않았다. 데니스는 그 간호사가 누군가에게 필요한 사람이 되길 원했기 때문에 자신과 사랑에 빠졌다고 지각했으며, 확실히 그는 병 때문에 항상 그녀가 필요했다고 느꼈다. 관계가 끝나긴 했지만 데니스는 여전히 괜찮은 상대를 찾고 싶어 했다.

여섯 마리의 새로 돌아가면, 6은 기회 또는 행운의 숫자다. 그리고 미국의 도박에서는 주사위로 6이 나오면 이긴다(Cooper, 1978). 데니스는 전래동화의 남자다움을 갖추고 21번째 생일을 축하할 만큼 행운이 따르길 간절히 원했다. 그 목적을 달성하기 위해 그가 가진 기회는 무엇인가?

'기록 세우기'라는 애드벌룬 그림으로 시작되었던 여름 동안에 데니스는 전환을 거치는 것으로 보였고, 자신의 인생주기를 좀 더 의식하게 되었다. 그는 통찰과 조화의 시기와 혼란과 부인의 시기 사이를 왔다갔다 했다. 그가 지울 수 있는 연필로 헛간을 그렸다는 것은 이 그림이 상징적으로 시사한 문제들과 의식적으로 관계를 맺을 것인지 아닌지 불확실해한다는 신호다.

자발적으로 그린 이 그림을 나에게 보여준 후 그는 다른 그림을 그리고 싶어 했다([그림 17]). 밝은 갈색 색연필로 그는 종이 바닥 가장자리 전체에 약 0.5cm의 두께로 지면을 만들어 색칠했다. 이 지면선의 중간에서 약간 왼쪽에 구근을 하나 그렸는데, 지면에서 싹이 트고 있지만 아직 개화되지 않은 남근같이 생긴 식물로 세 개의 꽃잎으로 구성되어 있다. 식물과 꽃잎은 붉은색으로 겉을 그렸고 동일한 붉은색 연필과 흑연으로 안을 아주 연하게 색칠했다. 이러한 색채 조화는 식물의 색을 얼룩덜룩한 분홍색과 은빛처럼 보이게 했다. 그는 식물의 바닥에 암녹색의 식물받침대와 양면으로 두 개의 잎을 그렸다. 이상하게도 받침대는 싹의 왼쪽 바닥까지 담을 만큼 넓지가 않다.

데니스는 왼쪽 구석 위에 종이를 찍어 눌러 오렌지색 태양을 그렸다. 촘촘한 황금노란색과 오렌지색의 햇살이 아래의 식물에 내리쬐고 있다. 그는 전체 그림을 완벽하게 묘사하기 위해 이 두꺼운 햇살의 좌우로 노란 햇살을 더했다. 종이의 오른쪽은 햇살과 아주 작은 지면 부분을 빼면 황폐하다. 종이의 오른쪽 구석 위의 뒷면에 데니스는 흑연으로 이름과 날짜를 쓰고 '에너지'라고 제목을 붙였다.

이 그림은 데니스가 그린 다른 많은 그림처럼 재탄생의 주제를 갖고 있다. 남근처럼 생긴 식물은 남성적인 창조원리를 상징하는 것일 수 있다. 그는 자신이 되고 싶은 사람이 될 수 있도록 해주는 에너지를 어디서 발견할 수 있는가? 그는 CF 문제에 대항해 힘들게 싸웠으며, 태양 속에서 꽃 피울 수 있는 자신의 자리를 찾으려고 필사적이었다. 그러나 싹을 피우려는 이 새로운 삶은 식물의 부적절한 받침대처럼 현세에서는 이루어질 수 없다.

그림에 온통 퍼져 있는 빛은 2년 전에 있었던 데니스의 임사경험을 시사한다. CF 치료가 곧 개발되어 자신이 살 수 있기를 오랫동안 꿈꾸고 상상했지만 데니스는 진실을 통합하고 환상이 아닌 새롭고 변형된 삶에 초점을 맞추면서 현실을 보완하고 있었다. 아마 2년 전 수술대 위에서 '죽었을' 때 그는 다른 삶을 미리 보았을 것이다. 만약 그렇다면 밝은 빛의 이미지를 회상하고 그림에 이를 다시 표현하는 것은 세상과 자기를 상실하고 있다고 느끼는 이 중요한 시기에 재통합의 보조자로서 작용했을 수 있다. 여기서 이미지가 죽음-재탄생 원형에 에너지를 주는 것을 볼 수 있다. 그것은 데니스가 CF가 치료되길 바랐던 이전의 태도를 초월하고 내세에는 CF에서 벗어난다는 새로운 태도를 가질 수 있도록 도와주었다.

'에너지'를 그린 지 3일 뒤 나는 병원에 있는 그를 방문하였다. 그는 너무 약해져서 침대에서 내려올 수도 없었지만 내가 온 것을 반가워했고 나에게 뭔가 중요한 할 말이 있다고 했다. 그는 이틀 전에 있었던 사건을 설명하기 시작했다. "그림을 하나 그렸는데 그리고 나서 너무 화가 나서 구겨서 쓰레기통에 버렸어요. 지금은 그걸 버리지 말고 갖고 있다가 선생님께 보여 드렸으면 하는 생각이 들어요. 왜냐하면 그게 중요한 거 같거든요."

데니스는 그림에 대해 이야기했다. "난 큰 장미 봉오리를 그렸어요. 막 꽃잎이 열리기 시작한 거예요." 나는 다시 한 번 재탄생을 생각했다. "줄기에는 잎이 다섯 개 있는데 한 개가 시들어서 땅으로 떨어졌어요. 그 잎이 정말 나를 화나게 했어요. 여기 다섯 개의 잎이 있는데 나는 다섯 명의 가족 중 한 사람이다. 하지만 이 잎은 떨어졌다. 이런 생각이 들었어요." 불안한 표정으로 그는 내 눈을 쳐다보았다. "저기요, 나는 그 잎들이 나의 가족들이고 나는 떨어진 죽은 잎이라고 생각했어요." 나는 그를 내려다보며 협탁 위에 놓인 종이를 불안하게 만지작거렸다. 그는 계속해서, "난 그걸 쳐다볼 수가 없었어요.너무 화가 나서 그냥 그걸 던져 버렸어요." 그는 다시 내 눈을 쳐다보았다. "선생님께 말씀드릴 수 있어서 지금은 기분이 훨씬 나아졌어요."

갑자기 데니스는 영감을 얻었는지 불쑥 "선생님을 위해 망가진 그림을 다시 그릴래요."라고 말했다.

# 09

## 생명의 끝

데니스는 재빠르게 침대 옆 탁자에서 색연필을 꺼내어 망가뜨렸던 그림을 다시 그리기 시작했다([그림 18]). 끝낸 후 그는 “새 잎을 덧붙인 걸 빼고는 아주 똑같아요.”라고 설명했다. 그러나 나는 장미의 양옆에 있는 식물들이 원래의 그림에는 없었던 것임을 알아차렸다.

줄기의 오른쪽 아랫 면의 자국은 죽은 잎이 있었던 곳을 나타낸다. 떨어진 나뭇잎의 줄기 끝에도 작은 검정 자국이 있다. 죽은 잎은 연녹색으로 색칠하였고 두 가지 갈색으로 연하게 줄을 그렸다. 바탕선은 줄기에 사용한 것과 같은 암녹색이고, 잎의 중심맥은 암갈색으로 칠했다. 암갈색과 연갈색을 섞어 연하게 칠해진 잎은 땅에 놓여 있고, 땅은 검은색을 흐리게 칠하여 어두운 회색이 되었다. 땅은 종이 넓이만큼 퍼져 있고 가장 높은 지점은 바닥면에서 약 1cm 솟아 있다.

그림을 보면 장미가 두드러진다. 중앙의 땅에서 자라 그 길이가 종이 전체 높이만큼 된다. 암녹색의 줄기는 연한 녹색과 겹쳐 있고 왼쪽으로 기울어져 있다. 큰 꽃봉오리는 왼쪽 구석 위를 향하고 있다. 장미줄기의 양옆으로 각각 두 개의 다 자란 잎이 진하게 칠한 암녹색의 줄기에 붙어 있다. 잎의 바탕선은 암녹색이며 두 가지 음영의 녹색으로 연하게 칠했다. 줄기의 오른쪽 아래에 새로 난 작은 잎은 같은 방식으로 그렸지만 암갈색으로 칠한 중심맥만 보인다.

줄기에 나 있는 상처 자국에는 기묘한 세부묘사가 되어 있다. 거의 알아볼 수 없는 얇고 붉은 선이 상처 위아래로 짧게 있는데 줄기 가장자리의 바로 윗부분이다. 기괴하게도 이 표시는 잎이 떨어져 나가면서 피가 흐르는 것처럼 보인다. 이미 데니스는 잎이 떨어진 것을 보면서 자신이 얼마나 상처를 받았는지 그리고 그것이 자신에게 무엇을 의미하는지 이야기했다.

이러한 특성은 전설과 동화의 공통 주제인 상처입는 것에 대한 모티브를 반영한다. 상처가 개성화 여행을 시작하게 한다는 옛날이야기가 많다. 그림형제가 쓴 '철인 한스'라는 이야기를 보면 한 소년이 어머니에게서 야인을 가둔 우리의 열쇠를 훔쳤는데, 우리를 잠그지 않아 손가락을 다친다. 이야기 후반에는 왕의 군사들 중 한 명이 소년에게 덤비지만 소년은 왕국을 지킨 영웅으로 밝혀지고 왕의 딸과 결혼을 한다는 내용이 나온다. 삶을 완전히 살기 위해서는 위험과 상처를 경험해야 한다.

지금까지 성인기로 가는 길은 데니스에게 만만찮은 일이었다. 우리는 데니스의 장미에 가시가 없는 것을 볼 수 있다. 가시가 없다는 것은 CF에 직면했을 때 그가 완전히 무방비상태였다는 것을 반영하는가 그가 참아야만 하는 고통을 부인하는 충동을 반영하는 것인가?

문명사회에서 장미는 대중적인 상징이다. 비델만(1992)에 따르면 장미는 죽음을 초월하는 부활과 사랑을 상징한다. 그리고 J. C. 쿠퍼(1978)의 주장에 따르면, '갈보리(Calvary)에서 그리스도의 핏방울에서 자라나는' 장미는 순교 유적지를 묘사한다. 그것은 천국의 꽃이며 성모 마리아의 상징이기도 하다. 로마에서는 영원한 생명, 영원한 봄, 그리고 부활을 나타내기 위해 묘지에 장미를 심었다. 장미는 '시간과 영원성, 삶과 죽음, 비옥함과 순결…… 완벽함……, 완수, 미지의…… 삶의 신비', 그리고 신체의 죽음 후 정신의 재탄생을 상징한다.

데니스의 장미에서 나타나는 또 다른 이상한 특징은 장미가 관목에서 자라지 않는다는 것이다. 고립되고 독립된 모습은 생명을 위협하는 질병을 가진 사람들이 견뎌야 하는 독특한 짐과 외로운 여행에 관심을 갖게 한다.

에드워드 애덤슨(1984)은 환자들의 그림에서 검은색과 붉은색이 혼합된 것은 비극을 예언한다고 하였다. 데니스는 원래의 장미 그림에서 자신의 삶이 끝나 버리는 비극을 연상하였다. 그러나 다시 그린 그림에서 그는 새로운 태도가 싹트고 있음을 보여주는 변화를 만들었다. 즉, 상처 자국 아래의 작은 새 생명과 장미의 양옆에서 각각 자라는 작은 두 식물을 말하는 것이다. 새 잎은 죽은 잎을 대신한다.

P. B. 셸리의 시 '서풍에 대한 송시'에 내포된 정신으로 데니스는 '새로운 생명을 되살리는 시든 잎들'을 회화적으로 표현하였다. 장미의 양옆에 더해진 두 개의 식물은 장미가 고립된 것과는 대조적이다. 이는 데니스가 가족과 건강관리 친구들로부터 지지를 받고 있다고 느낀다는 것을 시사하며, 꿈분석에서도 쌍의 물건은 의식으로 들어오는 새로운 상황이나 태도를 의미한다.

데니스는 처음 그린 그림에서 아주 화가 났다. 이는 그림에 대해 이야기하면서 많이 편해졌다는 말과 그림을 다시 그리려는 열망과는 대조되는 것이다. 이러한 대조를 보면서 우리는 원래의 이미지가 재통합적 에피소드를 만들어낸 원형적 반응을 무의식적으로 일으켰는지 궁금해졌다. 이러한 재통합은 생명을 빼앗아가는 악마 같은 죽음에 대한 태도를 초월하는 것으로, 죽음은 이제 새로운 생명을 주는 것으로 받아들여진다.

그림을 그리게 했던 사건과 함께 살펴보면 이 그림은 초월적 기능을 자극하는 이미지의 힘을 느끼게 한다. 너무 화나게 만들어 파괴되었던 원래의 그림이 이틀 전에 만들어졌다는 사실을 기억하라. 그 당시 그의 자아는 죽어가는 식물과 떨어진 잎을 통해 죽음으로 나타나는 진실을 통합할 수 없었다. 그러나 이틀 밤 동안 이 사건을 생각한 뒤 이 죽음의 이미지는 그의 자아를 따라 동화되는 시간을 가졌다. 그의 무의식적 마음은 의식적 마음이 새로운 관점을 받아들일 준비를 시켰던 것이다.

이틀 동안 데니스는 자신이 파괴한 그림이 중요한 메시지를 나타낸다는 것을 깨닫고 이를 통합하게 되었다. 이제 그는 메시지를 반복하길 원했고 그렇게 함으로써 그 메시지가 의미했던 것과 조화를 이루었다. 이로 인해 데니스는 첫 번째 그림을 파괴하게 만든 제한된 사고방식을 초월하게 되었는데, 이전의 사고방식에는 죽음과 관련된 그의 무의식적 두려움과 분노에 대한 투사가 내포되어 있었다.

영국의 미술치료자 조이 샤브리엥(1992)은 미술치료에서 이루어지는 환자의 작업은 전이형태를 갖는다고 하였다. 그림은 의식적 수준을 꿰뚫고자 하는 새로운 방향의 노력을 반영한다. 따라서 환자는 그림의 이미지나 모티브에 의해 정서적으로 흡수된다. 또한 샤브리엥(1992)은 이러한 그림이 어떻게 환자에게 그림을 내던지고 찢어 버리는 것같이 공격적이게 만드는지에 대해서도 말하였다. 그녀에 따르면 구체화된 이미지는 이러한 공격의 충격을 견디기 때문에 보호될 수 있다고 한다. 데니스는 죽은 잎의 이미지를 자신의 기억 속에 간직하였고, 이틀 뒤에는 그 기억을 되찾으려고 하였는데, 되찾으려는 기억은 원래의 기억이 아니라 변형된 형태였다.

이 두 그림에 대한 데니스의 경험은 공포와 분노 상태와 분리할 수 있게 도와주었고, 그래서 그는 생존할 수 있는 것과 관계를 맺을 수 있었다. 두 번째 그림을 그린 것은 처음 그림에서 드러난 죽음의 이미지와 데니스가 융합되는 것을 막아주었다. 데니스는 흑연으로 새로 그린 그림의 뒷면에 '데니'라고 이름을 쓰고 날짜를 썼다. 이는 그림의 장미 왼쪽에 있는 암녹색의 식물 싹이 있는 곳 바로 뒤다. 따라서 이 그림이 자신의 그림이라고 주장하는 서명을 함으로써 그는 다가올 새로운 생명과 관계를 맺게 되었다.

자연과 재생을 반영하는 데니스의 그림은 영혼에서 왔다. 원형적 영혼과의 관계는 그가 모을 수 있는 모든 에너지를 모아 삶을 포용할 수 있도록 그의 정신을 깨워주는 이미지를 만들었다. 정신과 영혼의 에너지에 대한 이후 논의는 10~12장에서 이루어질 것이다.

때로는 애드벌룬을 타고 있는 꿈에서처럼 자신의 의지와는 상관없이 목숨이 날아가 버릴 것이라는 이전의 공포와 두려움을 보이긴 하지만, 그의 전반적인 태도는 변화되었다. 그는 삶이 종반으로 가고 있다는 것을 조용히 수용하고, 할 수 있는 한 오랫동안 가장 충만한 삶을 사는 데 정성을 다했다. '여성적' 영혼과 '남성적' 정신이 일치하였고 양극단들이 동등해지고 있었다. 그 다음 그림 역시 이러한 새로운 관점을 되풀이하고 있다.

꽃이 피는 장미 그림을 다시 그린 3주 뒤 의사는 데니스를 퇴원시키고 외래진료를 결정하였다. 건강이 눈에 띄게 나아지진 않았지만, 그는 퇴원을 할 만큼 안정되었다. 퇴원결정이 내려진 지 얼마 되지 않아 나는 그에게 작별인사를 하고 잘 지내라는 말을 하기 위해 그의 병실을 방문했다. 우리는 외래병동에서 곧 다시 만날 것을 약속했다.

갑자기 데니스는 전날 그림을 그렸다는 것을 기억해내고는 그림을 나에게 주고 싶어 했다. 3주 전에 그린 헛간 그림처럼 이 그림도 전부 흑연으로 그렸는데 내리닫이 창문이 종이 가득히 그려져 있었다([그림 19]). 그림을 건네면서 그는 "이건 낡고 몹시 황폐한 집이에요."라고 말했다. 내가 그림 속에 있는 화분의 식물이 시들어가는 것 같고 상당히 방치된 것 같다고 말하자, 그는 무미건조하게 "아, 그 식물은 이미 죽었어요."라고 짧게 대답했다. 그 이야기를 들으면서 나는 그림 속의 집이 버려진 집이라고 생각했다. 그 집에 아무도 살지 않기 때문에 식물은 죽었다. 집을 지킬 사람이 아무도 없는 것이다. 당연히 나는 이 그림을 우울한 장면이라고밖에 볼 수 없었다.

내 마음을 읽은 듯, 서둘러서 데니스는 잘못 생각하면 안 된다고 설명했다. 이것은 "아름다운 풍경이 있는 창문 밖을 내다보는 것이기 때문에 슬프고 우울한 그림이 아니에요." 밖에는 푸른 잔디가 있으며, 밝은 태양이 아름답게 비추고 있는 날씨에 작은 시냇물이 언덕 아래로 졸졸 흐르고 있다고 하였다. 그런 뒤 데니스는 방어적으로 종이 가운데에 늘어진 둥글고 올가미처럼 생긴 물건에 대해 이야기했다. "이게 뭔지 궁금해하실까 봐서요, 이건 그냥 창가리개를 내리는 데 사용하는 거예요."

수잔 바치는 그림의 중앙에 있는 것들은 종종 그 사람의 삶에서 중심적인 의미를 갖는다고 하였다. 데니스는 자신의 삶이 CF 때문에 숨막히게 될 가능성, 즉 가리개가 빛나는 삶으로부터 자신을 막아 버린다고 보고 있었는가? 이것은 데니스가 상상적 풍경에 대한 견해에 기초해 해석하는 하나의 방식일 수 있다. 창문 가리개를 생각해보는 또 다른 방식은 보는 사람의 관점에서 생각하는 것이다. 만약 가리개를 내린다면 우리는 데니스가 설명하는 아름다운 풍경을 볼 수 없다. 만약 그가 상상하는 풍경이 임사경험 동안 보았던 것이라면 우리는 그 장면을 볼 수 없다.

창턱 왼쪽에 있는 작은 꽃화분에는 고개를 숙이고 있는 시든 식물이 있는데, 데니스는 이 식물이 이미 죽었다고 말했다. 식물에서 떨어져 나온 두 개의 잎이 화분 양쪽에 하나씩 누워 있다. 창턱의 오른쪽에는 손상된 옹이구멍이 있고, 왼쪽 구석 창유리에는 지저분하게 금이 가 있다. 데니스는 창문 밖으로 볼 수 있다고 주장하는 아름다운 풍경을 그림에는 넣지 않았다. 이 그림이 '슬프거나 우울한 그림이 아니라고' 그가 확신하는데도 나는 우울감을 느꼈다.

그런데도 데니스는 그림에 대해 계속 명랑하게 이야기하였다. 무엇보다도 몇 시간 내에 집으로 가게 되는데, 행복하지 말아야 하는 이유가 없는 것이다. "나는 이 그림을 '상상'이라고 부를 거에요. 왜냐하면 이 그림을 보는 모든 사람이 창문 밖을 보면서 풍경을 상상하길 바라기 때문이에요." 그는 그림을 뒤집어 죽은 식물과 반대되는 구석에다 제목을 썼다. 제목 오른쪽에는 이름 '데니'와 날짜를 썼다. 따라서 지울 수 있는 연필로 그림을 그렸지만 그는 이 그림이 '자신의 그림'이라고 주장한 것이 되었다. 그가 사용한 그림도구는 망가져 가는 그의 몸이 영원히 지속되지 못할 것이라는 사실을 반영하는 것 같았다.

갑자기 나는 그가 상상한 장면이 두 달 전에 그린 그림과 조화를 이룬다는 것을 깨달았다. 나는 데니스에게 깜짝 놀라게 해줄 것이 있다고 말하고 곧 돌아오겠다고 했다. 몇 개의 문을 지나 내 사무실로 들어가 나는 '생명이 시작되다'라는 그림([그림 15])을 찾아 병실로 돌아왔다. '생명이 시작되다'를 '상상' 그림 밑에 겹쳐 놓고 나는 병실 창문 쪽으로 가 겹쳐진 그림들을 빛에 비추었다. '네가 창문으로 본 장면이 이것이니?' 라고 물었다.

데니스는 깜짝 놀랐다. 그것은 그가 상상했던 바로 그것이었다. 그는 그림들이 완벽하게 조화를 이룬 것에 대해 흥분했고 즐거워했다. 그를 정말로 놀라게 했던 것은 내가 그림을 가져갈 때까지 자신이 '생명이 시작되다'를 그렸다는 것을 잊어버리고 있었다는 것이다. 계속해서 그는 두 그림이 얼마나 완벽하게 들어맞는지에 대해 외쳤다. "마치 이 그림을 그릴 때 이전 그림을 갖고 있어서 의도적으로 이 그림에 맞게 저 그림을 그린 것 같아요." 이전에 그린 그림의 이미지는 무의식적으로 그와 함께 있었다.

데니스는 겹쳐 놓은 그림들을 계속 빛에 대고 보면서 아주 즐겁게 웃었고 이러한 발견이 주는 즐거움을 만끽했다. "난 정말 이 그림을 그렸다는 걸 잊어버리고 있었는데, 지금 보니 기억이 나요. 모든 게 와 닿아요."

나는 이 두 그림의 결합이 만들어낸 일치에 매우 깊은 인상을 받았다. 오른쪽 구석 아래에서 싹을 틔우고 있는 새 생명은 정확하게 반대쪽의 왼쪽 구석에 있는 죽은 식물을 보상하고 있다.

일 년 뒤, 데니스가 죽은 지 2개월 후 나는 이 두 그림을 수잔 바치에게 보여주고 데니스가 경험한 이 일을 말했다. 수잔의 반응은 데니스가 에덴의 동산, 즉 낙원을 보았다는 것이었다. 데니스가 설명한 바깥의 장면, 즉 '생명이 시작되다'에 묘사된 밝고 빛나는 장면은 정말로 그의 낙원이었다. 아마도 그는 2년 전 임사경험 동안 이 장면을 얼핏이나마 보았을 것이다. 어떻게 그는 모든 사람이 이 풍경의 길을 따라 죽음으로 들어갈 것인지 확신할 수 있었을까? 그의 창문 그림에 '상상'이라는 이름을 붙임으로써 무너지는 집에서 밖을 내다보는 다른 사람들이 그 너머에 있는 것을 상상할 수 있게 했다는 것이 이해가 되었다. 그렇지만 나는 이 그림을 '풍경이 있는 방'이라고 생각하고 싶었다.

흥미롭게도 이 그림은 한 성직자가 죽음 직전에 존 샌포드(1968)에게 보고한 꿈과 유사한 면을 갖고 있다. 그는 장식시계를 본 꿈을 꾸었는데 꿈에서 시계바늘이 갑자기 멈추었다. 그런 다음 바로 시계 뒤에 있던 창문이 열리면서 밝은 빛이 비추었다. 성직자는 계속 빛을 길을 따라 걸어갔고 사라졌다.

데니스는 이 '상상'(풍경이 있는 데니스의 방) 그림에 자신과 자신의 병에 대해 갖고 있던 태도를 반영하였다. 그림과 상상 속의 바깥 풍경은 데니스의 자화상으로 받아들일 수 있는데, 죽은 식물이 있는 '아주 황폐한' 집은 육체적 현실을 나타내는 것이다. 데니스는 신체적으로 아주 심하게 악화되었다. 창턱의 옹이구멍은 폐에 남아 있는 파괴된 세포의 구멍 같은 자국과 위궤양 세포를 시사한다. 하지만 집이 데니스의 아픈 몸을 나타낸다면 밝은 태양과 함께 그 너머에 있는 아름다운 풍경은 데니스의 명랑한 사고방식을 반영하는 것일 것이다. 신체상태와는 상관없이 데니스는 여전히 상당히 낙관적이었다.

데니스는 자신이 항상 밝은 면을 추구한다는 것에 동의했다. 그를 알고 있는 모든 사람도 그의 이러한 성격에 동의한다. 이런 태도는 CF에 대처하는 부인의 한 형태였는가? 이 태도는 그가 경험하고 있는 전환을 표현하는 것일 수 있다. 수술을 받는 결정적인 수분 동안 얼핏 경험한 임사경험은 그에게 새로운 삶에 대한 희망과 활기를 주면서 그를 견뎌내게 했다. 죽은 식물과 깨진 유리창이 있는 황폐한 집은 데니스의 분해를 나타내는 것으로, 이는 죽음이 임박했다는 그의 깨달음이 부과하는 니그레도 단계다.

'아름답고 밝고 빛나는 날'은 어둡고 무거운 것이 황금이 되는 연금술적 변형을 나타내는 루베도의 이미지다. 이 연금술 단계는 죽음을 최종의 재통합, 즉 새로운 생명의 탄생이라고 보는 것과 일치한다. 강력한 태양은 재통합을 통해 그 너머를 보면 우울한 그림이 아니라는 것을 볼 수 있도록 한 강한 정신과 일치한다.

나는 데니스에게 그림을 주어서 고맙다고 말하고 그림파일을 보고 싶으면 언제든지 말만 하라고 했다. 그는 그림을 보관해준 나에게 고맙다면서 자신이 가지고 있으면 잃어버릴까 걱정된다고 하였다.

치료과정에서 치료자는 환자의 무의식이나 전의식이 제시하는 것들을 의식적으로 받아들일 수 있어야 한다. 그렇다고 해서 치료자가 환자의 말이나 행동을 모두 이해해야 한다는 말은 아니다. 환자가 전달하는 것을 단순히 받아들이는 것도 통합을 하는 데 큰 도움이 된다. 비록 내가 데니스의 주 심리치료자로서의 역할을 한 것은 아니지만, 나는 우리의 관계가 치료적이었고 나의 보호임무와 그림연구가 그의 정신건강과 성장에 도움을 주었다고 확신한다.

데니스의 그림파일을 정리하고 사무실을 떠날 준비를 하면서도 금이 간 창이 머리에서 떠나지 않았다. 집으로 운전해 오면서 나는 이에 대해 곰곰이 생각했다. 뭔가 이 그림에는 내가 아는 것보다 더 많은 뭔가가 있다는 생각이 들었다. 직관적으로 나는 금이 간 창을 어떤 신체적 문제의 지표가 아닐까 생각하게 되었는데, 그렇다면 어떤 신체적 문제라는 것인가?

그는 나와의 대화에서 많은 것을 드러냈기 때문에 금이 간 창의 심리적 의미를 알아내는 것은 쉬운 일이었다. 창은 그의 견해를 나타낸다. 그는 CF가 주는 어쩔 수 없는 신체적 손상 그 이면의 것을 봄으로써 더 나은 삶을 상상할 수 있었다. 그의 의식적 자아는 아직도 삶이 더 밝아질 것이라고 희망하지만, 무의식적으로는 더 나은 삶이 다른 시간과 다른 공간으로 올 것임을 알고 있었다. 나는 금이 간 창이 반영하는 신체상태가 무엇인지 궁금했다.

그림을 회상하면서 나는 집과 신체 간의 유사점을 찾아보았다. 아마도 창문은 눈을 의미할 것이다. 그러나 데니스의 신체상태에 대해 알고 있는 한 눈에 어떤 균열이 있다는 것은 이해가 되지 않았다.

그날은 금요일이었고 다음 월요일까지는 병원에 가지 않았다. CF 치료팀은 매주 사례회의를 하는데, 나는 데니스의 창문 그림을 사례회의에서 발표하여 그림에 대해 생각하는 시간을 가질 계획을 세웠다. 주말 동안은 나 자신의 세계에 초점을 두고 나의 에너지를 새롭게 해야 했다. 치료자는 환자의 경험에 과잉 몰입되거나 붙들려서는 안 된다. 우리는 목격자이며 환자의 상태를 지지하는 것이지 환자에게 합병되거나 사로잡혀서는 안 된다.

다음 월요일, 사무실과 청소년 환자들의 입원실이 있는 층에 도착하여 엘리베이터에서 내려 몇 걸음 걷지 않았을 때 희미하고 친숙한 목소리가 내 이름을 불렀다. 그것은 마치 데니스의 목소리처럼 들렸다. 그는 3일 전에 퇴원했기 때문에 데니스의 목소리가 들리는 것이 의아했다. 거기 선 채로 나는 복도 여기저기를 살펴보았다. 소리는 다시 들렸고 이번에는 그 소리를 따라 엘리베이터 근처의 병실로 향했다. 나는 산소호흡기에 의지한 채 침대에 누워 있는 데니스를 보고 놀랐다. 나는 그에게 "지난 금요일 밤에 집으로 간 줄 알았는데."라고 말했다.

데니스는 집으로 갔지만 몸이 좋지 않았다고 했다. 토요일에 몸이 더 나빠져 숨쉬기가 어려웠고, 일요일이 되면서는 가슴통증이 너무 심해 산소호흡기로도 호흡하기가 힘들어 부모가 응급실로 바로 데리고 왔다. "기흉증이 있다는 걸 알았어요."라고 하면서 그는 말을 마쳤다. 즉각 나는 유리창의 금을 기억해냈고 결국 폐가 신체에 산소를 공급하는 것처럼 창문은 집을 환풍시킨다는 것을 기억해냈다.

그날 오후 CF 팀의 사례회의에서 나는 누가 그렸다고 말하지 않고 데니스의 창문 그림을 제시한 뒤 "만약 여러분의 창문에 이런 금이 있다면 어떻게 하겠어요?"라고 물었다. 이 질문으로 나는 내가 처음 놓쳤던 것을 나의 동료들이 추론하도록 이끌었다.

금이 간 창을 연구하면서 그들이 이끌어낸 의견일치는 그 창을 갈아야 한다는 것이었다. 왜 그런지 물어보자 그들은 이렇게 금이 간 창문은 부서지거나 물이 새기 쉽다고 설명하였다. 한 사람은 강한 폭풍이 창문을 부수고 바람과 비가 집 안으로 들이닥칠 것이라고 하였다. 그 다음 나는 그들이 설명한 그런 상황이 기흉증을 갖고 있는 누구를 상기시키는지 물어보았다. 비록 창문의 금이 기흉증에 대한 완벽한 은유는 아니지만 어떤 유사성은 있다. 망가지고 물이 찰 수 있는 약한 창문은 충혈과 액이 차서 위험에 처한 데니스의 약한 폐를 시사한다.

회의실에 있던 폐질환 전문의와 기타 모든 사람은 누가 이 그림을 그렸는지 알기 위해 시끌벅적했다. 내가 데니스라고 말하자 의사는 그가 언제 이 그림을 그렸는지, 회의하는 날 아침에 수집한 것인지 정확하게 알고 싶어 했다. 나는 데니스가 지난 번 퇴원하기 전, 즉 이번에 응급실에 입원하기 3일 전에 그린 것이라고 설명하였다.

의사는 다음의 두 가지 사실에 대해 깊이 생각하였다. (1) 데니스의 나빠지고 있는 건강, 약해진 폐, 그리고 이전의 기흉증 증거는 그를 또 다른 기흉증이 생기도록 했을 뿐만 아니라, (2) 이 과정이 그림을 그릴 때 이미 시작되었을 수도 있다는 가능성이다. 그러나 지난 주 데니스를 돌보았던 의사나 다른 어떤 의료진들도 이러한 위기가 진행중에 있었다는 것을 알아차릴 수 없었다.

이에 대해 생각해 보자. 데니스는 자신의 폐가 기흉증에 매우 취약했을 당시에 창문에 금을 그리기로 했다. 금이 간 유리창, 낡아빠진 집, 죽은 식물, 창문가리개의 고리, 옹이구멍이 다가오는 기흉증, 신체적 악화, 다가오는 죽음, 파괴된 세포로 인해 상처난 폐와 일치한다고 볼 수는 없는가? 이 그림이 데니스의 몸을 그렇게 만든 것이 아니라 몸의 상태가 이 그림을 '일으켰다'고 말할 수 있다. 이 당시 그는 왜 이런 그림을 그리기로 하였는가? 이 우연은 정신-신체관계를 보여주는 동시발생(synchronicity)이다.

이 그림은 다섯 개의 버섯이 있는 박태기나무를 그리고 나서 5개월 뒤에 그린 것이다. 박태기나무 그림은 데니스가 급격한 신체악화나 정신적 성숙을 경험했을 수도 있는 5라는 숫자 단위의 시기에 대한 의문을 일으켰다. 지난 5개월 동안 우리는 급격한 신체상태의 악화를 분명하게 관찰할 수 있었고, 데니스는 정신적 성숙에서도 엄청난 진보를 보였다. 상징적으로 5는 2와 3이라는 숫자의 결합을 의미한다. 숫자들은 보통 여성격이지만 홀수는 남성격이다. 따라서 5는 결합과 전체성, 즉 '여성적' 영혼과 '남성적' 정신의 통합을 나타낸다. 지난 5개월 동안 데니스는 CF로 인해 죽는다는 두려움을 벗어나 먼 길을 왔다([그림 14], 애드벌룬). 이제 그는 자신의 기진맥진한 상태를 넘어 밝은 쪽, 즉 낙원을 바라본다.

데니스는 집으로 돌아갈 만큼 좋아질 때까지 거의 2주간 병원에 있었다. 퇴원을 하고 2주 후 그는 추후검사를 받기 위해 병원에 왔다. 의사는 심잡음과 체온상승을 탐지했고, 불행히도 이로 인해 입원을 해야 했다. 병원에 앉아 병실 배정을 기다리면서 데니스는 또 다른 그림을 그리기로 했다. 그는 최근 '리더스 다이제스트'에서 본 불치병 아동들의 그림처럼 만화 스타일로 그림을 그리겠다고 하였다.

그림([그림 20])은 거의 검은색 연필로 그려졌다. 그림의 중앙 아래에 데니스는 자신을 병원 침실에 있는 환자로 그렸다. 환자는 베개에 머리와 등을 기대고 있다. 그는 찌푸린 얼굴을 그렸는데 숨을 쉬는 코는 보이지 않았다. 그림 오른쪽의 침대 옆 기둥에 매달려 있는 약주머니와 연결된 정맥주사 줄이 왼쪽 팔에 붙어 있다. 기둥을 지나 좀 더 오른쪽으로 가면 암청색의 초가 병원 침대의 협탁 위에 놓여 있고, 초는 붉은 오렌지색 불꽃을 내며 타고 있다. 탁자와 초 받침대는 검은색 테두리로 되어 있는 황금색이다.

약주머니 속의 약물은 흐린 노란색이다. 그림 아랫부분에서 유일하게 나타나는 색은 검은색 연필로 칠한 거무스름한 회색이다. 검은색 테두리의 탁자, 기둥, 그리고 침대는 역시 검은색 연필로 고르지 않고 울퉁불퉁하게 그려진 바닥선 위에 놓여 있다. 탁자의 오른쪽 다리는 바닥에 닿지 않았다.

그림에서 가장 인상적인 것은 '1,000파운드'라고 적힌 엄청나게 무거운 물건인데, 흐린 강철색으로 칠했다. 그것은 그림의 중앙 바로 위에 있는데, 병원 침대에 누워 있는 데니스 위에 매달려 있다. 매달려 있는 밧줄 끝에 데니스는 다시 검은색으로 팽팽하게 당겨진 도르래 줄을 그렸다. 이 줄은 무거운 물건이 달린 밧줄에서 종이 오른쪽 아래로 대각선으로 뻗어 있다. 도르래 바퀴는 보이지 않는다. 줄은 초의 불꽃 위로 거의 닿을 듯이 지나가고 있다.

얼핏 보면 이 만화 스타일의 그림은 불꽃이 매달려 있는 무거운 물건을 붙잡고 있는 줄을 태워 버릴 것 같은 느낌을 준다. 그렇게 되면 무거운 물건이 갑자기 떨어져서 누워 있는 환자의 삶을 망가뜨릴 것이다. 이 그림은 병원의 검사결과와 입원을 해야 한다는 소식에 대한 반응을 표현하는 풍자적 유머다. 이는 그가 늘 표현해 왔던 무력한 CF 희생자가 되는 것에 대한 가장 분명한 분노와 좌절의 표현이다.

매달려 있는 삶과 죽음의 요소를 이 그림에서 조사해야 한다. 촛불은 도르래 줄에 거의 닿아 있다. 줄이 무엇으로 만들어졌고 또 그것이 촛불로 인해 끊어지는 데는 시간이 얼마나 남아 있는가? 초가 계속 타게 되면 초는 짧아지고 더 이상 줄에 닿지 않을 것이다. 초가 줄어들어 줄을 태우지 못하게 되기 전에 줄이 먼저 끊어질 것인가? 시간이 중요한 요인이 된다.

초는 데니스를 입원하게 만든 원인, 즉 체온상승을 나타낼 수도 있다. 만약 체온이 좀 더 올라가거나 아니면 계속해서 높은 상태가 되면, 데니스의 건강은 아주 위험해진다. 그렇게 되면 이것이 마지막 입원이 되어 다시는 집으로 돌아갈 수 없는 일이 일어날 것이다. 이러한 가능성을 깊이 생각해보면, 이는 매달려 있는 무거운 물건 밑에 놓인 것과 같은 느낌일 것이다. 그것은 그의 자아자기에서 나온 전형적인 반응이다. 하지만 만약 열이 빨리 가라앉을 수 있다면, 즉 초가 빨리 타 내려간다면, 생명에 대한 위협은 줄어들 것이다. 그러면 닥쳐온 CF의 부담은 덜 위협적이게 되고 정신은 꺾이지 않을 것이다.

촛불이 줄을 절단하여 그의 목숨을 꺾기 전에 정맥주사약이 병상에서 일어날 힘을 줄 수 있는가? 데니스는 약이 자신을 소생시킬 수 있는 시간과 CF가 그를 정복할 시간이 서로 겨루기를 하고 있다고 생각하는가? 이미 우리는 병에서 벗어나 성인기로 도달하는 시간이든 아니면 CF 치료법을 발견하기까지의 시간이든 이 시간들 간의 경쟁을 보여주는 이전의 그림들을 기억하고 있다.

데니스의 자아는 펄펄 끓는 열로 악화되면서 위협감을 느끼지만, 무의식적 정신은 또 다른 국면을 보는 것 같다. 데니스는 그림에 서명을 함으로써 그 증거를 보여준다. 제목을 붙이지는 않았지만 종이 뒤의 오른쪽 아래 사분면에 서명을 했다. 그림을 빛에 비추어 보면 앞뒤 면을 같이 볼 수 있다. 데니스의 이름은 촛불의 위협적인 장면과 생명을 유지시키는 정맥주사약 버팀대 사이에 있는데, 버팀대의 밑면 아래에 있다. 데니스는 자신이 생명을 위협하는 힘(현재의 재발)과 일시적일 수 있는 회복 사이에 사로잡힌 것을 알았는지도 모른다. 이름의 위치는 그가 회복 쪽으로 더 가까이 가고 있음을 시사한다. 만약 그렇다면 CF의 부담을 안고 더 오래 사는 것이 심리적으로 그를 망가뜨리게 될 것인가? 그가 그린 마지막 두 장의 그림이 이 질문에 답을 준다.

일주일이 조금 지나 데니스는 집으로 다시 돌아갈 만큼 좋아졌다. 딱 한 달만 있으면 그는 21번째 생일을 맞게 된다. 중요한 이 이정표는 데니스의 인생목표 중 하나였다. 성인기에 도달하기 위해 그는 주저하지 않고 대체의학치료를 찾았는데, CF 치료를 대체하기 위해서라기보다는 건강증진을 위한 희망으로 치료를 보완하기 위해서였다. 이때가 바로 약초 전문가에게 자문을 구해 이전에 비해 눈에 띄게 나아졌을 때였다. 대체 약물치료를 받고 약 2주 뒤 데니스는 검사를 받기 위해 다시 병원에 왔다. 이 때는 그가 죽기 정확히 5개월 19일 전이었다.

8장에서 나는 데니스가 눈에 띄게 몸이 좋아진 것은 이 마지막 병원 방문 때였다고 하였다. 개선은 오래가지 않았지만 그는 심각한 부비강염을 겪은 것을 제외하고는 두 달 정도 좋은 건강을 유지했다. 이 방문 동안 데니스는 색연필로 그림을 그리고 간단하게 '태양'([그림 21])이라고 제목을 붙였다. 나중에 그는 "이 태양은 떠오르고 있어요."라고 말함으로써 즉흥적으로 그렸던 그림을 정교화했다. 완성된 그림에서는 그가 처음에 태양과 갈색-녹색의 지평선을 그렸던 놀라운 방식이 드러나지 않았다.

데니스는 황금노란색, 오렌지색, 그리고 붉은색을 켜켜이 칠해서 태양의 윗부분을 만들기 시작했다. 종이의 바닥 쪽 가장자리는 종이를 찍어 눌러 그렸는데, 이는 종이 중간 바로 위까지 뻗어 있다. 태양은 거의 종이 넓이만큼 다 차지하고 있다. 태양을 그린 후 그는 종이 바닥에서 1.5cm 정도 두께로 녹색의 지평선을 덧붙이고 태양 쪽에서 종이 가장자리 쪽으로 땅을 채워 나갔다. 그것은 마치 보고 있는 사람이 태양 앞에 있고 지평선이 저 아래쪽에 있는 풍경처럼 보였다. 나는 이런 관점으로 태양을 그린 그림을 본 적이 없다. 관찰자는 땅과 분리되어 장대한 태양의 위치로 상승한 것처럼 보인다.

태양은 종종 하나님을 나타낸다. 또한 태양은 죽음과 재탄생의 상징이다. 태양 그림에서 나타나는 이 관점을 갖고 데니스는 이 세상에서의 삶과 분리된 후에는 하나님과 함께 다시 떠오를 것이라고 믿었을 것이다.

데니스는 태양 주변의 하늘에 연한 하늘색으로 구름 같은 형상들을 휘갈겼다. 이것이 푸르게 채워진 구름[1)]인지 아니면 흰 구름 사이로 보이는 푸른 하늘인지는 알 수 없었다. 데니스는 연필로 왼쪽 구석 위에 날고 있는 검은 새 다섯 마리를 그렸다. 그 수는 데니스가 죽기 전까지의 남아 있는 개월 수와 동일하다. 또한 5는 전체성이나 완전의 수다. 그리고 그것은 데니스의 21번째 생일까지 5주가 남은 것을 의미한다. 5의 남성적 특성(홀수)은 성인기로 가려는 데니스의 거대한 꿈을 상기시킨다. 5가 '남성적' 3과 '여성적' 2의 통합이며, '남성적' 정신과 '여성적' 영혼의 통합인 전체성을 형성한다는 점에 대해서는 이미 언급했다.

완성된 자신의 그림을 보면서 데니스는 갑자기 땅과 관련해 태양이 정상적이지 않게 묘사되어 '오류'가 나타났다는 것을 깨달았다. "오, 안돼. 잘못했어. 이걸 뒤로 그렸어요!" 그는 재빨리 녹색 색연필을 집어 들고 태양의 아래쪽 가장자리를 덮으면서 밑면을 모두 진하게 칠했다. 그러고 나서 그는 이 수평선이 태양 뒤에 있는 것처럼 보이지 않을 때까지 갈색과 암녹색을 혼합해서 칠했다. 이는 데니스가 지구로 돌아와 지평선에서 태양이 떠오르는 일반적인 장면을 보여주는 것과 같았다.

데니스는 그림을 뒤집어서 왼쪽 구석 아래에 연필로 '데니'라고 자신의 이름과 날짜를 썼다. 이름 오른쪽으로는 조금 높게 '태양'이라고

1) 2장에서 푸르게 칠한 구름은 억제된 눈물(정신의 표현)과 함께 액체 보유나 충혈을 동시에 의미한다고 했던 것을 기억하라.

제목을 썼다. 따라서 이 표현은 정신의 전의식적 부분, 즉 그의 더 큰 자기(Self)에서 비롯되었음을 알 수 있다.

21번째 생일이 지난 지 약 1주일 뒤 데니스는 병원에 왔고 6주 뒤인 1월 초 다음 약속 때 다시 병원에 왔다. 나아진 그의 건강이 급속도로 악화되는 것을 보는 일은 슬픈 일이었다. 발렌타인데이에 나는 데니스에게서 짧은 편지를 받았다. 여러 가지 중에서 그는 자신과 CF 센터의 다른 환자들에게 준 나의 지지에 감사해했다. 그는 내가 하는 일이 병원 직원들에게 좋은 교육이 될 것이라고 믿었는데, CF 치료팀이 환자의 그림과 그림이 전달하는 의미의 가능성에 관심을 기울이고 존중하는 것이 그에게 중요한 일이었음을 알 수 있었다. 그는 "계속 좋은 일 하세요."라고 하고 다음 번 병원 방문날인 '26일(2월)' 에 나를 만날 것이라고 했다.

약속된 2월의 검사결과, 심각한 시너스 충혈이 드러났고 의사는 데니스를 입원시켜 시너스 통로에 차 있는 물을 빼내는 수술을 하기로 하였다. 입원 수속을 기다리는 동안 데니스는 마지막 그림을 그렸다([그림 22]). 이 그림에는 제목도 서명도 없다. 나는 이 그림을 '생명의 끝' 이라고 부른다. 이 즉흥적 그림은 그의 영광스런 7월의 그림인 '생명이 시작되다' ([그림 15])의 거울상이다. 앞에서 본 대로 7월의 그림은 '폐허가 된' 집 창밖으로 상상한 낙원의 풍경이 된 그림이었다.

데니스는 이 그림을 오른쪽 구석 위에서 시작하여 왼쪽 구석으로 그려갔다. 바치(1969)에 따르면 이러한 방향은 환자의 건강이 급격히 나빠질 때 그려지는 그림에서 반복적으로 나타나는 것이다. 그는 "시냇물이 아래로 흘러 바위 위의 폭포로 가는 바위산"이라고 그림을 설명했다. 그는 오른쪽 아래 사분면에 있는 두 개의 식물들을 '사막의 식물'로 보았다. 사막과 산은 데니스의 이전 그림에서도 나타났는데, 명상적 은신처, 정신적 부활, 그리고 변형의 전형적 장소를 의미한다.

노란색과 오렌지색으로 연하게 칠한 태양 부분은 왼쪽 구석 위에 종이를 찍어 그렸는데 햇살이 없다. 만약 이 그림과 '생명이 시작되다' 그림의 태양을 더 큰 종이로 옮겨 태양 전체가 다 보일 수 있게 그려 보면 마지막 그림의 태양이 '생명이 시작되다'에 나오는 태양보다 훨씬 더 크다는 것을 알 수 있다. 전체 원으로 보면 큰 태양은 작은 태양보다 두 배 반 정도 크다. 만약 이 태양들이 3차원이라면 큰 태양은 작은 태양보다 대략 3과 $\frac{2}{3}$배 클 것이다.

나는 시냇물이 오른쪽 위에서 왼쪽 아래로 흘러가는 것을 보면서 그의 생명의 시냇물이 그에게서 벗어나는 것이 아닌가 하는 생각이 들었던 기억이 난다. '생명이 시작되다'에 나오는 시냇물은 생명의 색깔을 띠고 새로운 생명이 흐르도록 앞으로 가고 있다. 반면, 마지막 그림의 연하고 흐린 시냇물은 생명이 없는 두 개의 돌 위로 흘러넘치고 있는데, 하나는 검정이고 하나는 회색이다. 이전의 그림은 생기가 회복되는 것을 시사하지만, 마지막 그림에서 산 아래로 오른쪽에서 왼쪽으로 흐르는 시냇물은 생명이 자연스런 마지막을 향해 가고 있음을 보여주고 있다.

그림에서 빠진 것은 '생명이 시작되다'와 기타 데니스가 그린 수많은 그림에서 볼 수 있는 새들이다. 태양도 훨씬 흐리고 햇살도 없다. 이는 '생명이 시작되다' 그림의 태양과 대조적이다. 역설적이게도 그는 마지막 그림에 나오는 태양을 '생명이 시작되다'의 태양보다 세 배로 크게 그렸다. 이러한 사실과 마지막 그림에서 엄청나게 크게 떠오르는 태양을 그렸다는 예외적 방식 간에는 어떤 관계가 있는가? 이제 데니스는 이 세상에서의 삶 대신 우주적이고 정신적인 특성의 무엇인가와 좀 더 동일시하고 있는 것인가? 그는 빛에 더 가까이 가고 있는가? 이 삭막한 그림은 데니스의 삶에 대한 집착이 약해짐을 반영하는 것 같다.

한편, 데니스가 태양이라고는 하지 않았기 때문에 태양이 아니라 떠오르는 연한 빛의 달이라고 할 수 있는가? 달의 이미지는 알베도 단계, 즉 분리된 요소들이 응고와 변형과정을 위해 세척되고 정련되는 연금술의 두 번째 단계를 시사한다. 이 단계에서는 낮의 충만한 빛을 보지 못한다. 새로운 의식은 이제 겨우 동트기 시작했을 뿐이다.

오른쪽 구석 위의 연한 노란색의 이미지가 태양과 달을 동시에 의미할 가능성이 있는가? 그는 통합, 전체성, 그리고 종결을 향해 움직이는 것인가?

이 결정적인 전환 시기에 데니스는 정신-영혼, 남성성-여성성, 그리고 죽음-재탄생의 요소들을 혼합하고 있었다. CF 치료법이 발견되어 데니스를 자유롭게 하기에는 너무 늦었다. 이 시점에서 CF에서 자유로워지는 유일한 방법은 죽음을 통해서만 가능하다. 자연의 아름다움을 소중하게 생각하고 타인들과 아주 따뜻하게 관계를 맺었던 이 감성적이고 온화한 젊은이는 자신의 삶을 공격했던 수많은 어려움을 용기 있게 견뎌내었다. 그는 삶을 연장하기 위해 전통적인 의학적 치료를 보충하는 대체치료를 찾았다고 하였다. 그는 "남자가 되기 위해" 살았다. 그는 용기를 내어 여행의 마지막 부분에 직면했고, 이를 통해 좀 더 충만한 의식은 그를 새로운 날의 황금빛으로 이끌었을 것이다.

'사막의 식물'은 데니스의 상태와 예후와 관련해 신체적인 단서와 심리적인 단서를 모두 제공한다. 사막의 식물은 수분이 많은 식물, 즉 세포에 수분을 저장하는 식물들이다. CF는 말초세포와 폐 세포에 부종과 정맥두염을 일으킨다. 정맥두염은 이미 입원을 요할 정도로 데니스에게 심각한 영향을 끼쳤다. 따라서 사막의 식물과 데니스의 충혈 간에는 신체적 일치가 있다. 이번의 입원 이후 데니스는 폐와 말초세포의 부종을 모두 겪었다.

심리적으로 보면, 사막식물의 수분저장은 눈물을 억누르고 있는 것을 의미할 수 있다. 자신의 상황을 내놓고 슬퍼하지는 않았지만, 병에서 벗어나 대학학위를 받고 독립하여 성인의 즐거움을 만끽하게 해줄 CF 치료법을 찾아내고 싶었던 꿈이 이루어지지 못한 깊은 슬픔은 커다란 상실감을 주었을 것이다.

산의 시냇물 양쪽 가장자리에 있는 좁은 녹색의 초목 두 줄과 두 개의 사막식물을 제외하고는 산은 황폐하다. 심리적으로 이는 고립감을 의미할 수 있는데, CF 말기 환자들이 보이는 전형적인 감정이다.

그러나 사막식물이 가진 원형적 측면이 있는데, 이는 마지막 그림이 전달하는 메시지를 확충해준다. 사막식물과 연꽃의 겉모습에는 유사성이 있다. 연꽃은 다즙 식물이 아니며, 물 속에서 산다. 꿈이나 그림에서 연꽃이 사막식물이 되는 것과 같은 모순은 변형의 전조가 되는 전형적인 이미지다. 대조되는 이미지 요소들은 이것 아니면 저것을 취하지 않는다. 두 가지 특성이나 요소들은 신비하게도 하나가 된다. 즉 제3의 것이 나타나는 것이다.

연꽃은 싹, 꽃, 그리고 씨앗을 동시에 품고 있다. 따라서 과거, 현재, 미래를 모두 의미한다. 또한 연꽃은 완벽함과 정신적 진보를 의미하기도 한다(Cooper, 1978). 힌두문화에서는 연꽃을 산이 솟아오르고 물이 흐르게 하는 천개의 황금꽃잎으로 설명하고 있다(Leach & Fried, 1972).

1세기로 거슬러 올라가는 가장 오래된 그리스-이집트 연금술 문헌에서는 생명의 부활을 생명수의 주입으로 다시 살아나는 식물로 은유적으로 설명하고 있다(von Franz, 1987).

데니스가 그린 두 개의 식물은 비슷하지만 다른 점도 있다. 둘 다 연꽃을 의미하지만 하나가 다른 것보다 좀 더 크다. 그리고 둘 다 녹색의 꽃받침을 갖고 있지만 더 큰 식물의 꽃받침은 황록색이고 작은 식물의 꽃받침은 암녹색이다. 그리고 큰 식물의 몸체는 어두운 갈색과 작은 식물의 꽃받침과 같은 암녹색을 섞어서 칠했고 작은 식물의 몸체는 밝은 황금노란색이다. 각 식물의 꼭대기에는 식물 몸체의 색과는 다른 색이 덧칠해져 있는데 이는 씨앗 꼬투리를 시사한다. 큰 식물의 끝은 밝은 붉은색이고, 작은 식물의 끝은 큰 식물의 꽃받침에 사용된 황록색이다.

이 두 식물이 재탄생을 설명할 수 있는가? 물에서 자라는 식물인 연꽃과 혼합된 수분 많은 사막식물이 초월적 기능을 상징하는 변형일 수도 있는가? 나는 그럴 수 있다고 믿는다. 이는 결합(*coniunctio*)이라는 융적 개념을 추구하려는 사람들에게 좋은 예가 된다(Samuels[1989]를 보라).

'생명이 시작되다' 그림에서 시작해 이 마지막 그림으로 가다보면 우리는 재탄생의 모티브와 태양의 이미지가 반복적으로 나오는 것을 보게 된다. 태양은 하나님 아버지를 시사한다. 죽음을 향한 새로운 태도가 정신적 여행으로서 삶에 나타나는 것일 수 있다.

그림에서 두 개의 돌을 잊어서는 안 된다. 그리스 로마신화에서 검은 돌은 산, 숲, 대지, 그리고 번식의 여신인 키벨레를 상징한다(Leach & Fried, 1972). 이슬람 상징에서 검은 돌은 신과 인간 사이의 관계와 의사소통의 중심점이 되는 성스러운 것이다(Cooper, 1978). 많은 원시종교 문화를 살펴보면 돌은 인간과 동물, 그리고 식물에게 탄생을 주는 힘을 가지고 있다. 따라서 우리는 돌과 연꽃처럼 생긴 식물에서 생명의 재탄생과 신성한 자연을 연상하게 된다. 식물과 돌의 수는 두 개의 산등성과 시냇물 양옆의 두 줄의 암녹색 잔디에서도 반복된다. 숫자가 반복되면 우리는 항상 의미 있는 시간단위와의 연관성을 살펴본다. 2라는 숫자는 두 번의 시기에 걸쳐 중요한 변화가 일어날 수 있다는 것인가? 가능하다.

식물에서 자라나는 생명과는 대조적으로, 아래로 흐르는 시냇물은 죽음의 시작을 분명하게 한다. 무언가가 의식에 도달하려고 애쓸 때 꿈에서는 두 개의 이미지로 나타난다. 따라서 치료 팀은 이 그림에 나오는 숫자적 특성이 삶의 종결에 대한 전의식적 깨달음을 두 개의 시간단위로 표현한 것은 아닌지 의문을 가졌다. 가장 가능한 단위는 달이다.

최근 CF 전문의는 치료팀에 정신과 의사를 참여시켰다. 그의 의무는 데니스의 스트레스와 신체적 불편감을 감소시키기 위해 최면치료를 사용하는 것이었다. 정신과 의사는 데니스의 그림이 죽음 전의 시간주기를 예언할 가능성이 있다는 나의 기록에 이의를 제기하고 CF 전문의에게 반대의견을 표현했다. 그는 나의 기록이 부적절할 뿐만 아니라 이를 지지할 타당한 증거가 없다고 반박하였다. 불행히도 이 정신과 의사는 수잔 바치와 그녀의 관련 연구를 잘 알지 못했고, 지난 4년간 우리에게 많은 것을 가르쳐준 CF 환자의 그림을 지속적으로 모니터해 온 치료팀에 참여하지도 않았다. 그런데도 데니스의 의사와 나머지 CF 치료팀은 나를 계속 지지해주었다.

데니스는 이 마지막 그림을 1981년 2월 26일에 그렸고, 48일 뒤인 4월

15일에 세상을 떠났는데, 이는 이 마지막 그림을 그린 지 약 2개월 뒤였다. 그냥 보기엔 믿을 수 없지만 경험적 연구들은 꿈과 그림에서의 무의식적 표현이 한 사람의 인생에서 중요한 시간단위와 관련될 수 있다는 것을 증명해 보이고 있다. 이것은 중요한 시기에 더 그러하며, 꿈이나 그림이 몇 가지 다양한 항목에 대해 동일하게 반복되는 숫자를 포함할 때 그렇다(이는 1장에서 이미 이야기했다). 그런데도 우리의 과학적이고 기술적인 사회는 이에 대해 매우 회의적인데, 이러한 비합리적인 생각이 과학적이지 않다고 믿기 때문이다.

이전에 우리는 데니스가 그린 식물과 새들([그림 15])에서 나온 3이라는 숫자와 그림의 제목인 '생명이 시작되다'가 좀 더 건강한 삶의 소생과 관련되는지 궁금해 했다. 그러나 건강한 삶은 3개월 이내에 이루어지지 않았다.

또한 우리는 이 7월의 그림이 그의 내세가 시작될 때까지의 기간을 명시하는 것인지에 대해서도 생각했다. 7월에서 4월까지의 9개월(3계절)은 인간의 임신기간과 같다. 우리는 데니스에게 새로운 삶이 시작된 것이 이 그림을 그리고 9개월 뒤였음을 알게 되었는데, 이 새로운 삶은 이제부터 살아야 하는 생명의 탄생이다. 여름에 '생명이 시작되다'를 그린 후 3계절이 지나 그는 다음 해 봄에 죽음을 맞았다.

죽기 며칠 전 병실에 누워 있는 데니스를 방문했다. 나는 침대 옆에서서 그의 손을 잡았다. 산소를 공급해주는 초록색의 투명 마스크를 통해 그는 짧고 헐떡이는 숨을 쉬고 있었다. 그의 호흡기에서 특징적인 소리를 들을 수 있었는데, 임상경험을 통해 나는 그것이 죽음 전에 오는 것임을 알았다. 나는 잠시 그와 있고 싶어 들렀으며 말을 하느라 힘을 쓸 필요가 없다고 말했다. 그는 고개를 끄덕이고 나의 손을 약하게 쥐었다.

몇 분간의 침묵 후 나는 '괜찮아질 거야, 데니'라고 말했다. 그의 눈이 나의 눈과 마주쳤다. 그는 다시 고개를 끄덕이고 '알아요, 알아요'라며 헐떡거렸다. 회복이 되어 집으로 돌아갈 것이라고 말하는 것이 아님을 그는 알고 있었다. 그는 죽음으로써 괜찮아질 것이며 자신은 아무것도 두려울 것이 없다는 것을 나에게 확신시켜 주었다.

데니스는 삶에 직면했으며 자신의 영혼과 정신으로 살아냈다. 나는 그의 손을 꽉 잡고 잠시 더 머물렀다. 얼마나 창백하고 핏기가 없어 보였는지, 그의 몸은 그야말로 침대에 누워 있는 해골이었다. 그러나 이 당시 그의 영혼은 꿈을 꾸고 있었으며 그의 정신은 그를 계속 나아가게 하고 있었다.

죽기 전에 혼수상태로 들어가지는 않았지만, 그때의 간단한 대화 이후 나는 그가 깨어 있는 것을 보지 못했다. 삶은 이렇게 그를 피곤하게 했고 그래서 그는 항상 내가 갈 때마다 잠들어 있었다. 나는 죽음을 준비하는지도 모르는 꿈에서 그를 깨우는 위험을 범하지 않았다. 데니스는 그 주에 사망했다.

# 제 2 부
# 우리는 어떻게 죽는가

지금부터는 죽음에 적응할 때 정신(spirit)과 영혼(soul)의 원형이 어떤 영향을 미치는지 알아볼 것이다. C. G. 융은 인간이 어떻게 죽는가, 즉 개인의 태도가 죽음에 따라 조정되는가에 관심을 가졌다. 그리고 우리는 정신과 영혼이 어떻게 인간을 더 큰 자기와 밀접한 관계를 가질 수 있도록 해주는지 알기 위해 융에서 시작해 후기 융 학파의 개념까지 확장시켜 알아볼 것이다. 이러한 과제는 죽음에 직면한 사람들의 관심을 끈다. 보호자가 환자의 태도를 사려 깊게 반영하고 이 책에서 설명하는 것처럼 그림을 사용함으로써 죽음으로 삶을 초월하는 정신의 영적 과정이 지지된다.

두 개의 사례연구는 임종에 대한 영혼과 정신을 설명해준다. 임종과 죽음은 정신이 박탈되지 않아야 하는 중요하고 최종적인 개성화 과제로 제시된다. 죽음은 삶과의 연속선상에 있기 때문에 삶에 일치하는 존중을 받아야 한다. 우리는 죽음 이후의 심미적이고 창의적인 삶의 방식을 보여주는 고대 일본 죽음의 시에서 이러한 존중을 볼 수 있다.

# 10

# 임종 시의 정신과 영혼

죽음을 알기 위해서는 하나의 연속선상에 있는 삶을 알아야 한다. 각 개인의 삶과 죽음의 여행은 독특하다. 죽을 때 신체로부터 정신(psyche)을 방출하는 데서 정신(spirit)과 영혼(soul)은 하나가 된다. 이러한 생각들이 진부하게 들릴지 모르겠지만 나는 이를 논의하는 데 중요한 몇 가지 배경을 살펴볼 것이다.

C. G. 융(1960)에 따르면 "무의식은…… 인간이 어떻게 죽는가, 즉 의식의 태도가 죽음에 순응하는가 아닌가에 관심을 가진 것 같다." 이에 대한 설명이 이 장의 핵심이다. 여기서는 인간이 자신의 임종과 죽음을 어떻게 경험하는가에 대한 나의 생각들을 제시하고 있다. 이러한 나의 생각들은 20년에 걸친 심리학과 죽음학 연구와 수많은 임종환자를 만나면서 만들어졌다. 임종환자들과의 만남을 통해 나는 무의식의 태도를 확립하기 위해 다양한 원형적 에너지가 서로 경쟁하며 죽음에 적응하는 방식에 영향을 준다고 믿게 되었다. 나는 태양과 바람이 한

남자의 코트를 누가 먼저 벗기는가 내기하는 우화를 떠올린다.

내가 초점을 맞추려는 두 가지 영향력 또는 원형적 에너지는 정신(spirit)과 영혼(soul)이다. 정신과 영혼은 우리의 창조성과 발달에 기초적인 구성요소다. 영혼이 무엇으로 구성되어 있는가에 대한 논쟁만큼이나 정신의 구성요소에 대해서도 논쟁이 있다.

모든 측면에서 직면과 의견 차이를 가져오는 이 용어들을 둘 다 사용하기 위해, 나는 정신과 영혼이라는 용어를 이론적 정의에 국한하지 않으려 한다. 비록 이에 대한 내 생각들이 몇 가지 융 분석의 가르침에서 나온 것이긴 하지만 내가 이 용어들을 엄격하게 심리적 차원에서만 사용한다고 말할 수는 없다.

나는 코르벳과 라이브스(1992)가 제시한 정신과 영혼의 개념을 선호한다. 그들은 아니무스를 정신으로, 그리고 아니마를 영혼으로 정의한 융의 정의에 따라 정신과 영혼을 정의했으며, 융이 이 용어들을 사용할 때는 무의식과의 관계를 포함한다는 것을 강조했다.

> 남성과 여성 모두는 무의식과 연결하는 정신내적인 영혼상과 더불어 판단과 의미를 정리하고 제공하는 정신상을 경험한다. 하지만 성별은 이 과정으로 들어가는 데 필요하지 않으며, 이 상들이 꿈에서 성별화될 때 이는 단순히 이 상들이 관련된 인간의 성격 안에서 작동되는 방식을 의미하는 것이다.…… 무의식과의 관계가 갖는 기능은 성별이 없으며 원형적 잠재성을 갖고 있지만 우리가 그것을 경험하는 방식은 우리가 성별화된 존재와 접촉하는 것으로 형성된다(p. 254).
>
> 분명히 영혼과 정신은 남성과 여성 모두의 안에서 발견되며, 우리의 관습 내에서 각 성은 아니마와 아니무스를 모두 소유하고 있다(p. 255).

코르벳과 라이브스(1992)가 지적한 것처럼, 융이 다양한 방식으로 사용한 아니마와 아니무스 용어는 상당한 혼란을 일으켰다. 이 혼란 중 하나는 시대정신(*Geist*)과 인간심혼(*Seele*)이라는 단어를 번역하는 문제인데, 같은 책 안에서도 융은 이 단어들을 전혀 다른 의미로 다른 부분에서 사용하였다.

정신과 영혼에 대한 나의 생각들을 이야기하기 전에 나는 기존의 사회들이 이 용어들에 부여한 의미에 대해 간단히 요약한 후 정신과 영혼에 대한 현대적인 분석에 대해 이야기하고자 한다. 이 인류학적 배경은 나의 생각들이 어떻게 진화되었는지 설명하는 데 도움이 될 것이다. 정신과 영혼에 대한 연구는 불가피하게 신체, 삶, 그리고 죽음에 대한 생각을 이끈다. 한 3학년 학생이 나에게 말했다. "영혼은 살아 있을 때 갖는 것이지만 죽으면 영혼은 정신으로 변해요." 역사적으로 볼 때 많은 이론은 이 주제를 진화시켜 왔지만, 슬프게도 이 과정에서는 아동의 단순성과 간결성이 결여되어 있다.

라틴어로 영혼(soul, 아니마)과 정신(spirit, 아니무스)은 하나의 삶이 갖고 있는 두 가지 원리다(Simpson, 1960). 이러한 문화적 입장에서 볼 때 영혼과 정신은 생명에 대한 고대의 신념을 반영한다. 아니마 부분은 생명의 신체, 숨쉬는 영혼, 생명의 피, 생명의 고동 또는 심장박동과 연관된 주요 원리다. 이러한 견해를 갖고 있다는 것은 아니마는 신체기능이 멈춘 죽음으로 끝을 맺는다는 것을 의미한다.

아니무스 부분은 '합리적 영혼'을 포함하는 주요 원리다. 여기에는 합리성, 에너지, 활발함, 용기, 의지, 의식적이고 적극적인 삶이 포함된다. 사도 바울은 의도나 의지에 대한 아니무스 측면을 표현하였는데, 그는 신체에 존재하지 않을 때 정신에 존재하는 것에 대해 저술했으며,

근친상간을 한 사람을 재판하는 고린도인들처럼 자신의 정신도 고린도인들을 관장할 것이라고 주장하였다(고린도전서 5장 3~4절). 아니무스는 의미와도 연관이 되는데, 단순히 '법의 문자'를 전달함으로써 실제의 의미를 놓치기보다는 '법의 정신'을 전달하는 것이다(Simpson, 1960).

이 고대철학에서는 정신/아니무스를 죽음을 초월하는 마음의 생명이라고 보고 영혼/아니마를 신체의 생명이라고 본다. 따라서 육체가 소멸하면 영혼은 멈추게 된다. 비록 아니마와 아니무스가 하나의 생명원리의 두 부분인 것으로 정의되더라도, 이 주장은 죽음이 둘을 분열시킨다는 것을 시사한다.

오늘날 아니무스/정신과 아니마/영혼은 실제적으로 상호교환될 수 있는 중요한 생명의 원리로 받아들이고 있다. 예를 들어, 웹스터 사전(Gove, ed., 1993)에서는 영혼을 다음과 같이 정의하고 있다.

> 생명 또는 개개 생명의 원리를 활성화시키거나 원인을 움직이게 하는 불멸의 본질 또는 물질…… 일반적으로 개개 인간존재에 의해 공유되거나 합병되어 있는 신체적 또는 정신적 원리…… 육체와는 대조적으로 영원한 개개 존재를 갖는 인간의 불멸의 부분…… 인간의 살아있는 합일체와 전체성 속에 있는 전체적 자기

같은 사전에서는 정신을 다음과 같이 정의한다.

> 신체적 유기체에게 생명을 주는 생기 있고 활력적인 원리…… 보이지 않으며 생명을 주거나 움직임에 힘을 불어넣는 것으로 작용하는 신의 본질…… 신성의 한 표현…… 신으로부터의 선물이며, 성격의 내적

> 구조, 역동적 욕동, 그리고 되어감의 과정에서 만나는 요구들에 대해 창조적 반응을 제공하는 인간의 생명력 있는 원리…… 독립적 존재유형을 갖는 생명 또는 의식

물론 정신에 대한 다른 정의들도 있는데, 이러한 정의들에서 정신은 유령, 도깨비, 요정 같은 초자연적인 것과 동일하며, 나아가 무엇인가의 본질, 또는 기분이나 성질을 나타낼 수 있다. 또한 삼위일체의 세 번째인 성령도 있다. 영혼과 정신이 어떻게 유사하고 또 어떻게 대조되는지를 깨닫는 것이 중요하다.

정신과 영혼이 갖는 다양한 의미는 이 의미들을 어떤 특정한 맥락에서 이야기하기 시작하면 더 혼란스럽게 된다. 워크숍에 참석하는 학생들은 영혼과 정신의 차이를 전혀 모르겠다고 이야기한다. 아니면 정신(또는 영혼)은 항상 상당히 다른 무엇인가를 의미하는 것이라고 알고 있다. 우리의 언어가 너무나 다양한 방식으로 이 두 단어를 사용한다는 점을 생각해 보면 그리 놀라운 일이 아니다. 정신과 영혼의 역사적 의미를 살펴보면서, 우리는 뇌, 생각하는 마음, 그리고 신체와 관련해 이 정신과 영혼이 우리의 선조들에게 제시했던 수수께끼를 인정해야 한다. 일반적으로 제기되었던 질문은 어떤 기관이 정신과 영혼을 담고 있는가였다.

기원전 5세기, 그리스 의사였던 히포크라테스는 신체 및 정서적 감정, 감각적 경험, 그리고 가치를 판별하고 명료화하는 인간성의 능력에 관해 새로운 사상을 제시하였다. 그는 심장이 사고의 기관이라는 그 당시의 일반적이었던 개념에 이의를 제기하고, 사고는 뇌에서 일어난다고 생각하였다. 그는 뇌가 우리 의식의 전달자이며 해석자라고 추측

하였다(Penfield, 1975).

그러나 2세기가 되면서 마음에 대한 히포크라테스의 가르침은 완전히 잊혀졌고 의식 또는 영혼이 심장 속에 있다는 믿음이 보편화되었다. 갈렌(131~201 A.D.)은 뇌가 하나의 전체 단위로서 '정신 메신저'를 받아들이고 방출하는 신비로운 방식으로 기능을 한다는 사상을 진보시켰다(Penfield, 1975).

이후 데카르트(1596~1650)는 육체는 뇌의 통제를 받는 기계이며, 합리적으로 사고하는 영혼은 불멸이라고 믿었다. 그는 이 정신적인 영혼이 비사고적인 육체의 외부에 존재할 수 있으며, 육체는 여러 부분으로 나누어질 수 있지만 영혼의 다양한 기능은 부분으로 나누어질 수 없다고 주장했다. 즉, 부분들이 협동적으로 작동하는 전체성을 구성한다는 것이다(Drennen, 1969). 영혼에 관한 이러한 입장은 플라톤, 갈렌, 그리고 초기의 가톨릭 교회가 제시한 이전의 사상들과는 대조적인 것이다(Durant, 1933).

데카르트의 뒤를 이어, 스피노자는 마음과 몸이 하나라는 주장을 제시했다. 신체에서 느끼는 것은 그것이 무엇이든 마음에 의해서도 의식적으로나 무의식적으로 경험되며, 그 반대도 마찬가지다. 스피노자의 논제는 정신과 영혼에 대한 우리의 생각과 직접적으로 관련되지는 않지만, 정신과 신체의 상호 관련성을 주장하기 때문에 나는 그의 공헌을 받아들인다. 궁극적으로 나의 목적은 독자들에게 정신과 영혼이 어떻게 신체와 상호작용하고 어떻게 인간의 생명을 끝마치게 하는지 생각해보도록 격려하는 것이다. 나는 정신(spirit)과 영혼이 정신(psyche)의 영원히 변치 않는 측면이라고 생각한다.

20세기 신경외과의사인 와일더 펜필드(1975)는 마음, 뇌, 그리고 신체에 대한 몇 가지 흥미로운 생각을 제시하였다. 그는 마음과 뇌는 대개는 물질적 신체의 한 요소로서 그 작동을 유지한다는 것을 인정하지만, 나아가 "마음(mind)이 별개의 다른 존재일 수도 있다……고 보는 것이 좀 더 합리적인 것 같다."고 언급했다. 같은 연구에서 그는 "[마음은] 내가 발견할 수 있는 어떤 신경 기제에 의해서도 설명되지 않는다."고 했다. 펜필드는 "마음은 에너지를 갖는다. 그 에너지의 형태는 축색경로를 따라 이동하는 신경 전위에 따라 다르다."고 생각했다.

나는 마음의 에너지는 정신과 영혼의 상보성과 관련된다고 생각한다. 정신과 영혼을 결합시키기 위해 마음이 에너지를 사용하여 의식을 자기반영으로 이끌며 의식적 사고와 무의식적 사고 사이를 중재하는 것은 아닐까? 이를 통해 영혼이 정신의 경험을 수용하고 정신의 원형적 잠재성에 이미지를 부여해 자아가 이 잠재성을 흡수할 수 있도록 하는 과정에 연료를 공급하는 것은 아닐까?

이런 생각에 유념하면서 사회가 죽은 사람의 내세에 대한 개념, 즉 불멸 또는 영원한 영혼이라는 생각을 받아들이는 데 문제를 갖는다고 생각해보자. 폰 프란츠(1987)는 이러한 어려움은 우리의 자아정체감을 신체와 연계시키는 역사적 전통 때문이라고 하였다. 이러한 태도는 죽음을 절대적인 것으로 보게 하며, 삶이 죽음 이후에는 어떠한 형태로도 존재할 수 없다고 보게 만든다.

폰 프란츠의 저서 『꿈과 죽음에서』(1987)라는 책의 1장을 보면, 죽음과 관련된 신념과 실제에 대한 민족학적 조사에서 '살아 있는 시체'의 모티브를 길러 온 이전의 문화들에 대한 이야기가 나온다(p. 1). 그녀에 따르면 이 민족들 중에는 시신을 집에 보관하거나 아니면 시신이 부패할 때까지 얕은 무덤에 일시적으로 묻어두는 경우가 있다. 어떤 지역에서는 무덤에 튜브를 연결하여 액체 영양분을 공급하거나 때로는 무덤에 구멍을 내어 시체가 숨을 쉴 수 있게 하는 예도 있었다.

고대 중국인들은 죽은 사람이 원하는 것을 종이에 써서 묻으면 연기가 그것을 저승으로 가져다준다고 믿었다. 또 다른 지역에서는 장례식에서 살아 있는 사람이 죽은 사람의 옷을 입어서 죽은 사람을 나타낸다. 이 의례들은 시체가 실제로 죽은 사람이라는 것과는 다른 믿음을 묘사해주는 것이다(von Franz, 1987).

결국 내세에 대한 여러 생각에는 한 인간의 영혼이 갖고 있는 다양한 부분을 받아들이는 부분이 있다. 중국인들은 영혼에는 음양의 측면이 있다고 믿었다.[1)] 음은 땅에 자리를 잡고 서쪽을 향해 움직이며, 양은 올라가고 동쪽을 향한다. 그리고 궁극적으로는 이 둘의 재합일과 신성한 결혼이 있다(von Franz, 1987). 이집트와 힌두 문화에서도 유사한 믿음이 발견된다.

초기 기독교에서는 부활이 낡은 물질적 육체에 대한 것인지, 아니면 새롭고 정신적인 육체에 대한 것인지에 대한 논쟁이 있었다. 죽은 자에 관한 믿음과 실제를 좀 더 완벽하게 논의하기 위해서는 마리 루이제 폰 프란츠의 『꿈과 죽음에서』(1987)에 나오는 1장 '오시리스의 시신과 무덤의 신비'를 참고하라.

폰 프란츠(1987)는 가톨릭 신학자인 라디슬라우스 보로스가 받아들인 죽음에 대한 관점에 대해 설명하였는데, 보로스는 죽음이 영혼의 자리에 심오한 영향을 미친다고 주장하였다. 그것은 단순히 영혼과 신체

1) 고대 중국 철학과 종교에서 음(여성성)과 양(남성성)은 인생의 운명과 물질에 영향을 주는 것으로 생각되는 두 가지 원리였다.

의 분리만은 아니다. 죽음 당시에 신비로운 변형이 일어나는데 단일화된 내적 영혼이 세상의 영혼과 합일한다. 이러한 조화로운 관계 속에서 자기직면으로 나아가는 인간의 영혼은 신을 선택할지 아니면 거부할지를 결정하는데, 이 결정이 영원성(eternity)을 유지할 것이다. 폰 프란츠(1987)는 다음과 같이 결론을 내렸다.

> 어떤 사람은…… 버둥거리면서 죽는 반면, 어떤 사람들은 조용히 그리고 내적인 평화를 갖고 죽는다. 죽음에 다가가는 데 대한 이러한 반응들은 동일한 과정의 두 가지 측면을 의미한다고 생각한다. 즉 어떤 사람은 반대극과 싸우면서 여전히 고통 속에 있는 반면 또 어떤 사람은 이미 이 싸움의 결과로 평정과 반대극과의 합일을 갖고 있는 것 같다. 인간이 죽음이 다가오기 전에 내적인 반대극과 싸웠을수록 그 인간은 평화로운 종결을 더 많이 희망할 것이다.

C. G. 융은 영혼을 개인의 신비로운 내적 생명과 연관시켰다. 그는 이 내적 생명이 우리 정신의 '정반대의 타인', 즉 남성에게서는 내적 여성성을, 그리고 여성에게서는 내적 남성성을 통해 드러난다고 보았다. 그는 남성의 '내적 여성'에는 아니마, 여성의 '내적 남성'에는 아니무스라고 이름을 붙였다.

그에 따르면 아니마와 아니무스는 주로 자아와 자기 간의 관계에 따라 긍정적이고 부정적인 방식 모두로 기능한다. 아니마는 긍정적으로는 창조성으로, 부정적으로는 변덕스러움으로 경험될 수 있다. 아니무스의 긍정적 표현은 열의와 주도성인 반면, 부정적으로는 고집 세고 완고한 태도로 나타날 수 있다.

나는 정신/아니무스와 영혼/아니마가 한 개인의 영원한 삶이 표현하는 별개의 두 부분이라고 생각한다. 의식적 자기에 의해 인격화되는 정신과 영혼은 심오한 방식으로 신체와 개인적인 정신(psyche)과 상호 작용한다. 나는 이러한 가설적 맥락에서 정신과 영혼에 대해 이야기하려 한다.

정신과 영혼은 의식적 자기와 다양한 수준의 무의식과 중요한 관계를 가진다. 정신과 영혼의 상보성은 콤플렉스를 통한 개인적 정신과 원형적이고 초자연적인 경험과 꿈을 통한 객관적 정신 모두에서 나타난다. 정신(psyche) 역시 정신과 영혼의 팽창과 투사를 포함하고 있다.

정신을 로고스로, 영혼을 에로스로 보는 데는 한계가 있다. 정신과 영혼은 개인적 경험과 연상에 더불어 원형적 에너지를 나타낸다. 우리는 원형을 정의할 수 없는데, 그 이유는 원형을 완전하게 의식할 수 없기 때문이다. 우리는 우리가 지각하는 원형적 이미지를 형성하는 내용만을 설명할 수 있을 뿐이다. 원형의 이 영원성은 정의를 허용하지 않는다. 원형은 시작이나 끝이 없다.

우리는 개개인의 어떠한 신체, 인생경험, 시간, 또는 공간에도 제한되지 않는 에너지 영역을 다룬다. 우리는 보편적 원천에서 보편적 마음(Universal Mind)을 끌어낸다. 의사인 래리 도시(1989)는 이 개념을 비국소적(nonlocal) 마음과 비국소적 경험이라고 하였다. 이 관점은 많은 우수한 과학자, 그중에서도 존 스튜어트 벨, 데이빗 봄, 어윈 슈로딩거, 커드 궤델, 루퍼트 셸드레이크, 그리고 칼 융이 지지하고 있다. 집단적 무의식 또는 객관적 정신에 대한 융의 이론은 비국소적 마음의 한 예다. 그것은 개인적 표현을 능가하며 모든 과거, 현재, 그리고 미래의 개개인들의 생각과 경험을 포함하고 있다.

인간의 삶과 죽음에 대한 태도에 영향을 미치는 것으로 보이는 영혼/

정신의 원형적이고 상보적인 에너지에는 무언가가 있다. 이 상보적 에너지들은 어떤 인간에게는 죽음과 맞서 싸우게 하고 또 어떤 인간에게는 수용으로 죽음의 얼굴을 바라보도록 이끈다.

서론에서 나는 삶과 죽음 간의 긴장은 영혼을 추구하는 여행을 위해 서로 연결되어 있는 정신과 신체와 비슷하다고 말했다. 그러나 어떤 사람의 경우는 영혼을 포용하는 여행을 하기 위해서 영혼의 보완적 측면인 정신이 필요하다. 이미 영혼을 초점에 맞춘 사람들은 궁극적으로 여행의 마지막 부분, 즉 삶–죽음–재탄생 과정을 통해 영혼을 전달하는 정신이 점화되어야 한다. 정신(psyche)과 신체가 분리되면 정신(spirit)과 영혼은 합일하게 된다.

정신(spirit)은 전사, 지도자, 교사, 구원자, 모험가, 건설자 등의 남성적이고 여성적인 인물로 표현되거나 이러한 인물에 투사되는 에너지다. 영혼은 억제, 인내, 수용, 양육, 확고부동, 예측 등의 남성적이고 여성적인 성향으로 표현되거나 이에 투사되는 에너지다.

삶의 경로는 자아와 페르소나의 무의식적이고 내적인 현실과 의식적이고 외적인 현실 사이에 얽혀 있다. 정신과 영혼은 이 길을 여행하기 위해 두 쌍의 신발을 제공한다. 임종을 맞는 사람들은 죽음을 준비할 때 정신에너지나 영혼에너지 중 자신의 자아에 가장 매력적이고 지지적인 한 쌍의 신발을 선호하게 된다. 비록 우리가 어느 한 에너지에 대해 더 의식적이고 더 편하게 느낄 수도 있지만, 다른 쪽 에너지에 빠져들 수 없으면 우리는 결코 존재할 수 없다. 즉, 우리의 자아가 특정(무의식적) 행동을 확인하지 못할 수도 있지만 다른 에너지가 우리의 행동에 전혀 없을 수는 없다.

나는 아니마와 아니무스보다는 영혼과 정신이라는 용어를 더 좋아하는데, 왜냐하면 전자는 덜 친숙하며 분석심리학파가 아닌 사람들에게 혼란을 줄 수 있기 때문이다. 게다가 융의 가르침에 친숙한 사람들은 아니마와 아니무스를 성별적 특성과 연관시키는 경향이 있다.

## 후기 융 학파의 관점

인간이 어떻게 죽는가를 이해하기 위해서는 남성적이고 여성적인 연상으로 제한된 아니마와 아니무스에 대한 전통적 융 학파 모델보다는 성별지향의 한계가 없는 후기 융 학파의 정신과 영혼으로 대체하는 것이 바람직하다. 이전의 모델은 부정적인 가부장제의 그림자에 의해 제약을 받았던 시대의 유럽문화에서 기원한다. 오늘날 사회는 변화 속에 있으며, 낡고 가부장적인 남성적/여성적 정형의 한계를 받지 않을 것이다. 우리는 우리 자신, 우리의 세상, 그리고 우리의 가치를 새롭고 보다 전체적인 방식으로 발견하고자 한다.

나는 치료자로서 융의 틀을 사용하긴 하지만, 어떤 개념은 받아들이기 어렵다는 것을 밝혀둔다. 그는 정신(아니무스)의 부정적 특성을 마치 남성의 부정적인 그림자 측면인 것처럼 암시하였다. 그러나 융의 아내인 에마는 '잠자는 숲 속의 공주'에 나오는 13번째 요정의 저주를 완화시킨 12번째 요정처럼 아니무스의 정의를 단어, 힘[2], 의미, 그리고 행위를 둘러싸고 있는 정신으로 진보시켰다.

C. G. 융에 따르면 남성에게는 정신의 속성을 발달시키고 정신의 특

---

2) 독일어 kraft 역시 힘, 활력, 또는 체력으로 번역될 수 있다.

성을 자아 안에서 드러내는 생물학적 성향이 있다. 그리고 남성 안에서는 영혼의 속성이 개발되지 않고 무의식적으로 남아 있다. 반대로 여성들은 여성적 특성으로 인해 영혼의 속성이 뛰어나며 영혼-의식적인 자아를 보여준다. 또한 여성들은 정신의 속성에 대해 대부분 무의식적이며 열등하다.

아니마와 아니무스에 대한 C. G. 융의 글들을 보면, 아니마로서의 영혼은 남성에게 국한되었거나 아니면 적어도 '남성적 원리'에 국한된 것을 의미한다. 그리고 아니무스로서의 정신은 여성, 또는 '여성적 원리'에 국한되어 있음을 의미한다. 융의 제자들은 이 개념을 영구화하였다. 그렇기 때문에 나는 아니마에 사로잡힌 우울한 여성 또는 아니무스에 사로잡힌 고집 센 남성에 대한 에드워드 휘트몬트(1969)의 설명을 보고서는 무척 안심했다. 나중에 원형에 사로잡힌 존재에 대한 개념을 살펴볼 것이다.

나는 아니마(영혼)와 아니무스(정신)가 개개인의 상실된 성격으로서 중요한 역할을 한다는 것에 대해서는 융의 의견에 동의한다. 이러한 자각은 우리가 신과 분리되어 '저기에서' 헤매고 있는 '길 잃은 영혼들'이라는 신화를 부정하게 만든다. 우리는 우리가 신과 하나라는 것을 자각한다. 융(1978)이 제시한 것처럼, "영혼은…… 빛나는 하나님 그 자체다." 그러나 누군가가 "하나님과 정신과의 관계는 무엇입니까?"라고 물을 수도 있다. 이 질문에 답하기 전에 나는 정신과 영혼의 유전적 이해에 관한 개념을 더 탐색하고자 한다.

남성과 여성의 뇌가 만들어내는 대조적인 방식과 마찬가지로 남성과 여성 사이에는 무시될 수 없는 유전적 차이가 있다. 시상하부에서 발견되는 이러한 차이로 인해 여성들이 사고와 합리적 분석보다 감정과 관계 맺기를 좀 더 자연스럽게 발달시키는 것이 미리 결정될 수 있는가? 그리고 그 반대의 일이 남성에게서 일어날 것인가? 호르몬의 차이가 성격에 얼마나 영향을 미치는가? 성격형성에서 태내의 효소들은 어떤 영향을 주는가? 우리는 남성과 여성의 성격 차이는 수천 년 동안 가부장적 문화의 영향을 받은 환경과 유전 모두에서 일어난다는 것을 깨달아야 한다.

P. 셀렌바움(1992), L. 진킨(1992), L. 코르벳과 C. 라이브스(1992)같은 후기 융 학자들은 아니마/아니무스에 대한 통합적 이론에 찬성한다. 이 이론은 적어도 서구사회에서는 '여성적' 영혼(아니마)이 주로 남성들 내에서 이해되며, '남성적' 정신(아니무스)은 주로 여성들 내에서 이해된다는 것을 인정한다. 이 통합적 이론은 개성화에는 남성과 여성 모두에게 있는 정신과 영혼의 특성을 자아와 그림자와 함께 통합하려는 노력을 포함하고 있다.

오늘날 남성성과 여성성이 생명원리의 두 가지 극이며 성별에 국한되는 것이 아니라는 것을 알게 되면서 우리는 문화가 주는 갈등 없이 남성 속에서의 여성성과 여성 속에서의 남성성을 좀 더 자유롭게 이야기할 수 있다. 이러한 표현들은 여성은 정신을 여성적 방식으로 드러낼 것이고, 남성은 자신의 영혼을 드러내는 데 남성적 태도를 사용한다는 것을 확충해준다. 오늘날 정신(아니무스)을 '여성의 내적 남성'으로, 그리고 영혼을 '남성의 내적 여성'으로 말하는 것은 위험하며 오해를 가져올 수 있다.

나는 남성과 여성이 양과 음의 측면[3]을 모두 갖고 있다는 해든(1993)

---

3) 고대 중국 철학에서는 모든 창조물은 양의 에너지나 음의 에너지를 갖고 있

의 개념을 선호한다. 이는 C. G. 융이 말하는 상보성과는 상당히 다른데, 남성과 여성의 정신은 각각 남성적 측면과 여성적 측면을 모두 갖고 있다. 이 개념은 낡은 가부장적 문화의 강요에서 아니마와 아니무스를 자유롭게 해준다. 해든(1993)은 도교사상을 통해 이러한 면을 보여준다.

> 양은 산과 강 모두의 밝은 면과 관련되며, 음은 산과 강 모두의 어두운 부분과 연관된다…… 산의 남쪽이 햇빛을 받으면 빛이 비춰지고 따뜻해지는 곳은 강의 북쪽 계곡이다.

산과 강은 각각 이 경계표에 의해 다르게 나타나는 음과 양의 표현을 전달한다. 해든은 관통하는 페니스는 양-남성성으로, 그리고 정액을 담고 있는 고환은 음-남성성으로, 임신하는 자궁은 음-여성성으로, 그리고 힘을 발휘하여 아기의 출생을 밀어내는 자궁은 양-여성성이라고 하였다(Haddon, 1993).

코르벳과 라이브스(1992)가 설명했듯이 남성과 여성 모두 그 내부에 정신과 영혼을 갖고 있기 때문에 이전에는 반대성의 분야라고 여겼던 태도를 이제는 주장할 수 있게 되었다. 따라서 남성의 양육하는 능력을 '남성의 내적 여성성'이라고 명칭을 붙이거나 '여성의 주장성을…… 여성의 남성성'이라고 부를 이유가 없다. 더욱이, 우리는 여성 전투기조종사나 남성 간호사가 반드시 자신의 특성에 반대하는 직업에 종사하는 것도 아님을 인정해야 한다. 우리는 남성과 여성 모두의

---

는 것으로 분류되었다. 산, 빛, 태양, 황소 등은 양이며, 구름, 달, 동굴, 암소는 음이다.

생활에서 원형이 주는 영향을 깨달아야 하며 우리의 성정형화를 버려야 한다.

코르벳과 라이브스(1992)에 따르면 이제 우리는 적어도 지적으로는 양육적인 남성성과 여성적 주장성의 존재와 확실성을 수용할 수 있다. 영혼과 정신(아니마와 아니무스) 에너지는 자아가 비성별적인 방식으로 무의식과 관계 맺을 수 있게 해준다. 그러나 코르벳과 라이브스는 우리가 그 에너지를 경험하는 방식은 남성과 여성 인물들과 어울린 우리의 역사에 의해 조건화된다는 것을 기억하게 한다. 나아가 무의식과 우리의 관계는 객관적 정신에 뿌리를 둔 문화적 편견의 영향을 받는다.

이렇듯 정신과 영혼의 원형이 비성별적인 방식으로 정신(psyche) 안에서 이상적으로 기능한다고 상상할 수는 있지만, 현실적으로는 남성적 특성을 정신(아니무스)과 연관시키고, 여성적 특성을 영혼(아니마)과 연관시키려는 습관적인 충동에서 완전히 벗어날 수는 없다. 우리의 문화는 정신과 영혼의 특성을 이런 식으로 연관시켜 왔다. 결과적으로 이 두 원형의 특성을 통해 객관적 정신은 자라나는 아동들 내에 성정체감을 떠올리도록 문화적으로 각인되어 있다.

우리는 서구사회의 어린 소년이 영혼의 특성보다는 정신의 특성이 더 우세한 행동을 주로 보이고, 어린 소녀들은 일반적으로 정 반대의 행동을 드러내는 것을 볼 수 있다. 이 경향성은 아니마와 아니무스의 자극을 받은 개인적 연상을 포함하여 성별 콤플렉스가 반영된 것이다.

아니마와 아니무스가 보편적 인간경험과 감정과 관련되는 정신적 반응을 일으킨다면 이는 특성상 원형적인 것이다. 자아와 공명하는 성격 특성에서 개인적인 것과 집단적 무의식에 의해 공유되는 것 간의 연결고리를 끌어내는 것은 불가능한 과제다. 융이 심리적 콤플렉스를 설명한 것처럼, 그것은 개인적이면서도 원형적일 수 있다. 아마 자아에 유용한 원형적이면서 개인적인 콤플렉스와 관련된 내용의 집성체가 있을 것이다.

종종 사회적 환경, 가족 상황, 또는 기타 요인들은 소년에게는 음 남성성을 경험하게 하고, 소녀들에게는 양 여성성을 경험하게 해주기도 한다. 우리의 사회가 좀 더 영혼을 의식하게 되면 각 세대는 가부장제 그림자의 지배를 덜 받게 된다. 그러나 정신과 영혼의 표현은 남성과 여성에 의해 항상 성 구분적 방식으로 표현될 것이다.

우리는 정신(아니무스)과 영혼(아니마)이 반대의 성적 원형이라는 것을 부인할 수도 있지만, 이것이 '남성적 심리'와 '여성적 심리'의 존재를 덜 실제적이도록 만들지는 않는다. 남성과 여성은 신체, 뇌, 호르몬 구조, 그리고 남성적인 것과 여성적인 것을 이해하는 방식에서 다르다.

슈왈츠-살란트(1992)는 일반적으로 특정 성에 속하는 것으로 생각되는 기능들을 설명하기 위해 '용해'와 '응고'라는 용어를 사용하여 성별 혼란을 피하였다. 그는 이 기능들은 서로 연결되어 있으며 각 성은 응고되거나 용해될 수 있다고 보았다. 나아가 그는 각 성은 구조들을 용해하고 응고하는 자신만의 방식을 갖고 있다고 보았다. 남성은 구조를 부분들로 분리시킴으로써 용해할 수도 있고, 여성은 '전체감과 진실과의 보이지 않는 고리들을 갖고 구조를 적실 때' 구조를 용해할 수도 있다. 슈왈츠-살란트는 계속해서 다음과 같이 말하였다.

'남성'은 정신(psyche)에 대한 분명한 사고와 개념적 파악이라는 고정적 속성의 결과로 응고를 나타낼 수 있는 반면, '여성'의 응고는 내포된 공간감을 향한 내부로의 노력이라는 형태, 즉 '개방'과는 구분되는 '배란'의 형태로 올 수도 있다.

해든(1993)은 상호연결이라는 동일개념에 대해 두 가지의 설명을 제시했다. 첫째는 '곤란을 견뎌내는' 남성의 고환능력으로서 원숙한 '여성적' 자기생식 방식과 남성의 지탱력, 안정성, 그리고 확고부동함이 이 과정을 지지한다. 두 번째는 '남성적' 힘을 발휘하는 여성의 자궁에너지로서 새로운 프로젝트, 개념, 방법, 또는 그 외에 탄생될 수 있는 모든 것을 밀어내고 탄생시킨다.

정신은 음(여성성) 내용을, 그리고 마찬가지로 영혼은 양(남성성) 내용을 어느 정도 갖고 있다. 이러한 개념이 갖는 다양한 가능성과 의미를 탐색해야 한다. 양의 정신은 남성의 자아를 통해 표현된 정신을 의미할 수 있는 반면, 음의 정신은 정신을 표현하는 여성의 독특한 방식을 의미할 수도 있다. 음의 영혼과 양의 영혼에 대해서도 마찬가지다. 이제 나는 코르벳과 라이브스가 의미하는 방식으로 정신과 영혼에 대해 이야기하려 한다.

## 임종에 대한 회화적 표현을 존중하기

임종환자들을 다룰 때는 설리반(1989)의 충고를 항상 유념해야 한다. 즉 '환자에게 무언가 행하려고 하는 대신…… 환자의 정신이 내놓으려는 것을 받아들이려고' 하는 것이다. 정신(spirit)과 영혼에 대한 정신(psyche)의 노력은 정신(psyche)이 죽음으로 넘어갈 때의 방식에 영향을 준다. 환자의 내부현실을 받아들이고 타당화하며 다시 반영함으로써 우리는 재통합 과정을 돕고 전체감과 성취감의 성장을 지지할 수 있게 된다.

환자가 자신의 내부현실을 표현하는 아주 효과적인 방법 중 하나는 그림을 통해서다. 우리는 이 그림 속에 드러난 삶과 죽음에 대한 태도를 판단하는 것이 우리에게 달려 있지 않다는 것을 기억해야 한다. 우리는 이러한 표현들을 존중하고 이를 정신과 신체의 신성한 표상으로 받아들여야 한다. 이러한 과제는 실천보다 말이 쉽다. 우리는 환자의 그림을 해석하려는 유혹을 쉽게 받는데, 그림 속에 무엇이 있는지 확충하고 환자 내부세계의 수많은 가능성을 존중하는 대신 우리 자신의 직관, 가치, 소망, 공포, 그리고 목적을 투사하기 때문이다.

바치는 『삶은 그 고유한 주기를 그린다』(1990)라는 책에서 피터와 프리스카의 그림을 비교하였는데, 이 아동들은 둘 다 8세 때 뇌종양 진단을 받았다. 바치에 따르면, 피터는 임종 시 너무나 '외롭고 고독한' 느낌에 대해 도움의 필요성을 즉각적으로 인식하지 않았던 것으로 보인다. 이 소년의 임종은 나아질 수도 있는 '나쁜' 고통 경험과 비슷했다.

대조적으로 바치(1969)는 프리스카라는 한 소녀의 임종 경험을 묘사하였는데, 이 아동은 '…… 꽃과…… 새들, 그리고 새로 부화한 병아리와 애정관계를 갖고 있던 삶에서 춤추며 나오는' 것으로 보인다. 바치는 프리스카의 경험이 마치 그녀가 그린 첫 번째 그림과 같다고 보았다. 이 그림에서 프리스카는 자신의 운명을 알고 있었고 상당히 흥분된 기대를 갖고 자발적으로 자신의 길을 가고 있었는데, 이 길은 '잊을 수 없고…… 의심할 여지없이 집으로 갈 채비'를 의미하는 것이었다. 바치(1990)의 글을 읽은 독자들은 프리스카가 기꺼이 죽음을 맞았다고 생각한다.

피터의 그림은 위협적인 상황이나 공격에 맞서 싸우는 인물들을 묘사하였다. 그는 도살당하고 싶지 않은 암퇘지를 그렸다. 그의 반항적 성격은 아기의 탄생을 기다리기보다는 성 니콜라스의 주머니에 구멍을 내어 아기를 훔친다. 이러한 성격은 성 니콜라스에게 끊임없이 도움을 요청하였다. 피터의 그림은 자신의 병이 하나님이 내린 벌이라고 믿고 있는 것으로 해석된다.

바치(1990)에 따르면 인간은 두 가지 에너지, 즉 (1) 정신적 에너지와, (2) 신체적 에너지로 구성되어 있으며, 한 개인의 삶에 대한 표현은 특정 순간의 삶에서 나타나는 반대되거나 보충적인 힘의 합이다. 이 힘들은 남성과 여성, 음과 양, 신체와 마음, 삶과 죽음, 또는 인간과 신의 관계를 나타내는 힘일 수 있다. 나는 바치가 제시한 상보적 힘에 대한 목록에 정신과 영혼을 추가하고자 한다.

바치는 선두에 어떤 힘이 있느냐에 따라 인간은 '신과의 조화로운 관계 속에서 죽을 수도 있고 아니면 악마라고 불리는 어둠의 힘을 경험하면서 공포에 사로잡혀' 죽을 수도 있다고 하였다. 바치(1990)에 따르면 피터는 아이들을 보호해주는 성인에게서 버림을 받아 '외롭고…… 쓸쓸함'을 느끼고, '원죄와 죄책감'으로 고통받으며, 결코 얻을 수 없는 낙원을 그리워하는 '고통받는 사람'으로서 죽었다는 것이다(Bach, 1969).

한편, 프리스카의 그림은 남다른 수용성을 갖고 죽음으로 향하는 여행을 표현하는 것으로 평가된다. 바치(1969; 1990)에 따르면 프리스카는 자신의 임종에 대해 전의식적이었으며, 어느 수준에서는 이를 수용했던 것으로 보인다. 그녀는 죽기 9개월 전에 새로 부화된 병아리 그림에서 이를 표현하였다. 이 그림에는 '먹이를 주지 마시오'라는 표지판이 있다(1990).

이러한 표지판은 동물원에서 동물들을 가둬두는 우리나 울타리에 붙어 있다. 이 경고문에는 동물의 영양이 특별한 식이법으로 유지되기 때문에 다른 먹이를 주면 오히려 동물의 건강을 위험하게 한다는 부연 설명이 있었다. 자신의 운명을 감지한 프리스카는 병원의 약이 필요하지 않으며 오히려 약이 자연과 영혼의 길을 방해할 뿐이라는 것을 느꼈는지도 모른다. 이 그림을 죽기 9개월 전에 그렸다는 사실은 죽음을 통해 재탄생하는 임신기간을 반영한다.

프리스카는 집에 있을 때도 꾸준하게 자신의 길을 추구하면서 안정적인 정체감을 갖고 있었고, 성 니콜라스와 좋고 신뢰로운 관계를 갖고 있었다. 프리스카는 이를 그림으로 나타냈는데, 그림에서 그녀는 성자를 보조하는 사람의 가방에서 장난스럽게 귤을 훔친다. 그녀는 성자가 두렵지 않다고 하였다.

한스 피터 베버는 피터와 프리스카가 환자로 있던 취리히의 대학 신경외과 병원의 임상 예술가였다. 그는 피터와 프리스카를 잘 알았고 자주 그들에게 그림을 그리도록 하였다. 그는 프리스카에게서는 94장의 그림을, 피터에게서는 200장 이상의 그림을 수집했다. 피터는 집에서도 그림을 그려 베버에게 우편으로 보냈다.

베버는 2차 평가를 위해 이 아동들의 사례사와 함께 그림을 모두 수잔 바치에게 보냈다. 나는 바치가 이 아이들을 개인적으로 만났는지에 대해서는 모른다. 그녀는 자신의 책에 이 사례들을 보고했다. 나는 바치가 아이들의 사례사와 그림들을 보는 방식과 함께 또 다른 방식들도 제시하여 우리가 생각해 볼 수 있게 하려고 한다.

피터의 그림은 대부분 정신 원형과 일치하는 이미지들, 즉 자동차, 탱크, 비행기, 활을 쏘는 인디언, 낙하산 타는 사람, 스키 타는 사람, 기차, 권총이 들어 있는 이중 권총 케이스를 차고 있는 남자 등을 포함하고 있다. 두 장의 그림에서는 불과 싸우는 자신을 그렸는데, 이는 종양을 태우려는 그의 투지를 보여준다.

피터의 기운찬 주장성은 앞서 언급한 성 니콜라스를 그린 두 장의 그림에서도 표현된다. 그 중 한 그림에 나오는(피터가 말하길 모든 좋은 것이 들어 있는) 가방은 만다라의 특성을 갖고 있는데, 피터는 이 가방에 좋은 것들이 모두 들어 있다고 했다. 이 가방은 자기를 되찾으려는 움직임 또는 재통합을 묘사하는 상징이다(Bach, 1990. 그림 34)[4]. 이 그림은 피터가 죽기 1년 반 전에 그렸다.

좋은 시간들은 그에게서 빠져나가고 있었는데, 성자의 주머니에서 좋은 것들이 다 빠져나가 바닥나는 것으로 상징되고 있다. 피터는 신체적으로 회복될 수 없더라도 정신적 회복을 위해서 무척 애쓰고 있었다. 그리고 신체적 투쟁도 포기하지 않고 열심이었다. 그림에 투사된 것처럼 피터는 자신을 사로잡고 죽게 만드는 암과 대항해 싸우는 '순종하지 않는 사람' 이었다(Bach, 1990).

한편, 프리스카는 거북, 버섯집, 계곡의 백합, 5월의 종, 튤립, 아기 병아리, 여러 가지 새, 물망초, 자신의 특별한 '마술꽃', 사과나무, 산맥, 그리고 땅신령(대지 안쪽에 살면서 대지의 보물들을 지키는 전래동화의 인물)을 그렸다. 이들은 모두 세계혼(*Anima Mundi*), 즉 세계-영혼의 전형적인 특색을 갖고 있는 것들이다.

임종과정이 이 아이들에게 긍정적이거나 부정적인 감정을 일으켰다고 가정해야 하는가? 나는 그들의 경험을 '좋고' '나쁜' 것이라고 판

---

4) 바치는 좋은 물건이 들어 있는 가방의 만다라적 특성에 대해서는 언급하지 않았다.

단할 수 있는지 확신하지 못한다. 이 아이들이 임종과정에 반응했던 대조적인 방식들은 특정한 원형적 에너지와 동시에 일어났는데, 피터에게는 정신이었고 프리스카에게는 영혼이었다.

악의적인 비평, 잘못된 정보, 또는 신체적 학대로 인해 불필요한 고통을 겪으며 죽는다는 것은 불행한 일이다. 사람들이 죽음을 경험하는 방식에 대한 평가를 할 때는 경솔하게 결론 내리지 않도록 조심해야 한다. 죽어가는 한 사람에게서 정신과 영혼의 특성을 구분하고 수용하는 것은 인간의 삶에 대한 이해를 넓히고 삶에서 죽음으로의 전환을 설명해준다.

피터는 전사로서 죽고자 했으며, 따라서 정신의 원형이 그에게 죽음과 맞서 당당히 싸우도록 하였다. 그리고 프리스카는 불안정하고 불화가 있는 가정에서 자랐기 때문에 세상과 친구가 되고 조화를 이루어야 했다. 생물학적 부모에게서 적절한 양육을 받지 못했기 때문에 프리스카는 적어도 무의식적으로는 대지의 어머니로 상징되는 대모에게 귀환했던 것이다. 프리스카의 죽음은 그녀가 항상 열망했지만 이 생에서는 결코 충분히 경험하지 못했던 사랑과 보호를 받을 수 있는 조건을 마련해주었다.

인간은 적어도 무의식적으로 죽음이 다가왔을 때를 아는 것 같다. 영혼의 관점을 갖고 죽음과 만나는 것에는 하루를 기다리고 상상하고 살아가는 환자를 조화시키는 수용과 예측의 상태가 포함되어 있다. 비록 운명에 대한 기본적인 수용이 있긴 하지만, 삶은 더욱 생생하고 소중한 것이 된다. 인간은 마지막 의식적 순간인 것처럼 매 순간을 축하하고자 한다. 과거에 머물러 있지 않으며, 그 순간을 살고 있다는 것을 민감하게 알아차리고 오늘을 수용한다. 로버트 살델로(1992)는 영혼은 미래지향적이기도 하다고 하였다. 영혼은 다가올 시간을 꿈꾸고 열망한다. 환자들이 갖는 이러한 역설적 감정은 임산부가 아기의 출산을 열망하는 것과 연관될 수 있다.

영혼의 관점을 갖는 임종환자들은 미해결 과제를 완수하려고 한다. 여기에는 새로운 지식과 경험을 받아들이는 것이 포함된다. 이러한 특성은 영혼이 가진 호기심과 수용성에 근거를 두는 동시에 정신의 직관에 의존한다. 영혼의 입장은 처해 있는 환경에도 불구하고 현실과의 관계성을 통해 만족감을 갖게 하며, 동시에 변화의 가능성을 직관한다. 죽음에 대한 수동적이고 만족스런 복종으로 보이는 것은 실제로는 삶이 남긴 것을 힘차게 포용하고 새로운 삶을 달성하려는 소망인 것이다.

임종에 대한 영혼 중심적 접근은 호스피스 운동의 철학과 같다. 우리는 "죽음은 우리가 더 살아야 하는 삶의 탄생이다."라고 한 우드만(1985)의 말을 기억한다. 꿈과 환상은 모두 삶을 완결하고 그 너머의 여행을 준비하도록 해준다. 죽음에 대한 영혼 중심적 접근은 정신적 명상에 기초하고 있는데, 이것이 반드시 종교적 명상과 같은 의미는 아니다.

삶의 끝 언저리에 있다는 것을 의식적이거나 전의식적으로 알고 이 진실에 대해 정신 중심적으로 적응할 때는 인내와 끈기의 태도가 나타난다. 정신은 건강한 상태를 위해 노력을 포기하지 않으며 치유를 위해 군인처럼 싸운다. 투병 과정은 끝까지 질병에 대항해야 하는 것이다. 그리고 의지력, 믿음, 그리고 기타 다른 힘들을 통해 병을 극복하고 초월할 때까지 가능한 그 질병에 적극적으로 저항하는 전쟁이다. 정신은 죽음의 확신을 인정하기 싫어한다. 정신에서 강조하는 것은 삶이 제시하는 도전을 만나고, 가능한 한 그 도전에서 많이 이기는 것이다.

정신의 방식은 열심히 정보를 찾고 시도되지 않은 치료방법들을 추구한다. 정신은 한계를 참지 못하며 건강한 상태와 끈질기게 동일시하면서 신체적 악화에 저항한다. 용을 죽이는 스타일(dragon-slaying style)은 의식의 상실을 허용하지 않으면서 자기에 대한 용기와 불멸의 믿음을 갖고 전쟁의 고통을 견디도록 촉진한다.

중부 인디애나 건강단체의 암 환자를 위한 지지 프로그램은 생명을 위협하는 질병을 다룰 때 정신의 방법을 사용하는 대표적인 프로그램이다. 이 단체에서 말하는 목적 중 하나는 "우리의 프로그램은 죽는 법을 배우거나 삶을 병에 적응시키는 법을 배우는 것이 아니다. 이 프로그램을 통해 암 환자들은 희망 없고 무기력하며 수동적인 희생자처럼 행동하기보다는 의사와 다른 건강보호 전문가들과 함께 회복을 위한 싸움에 참가하는 법을 배운다"(중부 인디애나 건강단체의 안내장에 인쇄된 '함께 암과 싸우라' 에서 인용).

물론, 정신과 영혼의 태도를 통합하여[5] 죽음에 대면할 수도 있다. 이는 데니스의 생애 마지막 해에서도 볼 수 있다(9장에서 살펴보았음). 데니스는 단순히 정신과 영혼을 구분하는 것이 아니라 이 차이를 인정하고 존중하며, 의식적으로 인격화함으로써 이러한 통합을 이루었다. 그러나 일반적으로 어린 아동들은 죽음의 순간이 가까이 올 때까지는 이러한 통합을 이루지 못한다. 어린 아동들의 주요 과제는 성정체감을 확립하는 것이다. 앞서 지적한 것처럼, 객관적 정신은 여성성을 영혼과, 남성성을 정신과 연관시키며, 이를 성별에 따라 잘못 분류한다. 모든 남성이 모든 정신 원형을 갖지 않고 마찬가지로 모든 여성도 모든

5) 원형적 에너지에 대한 완벽한 통합은 인간적으로 불가능하다.

영혼 원형을 표현하지 않는다는 것에는 신경쓰지 않는 것이 좋다.

객관적 정신이 남성과 여성 원형의 이미지와는 별도로 정신과 영혼의 원형이 갖는 이미지들을 전개하고 적용하는 데는 아직도 수세대가 걸릴 것이다. 오늘날 어린 소년들은 정신 에너지와 관련된 행동 패턴을 가장 많이 보일 것이며, 어린 소녀들은 영혼과 비슷한 방식으로 자기 자신을 드러낼 것이다. 이러한 동일시는 충분한 반영을 통해 자아가 자기의 일부로 투사되었던 것을 구체화할 때까지는 투사의 형태로 존재할 것이다.

그러나 어린 아동의 생명이 거의 끝나갈 때 정신과 영혼의 원리가 어떻게 변형적 통합을 제공하는지를 알아보자. 이를 위해선 정신과 영혼을 어린 아동의 내부에 존재하는 존재 패턴을 제공하는 생생한 원형들이라고 생각해야 한다. 지금까지의 경험에 따르면 의식적으로나 무의식적으로 죽음이 가까워졌음을 알고 있는 어린 소년은 자신의 정체감을 신성한 자기의 상징인 '왕자'로 확립하려는 강한 충동을 경험한다. 마찬가지로 같은 처지에 있는 어린 소녀는 자신이 '공주'라는 정체감을 확립해야 한다고 느낀다. 융의 연구에 따르면 이는 인간존재의 목적이 개성화하는 것이라는 주제를 반영한다.

'왕자'나 '공주'를 실현하려는 충동은 핵심적 원형, 즉 조정적 자기와 연관된다. 이러한 정신적 충동은 자아가 자기(Self)와 동일시할 때 유아기에서 일어나는 자연스러운 팽창과 관련될 수도 있다.

아직 실현되지 않거나 인식되지 않은 아동의 잠재력을 충고하는 내적 지혜도 있다. 자아 수준에서 보면 일반적으로 소년은 정신의 특성이 표현하는 인물과 동일시할 것이며, 소녀는 영혼과 연결된 인물과 가장 많이 동일시 할 것이다. 다양한 전이와 환상의 형태를 통해 '왕자'

와 '공주'는 자연스럽게 정신과 영혼의 원형을 경험하게 될 것이다.

이 원형들은 개인의 기억 속에 저장된 경험들에 활기를 불어넣어 자기 확신을 가능하게 하고 자아성장을 길러줄 것이다. 따라서 확장된 의식을 통해 전체감이 일어난다. 연속적으로 일어나는 이 재통합 행위는 아직 두드러지지 않거나 통합되지 않은 원형들을 쉽게 통합하게 하여 결국 정신과 영혼은 하나가 되고, 삶과 죽음은 조화를 이룬다. 그리고 신화에 나오는 자신의 꼬리를 문 뱀 우로보로스처럼 끝은 시작이 된다.

이미 제시하였듯이 인간은 영혼 없이 또는 정신 없이 죽지는 않는다. 정신과 영혼은 생생한 삶의 원리에서 보면 상보적인 대극들이다. 일반적으로 아동들은 자신의 성과 가장 일치하는 극을 발달시킨다.

다음으로, 개개인의 임종과정에서 나타나는 정신-영혼의 이분을 보여주는 사례를 두 가지 제시하려 한다. 각 환자가 그린 몇 장의 그림은 인간이 정신과 영혼의 관점에서 죽음을 어떻게 다르게 경험하는지를 보여줄 것이다. 영혼의 관점을 보여주는 사례는 어린 소녀의 것이고, 정신의 관점을 보여주는 사례는 소년의 것이다. 이는 앞서 이야기한 이유 때문에 아동에게서 자주 나타나는 이분법적 방식이다. 하지만 남성이 영혼의 입장으로 죽음에 접근할 수 있고, 여성이 정신의 형태를 사용할 수도 있다.

# 11 보물 탐색자와 전사가 죽음을 만나다

론다 맥그로우는 2세 때 CF 진단을 받았고, 이미 천식과 기관지염 때문에 다른 곳에서 치료를 받았다. 그녀는 1976년에 처음 시작된 나의 연구에 참여한 환자였는데, 그때가 대략 10세 생일 즈음이었다. 그녀는 10세가 되던 해 집에서 죽음을 맞았다. 론다는 총 17장의 그림을 그려주었고, 우리는 그중 삶의 마지막 3개월 동안 그려진 다섯 장의 그림을 살펴볼 것이다.

론다의 병은 아주 진전된 상태였다. 그녀의 증상에는 심한 발작으로 인한 기침의 증가와 구토가 있었다. 충혈된 부비강염으로 인해 두통이 자주 일어났고, 심폐기능은 더 나빠졌으며, 호흡이 상당히 힘들었다. 또한 심각한 기관지 감염과 청색증(손톱과 발톱 밑이 푸름) 때문에 매일 밤 산소가 필요했다.

론다는 외래병동을 방문한 날 두 장의 그림을 그렸다. 그때 맥그로우 부인은 접수대에서 접수를 하고 있었고, 론다는 자리에 앉아 나에게

"여기서 빨리 한 장 그리게 해주세요."라고 말했다. 나는 색연필과 종이를 주었고 그녀는 성 패트릭의 날을 생각하며 클로버([그림 23])를 그렸다. 클로버는 아일랜드, 성 패트릭, 그리고 기독교의 삼위일체를 나타내는 상징이다. 론다의 조상은 스코틀랜드계 아일랜드 인이다.

그녀가 그린 클로버는 땅에서 자라지 않고 있다. 그것은 공중에 떠 있는 것처럼 보인다. 우선 그녀는 암녹색으로 클로버의 외관을 그리고 나서 연녹색을 사용하여 세 잎의 가장자리를 칠했다. 꼭대기의 잎은 왼쪽으로 약간 기울어져 있다. 론다는 이 연녹색으로 줄기를 계속 아래로 내려 색칠하려는 것처럼 보였지만, 잎 바로 아래에서 멈추고 암녹색으로 색을 바꾸어 줄기를 채워 나갔다. 비록 줄기의 바닥을 직선의 녹색 수평선으로 그려 놓았지만, 암녹색 색연필로 이 선보다 더 아래까지 내려서 그렸다. 그래서 그림이 아주 누덕누덕해 보였는데, 클로버가 땅에서 찢겨 나온 것 같다. 그리고 같은 암녹색으로 잎 안쪽을 그렸다.

그림을 확충할 때 초보자들 중에는 부푼 구름에서 어떤 이미지를 보거나 사무실 건물 유리벽에 반사된 성처녀 마리아의 이미지를 발견하는 등 너무 심하게 부가적인 이미지를 '보려는' 유혹에 빠지는 경우가 있다. 예를 들면, 클로버의 모습에서 십자가에 달린 예수나 천사 같은 신성한 이미지를 '보기도' 한다. 그러나 묘사되지 않은 이미지를 보는 것은 확충 이상의 것이다. 초심자들은 그림이 불러일으키는 것을 투사하지 않도록 주의해야 하는데, 이런 이미지들은 초심자 자신의 심리-정신적이고 신체적인 경험과 관련된 것들이다. 론다는 하나의 클로버만을 그렸다.

그림언어를 이해하는 기본단계 중 하나는 그림에 포함되어야 할 것

같아 보이는 것 중에서 빠진 것이 무엇인지 살펴보는 것이다. 론다의 그림에서는 땅이 분명히 빠져 있다. 적어도 우리는 클로버의 생명을 유지하기 위한 화분이나 꽃병을 기대할 수도 있다. 생명을 유지하는 론다의 방법이 사라져 버린 것인가? 그녀는 자신의 임종과정을 '수용하는 데(containing)' 도움을 원하는가? 만약 그렇다면 그녀는 만족스러운 용기(container)를 어디에서 찾을 수 있는가? 그 용기가 집에서의 생활이 될 수도 있는가?

우리는 시들어 죽을 운명으로 보이는 론다의 클로버와 먹이를 받지 못한 부화한 병아리 사이에 어떤 유사성이 있음을 깨달을 수 있다(9장에 논의). 론다의 그림은 모체에서 뽑혀 나온 클로버를 보여준다. 그 고립은 생명에 위협을 주는 질병에 걸림으로써 론다가 다른 사람들에게서 떨어져 나오는 경험을 하고 있음을 보여주며, 곧 죽음을 맞게 하는 '뜯겼다'는 감을 갖게 한다. 베르토이아(1993)는 론다의 클로버처럼 환자의 그림에서 나타나는 떠다님의 특성은 '이 세상에서 거리가 있는 것' 그리고 '지상의 애착에서 얽매이지 않고 떠다니는 것'을 시사한다고 하였다.

앞서 나는 동일한 대상에 두 가지 음영의 녹색을 다 칠하는 것은 화학적 불균형을 의미할 수 있다는 바치(1974/1975)의 말을 언급했다. CF 환자의 전해질 수치는 종종 정상 범위를 벗어난다. CF 세포는 나트륨은 너무 많이 받아들이면서 염화물은 충분히 배출할 수 없다. 그날 론다의 실험검사 결과, 나트륨 수준은 정상범위였지만, 칼륨 수치는 낮았고(3.3. 정상범위는 3.4~4.7이다), 이산화탄소는 높았으며(41.28이 되면 높은 것이다), 염화물은 낮았다(89. 정상범위는 98~106이다). 이 수치들이 어떤 식으로든 클로버의 두 가지 녹색과 관련될 수 있는가? 그리고 클로버를 감싸고 있는 약하고 노르스름한 녹색이 점차 나빠지는 건강과 신체적 약화를 의미할 수 있는가?

그림을 마쳤을 때 론다의 어머니가 다가와 위층의 X-레이실로 가야 한다고 했다. 나는 같이 가도 되냐고 물었고, 론다는 어머니에게 "내가 그림을 그릴 영감이 떠오르면 선생님이 그걸 보시려는 거예요."라고 설명했다. 맥그로우 부인은 함께 가자고 하였고 X-레이실까지 가기까지는 그렇게 오래 기다리지 않았다.

론다가 없을 때 맥그로우 부인은 남편이 걱정된다면서 남편이 론다가 죽는다는 것을 부인한다는 것이다. 어머니는 론다가 집에서 죽음을 맞이할 수 있게 해주고 싶어했으며, 론다도 그걸 원하고 있다고 믿었다. 그녀의 남편은 론다가 죽을 것이라는 것을 받아들이지 않았으며 이 계획에 대해서도 이야기하고 싶어 하지 않았다.

맥그로우 부인은 이 문제를 이야기할 수 있어 많이 편해졌다. 그녀는 임상사회사업가한테서 '헤파린 장치'를 달면 론다가 집에서 임종을 맞을 수 있다는 이야기를 들었다고 했다. 헤파린 장치는 주사기로 IV 약물(역주: 전해질 약물, 항응고제)을 반복해 놓지 않아도 되게 하는 장치다. 그러기 위해서는 정맥에 피하주사바늘을 주입하여 지속적으로 약물을 주입할 수 있도록 고정시켜야 한다. IV 약물을 주입한 후에는 항응고제 때문에 피부가 붉어지는데, 다음 주입 때까지 막아 놓아야 한다.

론다가 집에서 임종을 맞게 하는 문제는 그날 병원에서 의사와 논의되었다. 그날 론다는 헤파린 장치를 다는 것을 원하지 않았고, 따라서 의사는 한 주간 먹는 항생물질을 시도하기로 결정했다. 맥그로우 부인은 새로운 항생물질이 듣지 않으면 론다를 병원에 입원시키고 정맥주사 치료를 할 계획이라고 했다. 그러면 헤파린 장치가 도입될 것이고,

론다의 어머니는 론다가 집으로 가기 전에 그 장치를 어떻게 관리해야 하는지 교육받게 될 것이다. 대화를 하면서 나는 맥그로우 부인에게 내가 듣는 것과 그녀가 느끼는 것들을 계속 반영해 주었다. 그녀는 좀 이완되어 보였으며 심지어는 좀 더 수다스러워졌다.

"그 애는 영리해요. 무슨 일이 일어나는지 모두 알고 있어요. 어느 날 날씨가 너무 좋아서 우리는 잠시 바깥에 앉아 있었어요. 나는 '생각해 봐, 론다야. 몇 주 동안 늘 이렇게 날씨가 좋을 거야.'라고 말했어요. 그러자 론다가 "하지만 난 몇 주 내로 죽을 수도 있어요."라고 말했어요." 맥그로우 부인의 눈이 나의 눈과 마주쳤다. "내가 말하려는 게 그거예요. 그 애는 알고 있어요!"

"그래요." 나는 동의했다. "확실히 그 아이는 무슨 일이 일어나는지 아는 것 같아요. 좋아요. 그렇다면 우리는 그걸 존중해야 해요. 그렇지 않나요?"

"사람들은 내가 론다와 죽음을 맞이하는 것에 대해 이야기해야 한다고 말해요. 론다가 물어볼 수도 있다는 거지요. 하지만 난 못 하겠어요……."

론다가 돌아와 X-레이 결과가 나올 때까지 다른 그림을 그리고 싶다고 말하는 바람에 우리의 대화는 중단되었다. "황금 항아리를 좇아다니는 사람을 뭐라 그래요? 난 그 사람 모자를 그릴 거예요!"

"레프리칸(역주: 붙잡히면 보물이 있는 곳을 알려준다는, 장난을 좋아하는 작은 요정)을 말하는 거니?" 나는 물었다.

"예. 그거예요. 레프리칸. 그걸 그려본 적은 없어요. 난 레프리칸의 모자를 그릴 거예요."

모자는 사분면 경계선이 만나는 종이 가운데 근처의 왼쪽 위 사분면에 있다([그림 24]). 모자의 오른쪽 가장자리와 모자챙의 가장자리 일부가 오른쪽 위 사분면에 걸쳐 있다. 모자가 중앙 가까이에 있다는 것은 이 모자에 대한 무언가가 론다 인생의 핵심문제와 관련된다는 것을 의미한다. 아만(1991)에 따르면 모래놀이 분석에서는 중앙에 있는 사물은 자기와 자아의 관계와 관련된다. 이것은 성격의 중심화를 상징한다. 아만은 왼쪽 위에 나타나는 대상이나 모티브는 개인의 내적 세계, 즉 정신적 충동과 관련된다고 보았다. 이것이 론다가 인생에 대한 명상단계로 들어가는 것이라고 할 수 있는가? 이는 우리가 그림의 다른 측면들을 공부하면서 계속 갖고 있어야 하는 의문이다.

론다는 암녹색으로 모자를 진하게 칠했으며 모자챙 바로 위의 띠는 황록색으로 칠했다. 그리고 같은 황록색으로 띠 가운데서 나오는 클로버를 그리고 색칠했지만, 암녹색으로 그 위를 다시 칠해버렸다. 그래서 모자의 암녹색 때문에 클로버가 잘 보이지 않는다. 론다는 왜 모자를 그렸을까? 그녀는 사람을 그릴 수도 있었고, 실제로 자주 사람을 그렸다. 그런데 왜 지금은 사람이 빠졌을까? 이는 그녀의 그림을 좀 더 살펴보면서 유념해야 할 또 다른 의문이다.

오른쪽 사분면 거의 가운데에 론다는 큰 황금 항아리를 그렸다. 큰 솥은 풍부해 보이는 땅색으로 두껍게 칠했으며, 꼭대기까지 황금으로 가득 차 있다. 이 황금 항아리를 칠하는 데 시간이 많이 걸렸다. 그녀는 이름을 밝은 빨간색으로 쓰고 밑줄을 그음으로써 그림을 마쳤다. 왼쪽의 사각형은 비밀보장을 위해 성을 가린 것이다. 아동들이 그림에 이름을 써넣을 때는 그림에 만족한다는 신호로 볼 수 있다. 그것은 자신과 관련되어 있고 또 자신에게서 나온 것이라고 느끼는 것이다.

나는 론다의 '영감'에 대해 감사와 흥미를 갖고 "레프리칸의 모자는 보이는데 레프리칸은 가 버린 것 같구나. 그리고 여기 이건 뭐지? 커다란 황금 항아리인가?"라고 반응했다. 론다는 기분 좋게 그렇다고 하였다. 나는 "좋아, 지금 레프리칸은 가 버렸네. 나는 이 황금 항아리를 누가 발견하게 될지 궁금해."라고 물었다. 론다는 크게 웃으며 "나예요!"라고 말했다.

왜 인간은 빠져 있고 모자에 관심을 두는 것인가? 그려진 모자의 위치가 현재 주 관심사인 무언가에 집중되어 있음을 시사할 수도 있는가? 론다는 결코 레프리칸을 그리겠다고 하지 않았으며 처음부터 자신은 레프리칸의 모자를 그릴 것이라고 하였다. 둥근 모자와 그 둥근 테두리는 원 속에 원을 만들며 전체성을 상징하는 만다라를 형성한다. 이것은 론다가 제시한 옆에서 보는 관점보다는 새눈의 관점으로 보면 더 잘 알 수 있다. 아마도 이는 론다가 삶의 전체성과 완결을 전체적으로 파악하지 못하는 것을 보여주는 것일 수 있다. 머리와 모자와의 관계는 생각하기, 개념, 성격 그리고 궁극적으로는 개성화 과정을 시사한다.

만약 론다가 자기 정체감의 전체성을 향해 나아갈 필요를 느낀다면 그녀는 분해에서 재통합으로 가는 길 위에 있을 것이다. 그녀는 아직 자신의 자기를 발견하지 못했으며(죽음의 순간까지도 발견하지 못할 수도 있다), 따라서 인물상이 없는 것이 적절하다. 만약 이 아동이 되찾아가는 재통합 단계로 나아가고 있다는 생각이 든다면(아마도 그것은 그녀의 삶의 마지막 단계일 것이다), 그녀가 커다란 황금 항아리를 그리는 데 많은 시간을 들였다는 것에 주목하라.

개인의 바로 직전의 과거나 잠정적인 미래와 관련된 이미지가 나타나는 사분면에 이 보물이 있다는 것에 주목한다. 황금은 보물로 자기를 나타내는 보편적인 상징이다. 우리는 론다가 황금 항아리, 즉 보물로서의 자기가 '될 것'이라고 말할 수 있다. 그녀는 황금을 얻으려는 자신의 목적을 나타내는 것뿐만 아니라 변형적인 불과 생명의 피색인 붉은색으로 서명함으로써, 그리고 황금 항아리를 그리는 데 많은 시간과 에너지를 쏟아 부음으로써 이를 확신해주었다.

모자는 중앙을 조금 벗어난 왼쪽 윗면에 자리하고 있다. 이에 대해 분석심리학의 여러 이론에 기초해 다음의 연상을 할 수 있다. 왼쪽은 인간의 내적 세계를 상징하는데, 그것이 아직 의식화되지 않았음을 의미한다. 그리고 중앙은 핵심문제나 주요 관심사를 상징한다. 모자의 위치는 잊혀지거나 억압되거나 또는 발견되지 못한 론다의 정신이 의식으로 와야 한다는 열망을 반영하는 것이라고 생각할 수 있는데, 이는 자기를 재통합하려는 만다라적이고 영혼을 자아내는 노력으로 드러나야 하는 어떤 잠재력이라 할 수 있다.

인간 외에 이 그림에서 빠진 것이 무엇인가? 신화에 따르면 황금 항아리는 무지개 끝에 묻혀 있다(Leach & Fried, 1972). 몇 문화의 신화에 따르면 무지개는 천국과 땅 사이의 다리다(Leach & Fried, 1972). 미국 원주민들은 무지개를 죽음의 길로 알고 있는 반면, 어떤 호주 토착민들은 무지개를 뱀으로 본다. 따라서 리튜얼 입문자는 이 무지개를 뱀이 삼킨 후 재탄생하게 된다고 믿는다(Leach & Fried, 1972).

론다가 아직 이승에서 천국으로 가는 다리를 여행할 준비가 되지 않았기 때문에 그림에서 무지개가 빠진 것 같다. 사후생으로의 입문은 너무 이르다. 론다가 레프리칸을 그렸다면 그림이 정신의 특성을 전달한다고 볼 수도 있겠지만, 만다라적인 모자와 황금 항아리는 영혼의 표상이다.

한 달쯤 뒤 론다는 입원해야 할 상태가 되었다. 내가 병실을 찾아갔을 때 린다는 오른손(주로 쓰는 손)이 IV 판에 연결되긴 했지만 나를 위해 그림을 그릴 수 있다고 했다([그림 25]). 그녀는 왼쪽 위 사분면에서 시작해 오렌지색 색연필로 커다란 달걀을 그렸다. 당시는 부활절 시즌이었다. 그녀는 달걀의 꼭대기 부분을 같은 오렌지색으로 칠하고 나서 연녹색으로 달걀의 아래쪽 부분을 채웠다. 그리고 이 녹색으로 달걀의 위쪽 오렌지색 부분에 몇 개의 스케치 선을 덧칠했다. 이렇게 그리고 나니 두 가지 색이 된 달걀은 작은 사탕이나 상품을 넣기 위해 두 쪽으로 갈라지는 플라스틱 '달걀' 처럼 보였다.

달걀과 나란히 오른쪽 위 사분면에는 꽃을 두 송이 그렸다. 꽃들에는 연녹색 줄기와 잎 두 개가 달렸는데, 한쪽에 하나씩 있다. 잎을 연녹색으로 그리긴 했지만 속은 색깔 없이 그냥 두었다. 그러고 나서 붉은색을 사용하여 여덟 개의 꽃잎이 있는 왼쪽 꽃을 그리고, 다시 붉은색으로 꽃 가운데 일곱 개의 꽃잎을 더 그렸다. 붉은색 외관 외에는 색깔 없이 놔두었다. 오른쪽 꽃의 경우에는 붉은색으로 가장자리에 여덟 개의 꽃잎이 있고 가운데 둥근 원이 있는 꽃을 그렸다. 론다는 이 꽃들이 장미라고 하였다. 첫 번째 꽃처럼 이 꽃의 잎들도 색깔이 없다.

종이 아래쪽 중앙부분에 론다는 부활절 바구니를 그렸다. 손잡이와 윗부분을 연파란색으로 그리고 바구니의 맨 위 두 줄을 파란색 선으로 그렸다. 그러고 나서 계속 쌍으로 선을 그렸는데, 이는 바구니가 엮여 있다는 것을 보여준다. 꼭대기에서 아래쪽으로 볼 때, 첫 번째 쌍은 파란색이고 다음은 노란색, 그리고 세 번째는 붉은색이며 마지막은 자주색이다.

론다는 바구니의 꼭대기 왼쪽 끝에 자주색 물건과 그 속에 갈지자 도안을 그려 넣고 '사탕'이라고 말했다. 이 사탕 오른쪽에 다시 노란색으로 비슷한 사탕을 그리고, 그 옆에 분홍색 사탕을 또 그렸다. 그러고 나서 밑으로 내려가 바구니 아래 왼쪽에 대문자로 'E.'를 썼다. 그런 뒤 다시 바구니 꼭대기로 가서 분홍색 사탕 오른쪽 옆에 갈색으로 '초콜릿 토끼'를 그렸는데, 토끼의 귀에 'M'자 도안의 지그재그를 넣었다. 토끼 오른쪽의 바구니 손잡이 옆에는 또 다른 사탕인 것 같은 연파란색 물건을 그렸다.

여기서 론다는 그림의 아래로 다시 돌아가 글자를 계속 썼는데, 부활절(Easter)의 철자를 잘못 썼다. 먼저 써놓은 분홍색의 E 옆에 연파란색으로 S를, 오렌지색으로 T, 연녹색으로 E, 그리고 붉은색으로 R을 썼다. 그리고 붉은색의 느낌표로 마무리를 했다. 바구니 왼쪽의 얼굴은 아직 그림에 포함되지 않았다.

그녀는 그림을 끝냈다고 신호를 보냈는데, 나에게는 뭔가 이야기가 있는 그림처럼 보였다. 그래서 론다에게 이야기를 해달라고 하였다. 그녀는 "싫어요. 피곤해요. 선생님이 이야기해요."라고 했다. 그녀는 기대에 찬 표정으로 나에게 웃음을 지어 보였다.

나는 이야기를 하기 시작했다. "어느 화창한 부활절 아침에 부활절 토끼가 와서 마술 달걀을 놓고, 장미 두 송이를 만들고, 그리고 온갖 종류의 맛있는 것이 가득 담긴 부활절 바구니를 놓고 갔어요." 나는 론다 가까이로 몸을 약간 기울여서 그녀를 보았다. "그러면 누가 와서 이걸 찾아낼 거라고 생각하니?"

론다는 머리를 비스듬히 하고 마치 깊은 집중을 하는 것처럼 이마에 주름을 지으면서 질문을 곰곰이 생각하며 긴장을 하는 척하였다. 당혹한 척 연기를 한 후에 이 극적이고 작은 아마추어 배우는 나에게로 곧

장 돌아서더니 갑자기 "론다!"라고 큰 소리로 외쳤다. 이 대답이 어떤 기억을 촉발시킨 것처럼 그녀는 재빨리 "오, 나 안 끝났어요. 잊어버린 게 있어요."라고 했다. 그녀는 왼손으로 빨간색 색연필을 움켜쥐더니 IV 판에 불편하게 연결된 오른손으로 조심스럽게 옮겨 쥐고 바구니 손잡이 왼쪽에 머리를 그렸다. 그 이미지는 론다처럼 붉은 머리, 붉은 미소, 붉은 볼, 그리고 붉은 눈썹이었다. 그러고 나서 그녀는 검은색으로 눈을 그리고 자신의 눈동자 색깔인 암녹색으로 홍채를 그렸다.

나는 이 그림을 보니 이전에 그렸던 황금 항아리 그림이 생각난다고 말했다. "맞아요!" 그녀는 내 말에 아는 체하고 반응했다.

그녀는 이전 그림에서 자신이 황금 항아리의 주인이라고 급하게 이야기했는데, 오늘 그림에 나오는 좋은 것도 모두 자기 것이라고 했다.

반복되는 사물들이 갖는 의미와 그것이 중요한 시간단위와 일치한다는 것은 이미 이야기했다. 특히 인생의 중요한 시기에 만들어진 그림에서는 더욱 그렇다. 론다는 두 개의 잎과 여덟 개의 꽃잎을 가진 꽃들과 엮인 부활절 바구니를 묘사하는 여덟 개의 수평선(4쌍으로)을 그렸는데, 8주 정도 되는 2개월 뒤에 사망했다.

이 그림에는 그녀의 죽음을 예견하는 것보다 더 눈에 띄는 또 다른 특징이 있다. 병원의 의료진들은 이미 론다의 병이 말기단계에 있다는 것을 알고 있었다. 나는 그녀가 맨 처음 그린 물건, 즉 달걀에 관심이 있었다. 그것은 부활절 바구니를 채우기에는 너무 컸는데, 두 송이의 꽃을 합한 것보다도 크다.

알은 재생과 재탄생을 의미하는 고대 상징이다. 전기독교 시대의 춘분 의식에서 알은 재탄생과 재창조를 의미하였다. 부활절 달걀은 봄 의례를 위한 이교도적 상징을 기독교화한 것이다. 짐부타스(1989)에 따르면 알의 상징에는 여러 가지 범주가 있다. 이 중 하나는 알을 생명의 발생원으로서 물과 황소 그리고 그 뿔과 연결시킨다(5장에 나오는 데니스의 그림 중 황소의 두개골과 두개골 이마에 있는 꽃 도안을 생각해보라.)

기원전 4600~4500년의 고대 유럽에서 생산된 도자기에는 알과 뿔이 번갈아가며 장식되어 있다(Gimbutas, 1989). 짐부타스는 우리에게 죽은 사람의 살이 썩은 뒤 뼈를 눕히는 알 모양의 매장실에 대해 알려주었는데, 고대인들은 이 방에서 뼈가 부화되어 재생된다고 생각하였다. 짐부타스는 모든 창조물이 시작되는 곳에서 오는 우주적 알에 대해서도 언급하였다. 알은 우리의 객관적 정신에 있는 이미지이다. 그것은 여성성과 영혼과도 일치한다.

앞서 나는 론다의 알에 나타난 색채 패턴이 부활절 사탕이나 선물을 담는 데 사용되는 플라스틱 달걀을 상기시킨다고 말했다. 상품을 담는 용기로서의 알은 진정한 자기에 대한 상을 추구하는 개념을 의미한다. 성인이든 아동이든 사람이 죽음에 가까워지면, 자기를 찾고 확인하는 여행이 주요 과제가 된다. 이 과제는 가능한 완벽하게 삶을 살도록 촉구한다. 론다는 황금 항아리, 마술 달걀, 좋은 것들이 담겨 있는 부활절 바구니, 그리고 장미를 얻는 상상을 하면서 이 개념을 확인했다.

우리는 9장에 나오는 데니스의 장미 그림을 살펴보면서 장미가 죽음과 재탄생과 관련되는 상징이라고 보았다. '잠자는 숲속의 미녀'로도 알려진 그림동화 '작은 가시나무 장미'는 죽음과 재탄생의 주제를 갖고 있는 이야기다. 시간이 맞으면 가시나무 장미는 깨어난다. 또한 시간이 맞으면 론다는 자신의 여행을 마치고 자아의식 너머의 새로운 삶으로 깨어날 것이다.

바구니의 손잡이에서도 나타나는 자주색 사탕의 갈지자 도안은 론다가 10일 뒤 그린 그림에서 나온 흥미로운 세부항목을 몇 년 뒤에 연구할 때까지는 그 의미를 찾아내지 못했다. 그때 상황을 설명하면서 이 특징에 대해 잠깐 살펴보겠다.

론다는 부활절 그림을 그리고 나서 10일 뒤 엄마가 매일 병원에 오는데도 집에 가고 싶어 했다. 론다는 병원에 있는 것을 너무나 지겨워했으며 집과 비교하면서 불평을 많이 했다. 그녀는 엄마가 해주는 음식을 먹고 싶어 했으며, 형제와 이웃에 사는 사촌들과 놀고 싶어 했다.

그녀는 자화상, 즉 빨간 머리와 녹색 눈이 있는 소녀를 그리기 시작했다([그림 26]). 보라색 터틀넥 상의는 길고 가느다란 목을 덮고 있다. 론다는 하트 모양의 오렌지색 메달이 있는 목걸이를 그렸는데, 메달의 가운데에 'V' 자 모양이 있다.

목이 왜 이렇게 긴가? 프로이트식으로 해석하면 가느다란 목은 사회화와 생활 관련 자원 간의 분열, 즉 분열성 성격을 시사한다고 볼 것이다. 또한 긴 목은 머리(이성적 사고)와 몸(충동) 간의 분리를 과장하는 것이기도 하다. 반면 융 학파의 꿈분석에서는 비정상적으로 긴 목은 목이 없는 것에 대한 보상을 의미한다. 그렇다면 목이 없는 것은 무엇을 의미하는가? 그것은 척추가 없는 것을 시사한다. 목을 세우는 것은 대담하게 말하거나 위험을 감수하는 것을 의미한다. 이런 행동은 '척추가 없는 것'과 반대이다. 론다가 좀 더 대담하게 말해야 할 문제가 있는가? 우리는 이 점을 유념하고 그림을 계속 살펴보아야 한다.

그녀의 입은 크게 벌려서 웃고 있다. 론다는 연필로 치아를 그렸다가 지웠다. 치아는 그림의 소녀가 화난 것처럼 보이게 만들었다. 론다는 자신을 치료할 수 없는 병원에 묶여 있는 것에 화가 났다는 것을 인정하고 싶지 않았는가?

초상화는 어깨 바로 아래에서 끝이 난다. 종이 위 가장자리에는 연파란색 하늘의 후광이 가득하다. 마지막으로 그린 것은 양 어깨의 밝은 노란색 날개였다. 그리고 종이 아래에 암녹색 필기체로 '론다 천사!'라고 썼다.

입원 초기에 나는 론다에게 내 연구에 참여했던 또 다른 CF 아동에 대해 이야기했다. 론다와 그 아동은 친한 친구가 되었고, 그 어린 소녀는 약 1년 전에 죽었다. 론다와 나는 죽으면 무슨 일이 일어나는지에 대해 이야기했다. 론다는 모든 걸 잘 알고 있었다. '하나님이 천사가 되게 해줘요'.

메달이 달려 있는 체인 또는 끈은 천사의 왼쪽 목 쪽에 완전히 닿아 있지 않다. 이는 론다가 아직 하나님의 천사 무리 중 하나로 포함되지 않았음을 알려주는 것으로 생각할 수 있다. 그녀는 자신이 그 양떼가 될 것이라고 확신하는 변형을 충실하게 기다리고 있다.

나는 론다에게 감동스런 그림이라고 감사했지만 그림에 압도되어 거의 말을 잃었다. 그리고 누군가를 만나러 병동으로 급히 내려가 봐야 한다고 말하고는 재빨리 병실을 떠났다. CF 전문의가 그날의 마지막 외래검진을 마치고 막 입원환자들을 둘러보는 저녁 회진을 하려고 할 때였다. 그가 저녁 회진을 돌기 전에 그림을 봐야할 것 같아 나는 서둘러 외래병동으로 달려갔다.

론다의 의사는 그림을 주의깊게 살펴보았다. 그는 그림이 전달하는 분명한 메시지를 말하기를 망설이는 것 같았다. 대신 그는 내 쪽으로 몸을 돌려 내가 생각하는 바가 무엇인지 물었다. 나는 그녀가 자신은 더 이상 이 세상에 있지 않을 것임을 아주 분명하게 말하고 있다고 생각한다고 했다. 그녀는 이 메시지를 그림으로 그렸을 뿐만 아니라 말로도 썼다.

나는 론다가 집에서 죽기를 간절히 원하며, 우리가 이를 알아주길 바란다는 것을 표현한 것이라고 말했다. 나는 헤파린 장치를 하면 집에 가는 것이 가능한지 물었고 의사는 그렇다고 했다.

이 의사에게 문제가 되는 것은 론다를 계속 입원시켰을 때 상태를 호전시키기 위해 무엇을 할 수 있는지 아는 것이었다. 소아과 레지던트들에 대한 책임감 때문에 결정을 내리는 것이 쉬운 일은 아니었다. 그는 "론다는 훌륭한 가르침을 주는 사례예요."라고 했다. 그는 소아과 의료교육 관리자로서 어쩔 수 없이 갖게 되는 갈등 때문에 힘들어 했다. 나는 그에게 가봐야 한다고 말하면서 "당신은 최선의 결정을 할 거예요."라고 덧붙였다.

다음 날 아침, 병원의 엘리베이터로 가면서 제일 먼저 만난 사람이 CF 전문의였다. 나는 어떻게 되었는지 알고 싶었다. "지난 밤 회진하면서 론다에게 어떤 결정을 내렸나요?"

익살스런 미소가 그의 얼굴에 퍼졌다. "서둘러 올라가면 그들이 떠나기 전에 작별인사를 할 수 있을 거예요. 그녀는 집에 돌아갈 준비를 다 했어요."

나는 너무 행복해서 소리쳤다. "당신이 옳은 결정을 할 줄 알았어요!"

그는 "그건 정말 내가 결정하는 문제가 아니었어요. 그건 환자가 우리에게 무엇을 말하는지 듣고 그것을 존중하는 문제였어요."라고 말했다. 론다가 집에서 임종을 맞을 수 있도록 돌려보내는 것은 레지던트들이 배울 수 있는 가치있는 공부였다. 그는 환자들에게는 공정하면서 학생들은 속이지 않고 자신의 지위를 절묘히 다루는 방법을 알고 있었다.

오랫동안 나는 천사 자화상에 나오는 메달의 'V' 자가 궁금했다. 바구니의 갈지자 도안은 내게 아무런 의미를 주지 못했다. 그래서 그녀의 개인적 무의식에서 나오는 영향력들을 살펴보기 시작했다. 'V' 자로 이름이 시작되는 가족이나 가까운 친척들은 찾을 수 없었다. 동료들은 V가 승리(victory)의 V자일 수 있다고 했지만, 이 표현은 제2차 세계 대전때 나온 것이며, 따라서 론다는 모를 것이다. 손가락을 벌린 평화 사인을 연상할 가능성이 더 많다.

실제로 이 모양이 글자 V였나? 날아가는 새일 수도 있는가? 얼마 뒤 나는 마리자 짐부타스의 책 『여신의 언어』(1989)라는 책을 보게 되었는데, 이 책에서 그녀는 아담 이전의 여신-창조자 신화의 회화적 모티브에 대해 이야기하고 있었다. 그녀는 V와 갈지자 도안은 새 여신, 즉 죽음과 재생의 여신을 의미하는 상형문자로서 여성의 삼각 음부와 일치하는 모양이라고 하였다. 그리고 이 여신에 대한 또 다른 상징에는 황소의 두개골(6장의 [그림 8]을 보라)과 론다의 이전 그림에서 나온 알이 포함되어 있다.

짐부타스(1989)가 말한 것처럼, 선사의 여신시대와 그 상징들은 수천년 동안 지속되었는데, 이는 인도유럽의 신화와 기독교 시대보다도 더 오래된 것이다. 고대의 여신 상징들이 집단적 정신에 지속적인 인상을 남긴다는 것은 놀라운 일이 아니다. 론다의 그림을 확충하는 새 여신의 상징에 대해 우리는 무엇을 더 배울 수 있는가?

신석기 시대와 청동기 시대의 새 여신에 관한 공예품들은 주로 V, X, 그리고 M 도안으로 꾸며져 있다([그림 25]의 부활절 바구니의 세부장식을 주목하라). 이 표식들은 우주적 물을 가진 여신들과 관련있는데, 이 물은 여신의 요소다(Gimbutas, 1989). 여신은 천국과 땅을 연결하는 물의 새였다. 짐부타스에 따르면 여신은 '초기의 영구적 중대 관심사인 생명을 주는 수분의 근원이며 분배자' 였다고 한다. 고대의 생명을 주는 수분과 생명을 위협하는 CF 간의 신체적 대조를 생각해보면 아이러니컬한데, CF는 세포장애로 인해 폐와 그 접합부 주변의 세포에 수분이 너무 많이 함유되어 있는 병이기 때문이다.

짐부타스는 신성한 물새가 우주의 알을 낳는 신화에 대해 이야기하였다. 이 신화는 그리스의 청동기 시대의 꽃병에 묘사되어 있다. 같은 책에서 짐부타스는 지중해 중부지역에서 발견된 알 모양의 무덤에 대해서도 이야기하였는데, 이 지역에는 지면 30 피트 정도 아래에 바위를 잘라 만든 지하 3층으로 된 엄청난 매장실이 있다.

새 여신은 대 여신(Great Godness)의 한 측면일 뿐이다. 짐부타스에 따르면 "생명을 주는 자(Life Giver)와 죽음을 휘두르는 자(Death Wielder)는 하나의 신이다.…… 그녀는 물새일 수도 맹금일 수도 있고, 해가 없는 또는 독이 있는 뱀일 수도 있지만 궁극적으로 하나의 분리될 수 없는 여신이다."

기원전 5000년 후기부터 4000년 초기까지 남부 이탈리아와 그리스의 사르디니아와 시실리에는 새로운 여신상이 나타난다. 이 여신상은 이전의 상들처럼 둥글둥글하지 않고 평평했다. 이 여신은 T자 형태로, 상부의 팔과 몸통은 사각형으로 만들어졌고 아래의 몸은 원뿔처럼 점점 가늘어진다. 그리고 긴 목을 갖고 있으며 가슴 위에 V자 표시가 새겨져 있다(Gimbutas, 1989).

탄생을 주는 자, 대지의 어머니, 그리고 죽음을 휘두르는 자의 측면들을 모두 포함하고 있는 이 대 여신의 영향은 기독교가 생길 때까지 널리 퍼져 있었다. 우리는 짐부타스(1989)를 통해 기독교의 사상은 결국 탄생을 주는 자와 대지의 어머니를 성 마리아에 대한 예찬으로 통합하였음을 알게 된다.

집단적 무의식과 개인적 경험을 사용해 론다가 이루어낸 도약을 생각해보라. 천사그림에 나오는 새 여신의 V자 장식메달을 한 긴 목과 부활절 그림에 나오는 우주적 알이 주는 의미를 사용하여 그녀는 자신의 기독교적 믿음을 오래 전 과거 시대의 원형적 자취와 혼합하였다.

나는 론다가 퇴원을 하고서 죽음을 맞기 전에 한 번 더 그녀를 만났는데, 그녀가 신체검사를 위해 CF 병동에 왔을 때였다. 아직은 어머니가 따라다니면서 들어주는 휴대용 산소를 사용하여 걸을 수 있었다. 론다는 집에 있는 것이 병원에 있는 것보다 훨씬 좋다고 했다. 그녀는 나를 위해 열심히 그림 한 장을 그렸는데, 이는 이전에 보았던 것과는 상당히 달랐다([그림 27]).

그녀는 종이의 왼쪽 구석 위에 종이를 눌러 그린 오렌지색 태양부터 그리기 시작했는데, 햇살이 아홉 개 있다. 만약 론다가 아홉 번째 달인 9월까지 살 수 있다면 그녀는 자신의 열한 번째 생일을 맞을 수 있다. 나는 인간의 임신 개월수인 9에 대해서도 생각했다. 론다가 그린 수평선 위에 재탄생이 있었는가?

그 다음 그녀는 종이의 제일 꼭대기에 걸쳐 좁고 푸른 하늘 띠를 그리고 종이의 아래 중앙에는 떠 있는 세 개의 형상을 그렸다. 그리기는 왼쪽에서 오른쪽으로 그렸지만, 설명은 중앙, 왼쪽, 그리고 오른쪽 순, 즉 '고양이, 개, 그리고 연을 날리는 신비한 소년' 의 순으로 했다. 그러고 나서 그녀는 "아무도 그[소년]가 누군지 몰라요."라고 덧붙였다. 이 형상들은 유령 같은 특징을 갖고 있다. 머리 부분은 개와 고양이, 그리고 동물들과 소년을 구분할 수 있을 만큼 자세하게 그려졌지만, 동물들은 진짜 몸을 갖지는 않고 왼쪽, 즉 서쪽으로 머리를 두고 있는 뱀이나 그와 비슷한 기어다니는 창조물처럼 보였다. 각 동물이 머리만 내놓은 채 커다란 긴 양말베개나 그런 종류의 가방에 들어가 있다고 볼 수도 있는데, 움직임이 아주 제한되어 있다.

소년은 귀가 없고 눈은 눈동자 없이 비어 있다. 팔은 투박하며 연을 잡는 손도 없다. 줄은 소년의 셔츠 소매 바닥에 붙어 있거나, 아니면 소매 안에서 손으로 연을 잡고 있을 수도 있다. "소매 속에 무언가를 몰래 숨겨둔다."는 표현이 떠오른다. 론다는 다른 사람들이 모르는 어떤 속임수나 놀라운 일을 알고 있는가?

올라가는 연줄에는 두 개, 아니면 세 개의 고리가 있다. 아마도 하나는 매듭인 것 같다. 다이아몬드처럼 생긴 연은 종이의 오른쪽 가장자리 근처에서 날고 있는데, 대략 종이 중간쯤이다. 검은색으로 가장자리를 그렸고 검정, 오렌지색, 그리고 암녹색의 그물무늬가 있다.

태양을 제외하고는 색깔이 거의 없고 생동감도 없어 보인다. 그녀는 암갈색으로 개를 그리고 같은 색깔로 귀 부분만 색칠했다. 소년의 머리와 얼굴은 검정으로 그리고 암갈색 머리카락을 덧붙였다. 목은 없지만 어깨와 팔, 그리고 몸통은 암녹색으로 그렸으나 색칠은 하지 않았다. 몸은 생식기 바로 위까지만 있다.

불구 같은 소년의 모습이 인상적이다. 그는 볼 수도, 들을 수도, 그리고 물건을 분명히 잡을 수도 없으며, 서 있을 수도 없다. 그는 몸에서 배설물을 제거할 능력도 없다. 마비상태에 있는 것이다. 그러나 역설적으로 소년은 날고 있는 연과 어느 정도 연결되어 있다. 가장 남성적인 특성과 분리되어 있는 '신비한 소년'은 아직은 '소매 속에 숨겨놓은 무언가'를 갖고 있다.

바치에 따르면 새 모티브는 영혼을 의미할 수 있으며, 아이들은 때때로 새의 모티브를 비행기로 확장시킨다고 한다. 아동의 그림에서 연과 같이 날고 있는 다른 대상들도 무의식적으로 영혼의 에너지와 연관될 수 있는가?

베르토이아(1993)가 불치병 아동의 그림에서 '떠 있는' 특징을 발견했다고 앞서 언급했다. 그녀는 이런 그림들에서는 세부항목과 색깔이 점점 없어진다고도 하였다. 소년이 갖고 있는 미지의 신비로운 특성은 론다의 정신의 어떤 통합되지 않은 측면을 의미하는 것일 수도 있다.

그림에는 식물 생명이 전혀 없다. 전체적으로 그림은 생명과 이 세상 현실과의 연계성이 사라지고 있다는 느낌을 주고 있다. 수잔 바치에 따르면 이런 종류의 그림에서는 태양이 저무는 것일 수 있다.

론다에게는 태양이 지고 있었다. 우리 모두는 그녀가 그리 오래 살지 못할 것임을 알고 있었다. 하지만 그림에서 보여주는 것처럼 세상의 삶에서 거리를 둠으로써 그녀는 또 다른 과정을 갖는다. 개와 고양이는 볼 수 있는 눈과 들을 수 있는 귀, 그리고 나쁜 냄새와 좋은 냄새를 구별할 수 있는 코를 갖고 있다. 이 특성들은 론다의 자연적이고 본능적이며 직관적인 자기를 나타낸다. 주로 개는 조심스러운 보호자를 의미하며, 고양이는 독립적인 것으로 잘 알려져 있다. 그러나 여성적 고양이는 아주 모성적이며, 때때로 다른 종의 동물을 기른다. 이 양육적이고 자기 의지적이며 조심스러운 기다림은 영혼의 에너지를 표현한다. 론다가 그린 세 개의 형상은 세 개의 시간단위를 기다리는 것이라고 볼 수도 있는데, 그녀는 생일 3개월 전에 죽었다.

론다는 6월에 죽었는데, 이때는 그녀가 고양이, 개, 날고 있는 연과 그것을 들고 있는 신비한 소년, 지는 해라는 다섯 개의 두드러진 대상들을 그리고 난 5주 뒤였다. 그녀는 집에서 사랑하는 가족에 둘러싸여 아무 고통 없이 조용히 죽음을 맞았다. 그녀는 자신이 가장 소중히 여기는 것과 떨어져 죽고 싶어 하지 않았다. 나는 론다가 사후생을 믿었을 것이라고 생각하는데, 천사의 도움으로 그녀는 의식과 삶을 떠나는 특별한 순간을 영혼적으로 기다릴 수 있었다. 죽음과 싸우거나 삶을 붙잡으려고 애쓸 필요없이 론다는 자신감과 평화를 갖고 죽었던 것이다.

## 제이슨, 마지막 전투에서

수잔과 노아 탠지 부부는 제이슨이 태어났을 때 아주 기뻐했으며, 비록 제이슨이 끊임없이 호흡기 감염에 걸리긴 했지만 아이의 탄생으로 자신들은 축복받았다고 느꼈다. 하지만 비정상적으로 오랫동안 지속된 제이슨의 병치레 후 낭포성 섬유증이라는 진단이 죽음의 문장처럼 무겁게 부모의 가슴을 내리쳤다.

제이슨의 부모는 양쪽 집안에 이 질병과 관련된 가계력이 없는 것으로 알고 있었다. 그들은 질병에 대해 알 수 있는 모든 것을 찾아 열심히 읽고 다른 CF 아동의 부모들과 만나 이야기를 나누었다. 진단은 자녀를 더 가지려던 그들의 계획을 바꾸어 놓았다.

비록 CF 자녀를 양육하면서 겪는 정서적이고 경제적인 부담도 있었지만, 그들은 불변의 용기, 힘, 믿음, 그리고 사랑으로 현실을 직면했다. 이 가족의 용기와 사랑의 결합은 참으로 인상적이었다.

나는 제이슨이 다섯 살 때 처음 이 가족을 만났는데, 다른 CF 치료팀들은 이미 그들을 알고 있었다. 어머니와 아버지 모두가 치료에 참여했는데, 그들은 부드러운 지지와 인내를 갖고 아들을 양육했다. 노아의 빡빡한 직장 일 때문에 제이슨이 입원해 있는 동안에는 수잔이 대부분의 시간을 함께 보냈다. 탠지 부부는 제이슨의 진단이나 이 질병이 그들에게 주는 부담과 관련해 분노나 좌절을 한 번도 우리 치료팀에게 돌린 적이 없었다. 탠지 부부의 사랑과 인내는 우리에게까지도 똑같이 확장된 것 같았다.

또한 이 부모는 제이슨이 긍정적인 자아정체감을 확신하고 인정할 수 있도록 그의 경험과 성취를 반영해주었다. 나는 그들이 과잉 의존성을 촉진하지 않으면서도 아들에게 기술적으로 공감해주는 것에 주목했다.

수줍어 하지만 씩씩한 아이인 제이슨은 자신만의 마음을 분명하게 갖고 있었다. 나이 이상으로 지혜롭고 성숙한 탠지 부부는 제이슨에게 필요한 경계를 느슨하게 하지 않으면서도 그가 가진 이러한 특성들을 존중해주었다.

제이슨에게는 영웅들이 아주 중요했다. 그는 인간 영웅과 슈퍼영웅에 대한 만화책을 아주 많이 갖고 있었다. 제이슨은 그림에 소질이 있었으며, 그래서 영웅적 모험에 대한 그림을 많이 그렸다. 노아는 제이슨이 좋아하는 인물 중 하나인 스파이더맨을 크게 그려서 집에 있는 제이슨의 침대 머리맡에 걸어놓았다. 보통의 부모들은 그 자리에 십자가를 걸어두려고 한다. 스파이더맨은 수호천사처럼 제이슨을 지켜보며, 그에게 CF가 만들어낸 감염과 싸우고 자신의 삶을 살도록 용기를 주었다. 궁극적으로 제이슨에게 죽을 용기를 준 것은 스파이더맨과 그 외의 영웅들이었다. 영웅적 자질을 상상의 인물, 부모, 그리고 자신을 돌봐주었던 의료진들에게 투사한 뒤 그는 그 영웅의 원형을 내사하였다. 그리고 그는 일곱 살에 영웅으로 죽었다.

우리는 CF 환자가 사망하면 몇 주가 지나 가족들과 모임을 가진다. 그 목적은 부모와 가족 모두를 위해 종결을 촉진하는 것이었다. 우리는 떠난 사람에 대한 기억을 나누고 우리가 느끼는 상실을 표현하였다. 그것은 우리에게는 부모들이 헌신적이고 지속적으로 보살펴준 것에 감사하는 시간이며, 부모들에게도 아직 우리에게 하지 못했던 이야기를 할 수 있는 기회를 주는 시간이었다.

제이슨의 장례식을 치른 지 한 달쯤 후 그의 부모는 우리와 만나자는 초청을 받아들였다. 개인적으로 만나는 시간에 우리는 내 사무실에 앉아 제이슨의 그림폴더를 살펴보았다. 갑자기 제이슨의 아버지가 "제이슨이 자기가 죽을 것인지 물었을 때 내가 제대로 이야기를 해주었는지가 항상 걱정돼요."라고 말했다. 그런 말이 시작된 것이 대략 언제쯤인지 물어보자 노아는 "대략 지난 크리스마스 전이었어요."라고 말했다. 나는 폴더에서 두 장의 그림을 꺼냈는데, 하나는 1979년 12월 7일에 그린 것이었다([그림 28]). 제이슨이 자기가 죽을 것인지 질문하기 시작한 때가 이때였다. 그는 CF가 재발되어 입원한 동안 이 그림을 그렸다. 두 번째 그림인 [그림 29]는 한 달 뒤 CF 병동에서 그린 것인데, 퇴원하고 2주 뒤였다.

제이슨은 자신의 이름을 종이 꼭대기에 쓰는 것으로 첫 번째 그림을 시작했다([그림 28]). 그러나 철자오류로 이름을 잘못 써서 이를 '나는 자동차'로 변형시켜 그렸다. 그런 뒤 그는 나는 자동차 위에 정확하게 자기 이름을 다시 썼다.

나는 자동차는 현실을 벗어난 것이다. 그림에서 나타나는 환상은 종종 현실의 무언가를 부인하는 경향성과 일치한다. 나는 제이슨이 CF에서 해방되어 '새처럼 자유롭길' 바랐던 데니스처럼 CF에서 벗어나 건강한 소년이 되는 것을 상상했다고 확신한다. 제이슨은 자신이 'CF'라는 것을 여러 가지 방식으로 부인하려고 했다. 그중에는 발작적으로 기침한 것을 숨기려고 했던 적도 있다. 아마도 그는 하늘을 나는 차로 자신의 신체적 한계를 마술적으로 초월할 수 있다는 환상을 했을 것이다.

꿈과 마찬가지로 자발적으로 그린 그림도 무의식적 생각을 표현한다. 제이슨의 그림 속에 있는 날아가는 새들은 우리가 이 세상에서 직면해야만 하는 것에서 달아나려는 영혼의 열망을 표현하기 위해 나는 자동차와 공모하고 있는가? 아니면 이러한 탈출이 실현될 것이라는 전의식을 반영하는 것인가?

해안선, 물, 새, 그리고 기타 날아가는 상들은 풍부한 상징적 모티브들이다. 제이슨의 그림에 나오는 이 이미지들을 확충하면 종이를 여러 장 채울 만큼 많은 것을 생각해 볼 수 있다. 그러나 그렇게 하는 대신 나는 해안 가장자리에서 팔을 뻗치고 있는 소년에 대해 이야기하고자 한다. 다양한 자세를 보이는 몇 가지 인물 그림을 수집한 결과, 나는 제이슨이 인간을 그릴 때 이렇게 팔을 뻗게만 그리지 않는다는 것을 알았다. 따라서 제이슨이 소년의 자세를 일부러 그렇게 그렸으며, 거기에는 어떤 의미가 있는 것이었다.

그림의 소년은 반대쪽으로 가기 위해 도움을 요청하는 것일 수 있다. 신체적으로 생각해 보면 제이슨에게 반대쪽은 건강한 쪽일 것이다. 그러나 정신의 관점에서 보면 이 소년은 반대의 이승의 삶, 다른 삶, 또는 내세를 향해 손짓하는 것일 수 있다. 융(1976c)에 따르면 '둑에 서 있는 것'은 '자신의 눈으로 무슨 일이 일어나는지 보기 위해…… 즉 개인의 운명과 신과의 관계를 인식하기 위해' 무의식에서 나올 때 일반적으로 꿈에서 나타나는 모티브다.

전환의 원형은 수천 가지의 상징을 통해 우리의 꿈에서 나타난다. 물과 새는 일반적인 전환 상징들이다. 제이슨의 부모와 나는 제이슨이 이 그림을 그릴 때 삶에서 죽음으로의 위대한 전환을 했는지 생각해볼 필요가 있었다.

COPD가 진전되면서 제이슨은 신체상태를 회복하기 위한 전투에서 지고 있었는가? [그림 28]을 한 달 뒤에 그린 [그림 29]와 비교해 보면, 두 그림 모두 푸른 잔디가 있는 것을 볼 수 있다. 잔디는 삶과 성장을 상징한다. 그것은 이미 소모해버린 삶의 양을 시사하는 것일 수도 있다. [그림 28]에서 잔디는 종이의 약 삼분의 일을 덮고 있는 반면, [그림 29]에서는 삼분의 이가 약간 넘게 퍼져 있다. 이것은 제이슨의 생명의 시간이 다 되어 가고 있음을 나타내는 것인가? 한 달 사이에 그는 CF와의 싸움에서 졌다는 현실을 파악하게 된 것인가? 만약 그렇다면 이것이 그의 정신에게 주는 의미는 무엇인가? 우리는 제이슨의 회화적 표현이 제시하는 또 다른 특징을 알아보아야 한다.

[그림 28]에서 나오는 인물은 [그림 29]의 해안에서 사라졌다. 새들과 날아가는 자동차도 사라졌다. 대신 슈퍼맨 영웅이 있다. 슈퍼맨은 전혀 힘들지 않는 것처럼 커다란 검정 물건을 위로 높이 들고 있다. 슈퍼맨의 자세가 CF가 주는 짐에 대한 승리적이고 영웅적인 자세를 의미할 수 있는가?

제이슨의 부모는 마지막 1년 동안 제이슨의 삶 속에서 슈퍼영웅들이 주로 했던 역할을 회상했다. 영웅과의 동일시는 제이슨의 영웅 원형에 에너지를 주었다. 이 투사된 환상은 어떤 영웅적 성격을 형성하도록 자극을 주었다. 환상놀이를 통해 반복적으로 영웅들과 동일시한 후 제이슨은 내적 힘과 평화를 보였는데, 이러한 내적 힘과 평화는 확실히 제이슨이 CF의 짐을 이겨낼 수 있도록 도와주었다.

이 두 그림의 유사성과 차이점에 주목하면서 제이슨의 부모는 아들이 내적 성격의 영웅적 측면을 불러옴으로써 한 달 내에 CF의 침범과 자신이 죽을 것이라는 내적 지식을 보상했다는 것을 알 수 있었다. 제이슨은 [그림 29]를 1980년 1월 23일 병동에서 그렸고 다음 해 1월 22일 사망했다.

제이슨의 마지막 입원은 짧았다. 그는 갑작스런 악화로 인한 고통 때문에 응급실을 통해 입원했다. 곧 안정이 되면서 빠르게 회복되는 것처럼 보였지만, 그의 건강과 에너지는 다시 빠르게 악화되면서 죽음을 맞이하게 되었다. 삶의 마지막 주에 그는 전투를 하고 있는 전사들을 몇 개의 만화로 그렸다. 그림에 날짜가 없었기 때문에 정확한 그림의 순서를 모른다. 죽기 마지막 몇 시간 전 그는 그림책상으로 사용했던 침대머리맡 탁자의 낮은 서랍에 그림을 잘 챙겨두었을 것이다. 제이슨이 죽은 후 병실을 치웠던 간호사가 그림들을 발견했다. [그림 30]과 [그림 31]은 제이슨이 자신의 영웅을 안으로 불러들임으로써 삶을 완결했음을 알려준다.

죽음의 의미와 그것에 직면하는 방식은 사람에 따라 다르다. 제이슨은 질병과 맞서 싸우는 것에 가치를 두었고 용감한 군인처럼 전투의 고통을 참는 것에 가치를 두었다. 제이슨의 마지막 전투를 인정하고, 새로운 사후생에 대한 론다의 믿음을 함께 볼 때, 제이슨은 자신이 좋은 싸움을 했다는 것을 알고 평화롭게 죽을 수 있었다. 론다의 경우도 귀가를 축하함으로써 자신감을 갖고 평화롭게 의식과 삶에서 나올 수 있었다.

# 12
# 정신(psyche)의 양육적 측면과 영적 측면

의학적으로나 심리적으로 임종환자들을 보살피는 사람들은 그들의 죽음을 '좋거나' '나쁜' 것으로 평가하고 분류하는 경향이 있다. '좋은' 죽음의 후보자가 되는 환자들은 죽음을 두려워하지 않으며, 임종에 대해 개방적으로 감정을 표현하고, 자신의 상태에 대해 불평하지 않으며, 죽음을 예측하여 자신의 일을 정리하고, 참을성 있게 기다리는 경향이 있는데, 그날을 열망하면서 동시에 수용적으로 받아들인다. 이 환자들은 '준비된' 사람으로 죽음을 평화로운 사건으로 경험하는 것으로 생각된다.

'나쁜' 죽음의 후보자로 보이는 환자들은 모든 면에서 죽음에 대해 불평하고 죽음에 맞서 싸우며 회복이 가능하다고 계속 주장한다. 또한 미래에 대한 계획을 세우면서 삶과 동일시하고 열정적으로 삶을 인정한다. 이 환자들이 보이는 부인 때문에 이들은 준비되지 않은 것으로 판단된다. 그들의 태도는 죽음을 힘들고 폭력적인 사건으로 만드는 것 같다.

나는 남편이 오랫동안 암과 투쟁하다 죽은 영국인 친구가 생각났다. 친구와 그의 남편은 서로 헌신적이었다. 그들은 나치를 피해 독일을 탈출하는 등 많은 고난을 함께 헤쳐 나갔다. 그들은 작은 여관을 운영했고 여기서 재미있는 사람들을 만나는 것을 즐겼는데, 이 사람들 중 몇 명은 지금까지도 친구로 남아 있다. 할 수 있다면 언제든지 그들은 문을 닫고 새로운 곳을 탐색하며 새로운 사람들을 만나기 위해 여행을 다녔다.

이 부부는 남편이 암으로 진단받자 부정적인 결과를 받아들이길 거부했다. 그들은 삶의 좋은 면에 집중하려 했고 최대한 그것을 즐겼다. 그들은 평소처럼 열심히 활동했고 그래서 병을 극복한 것처럼 보였다. 남편은 치료에 협조적이었지만, 그 부부는 병이 그들의 삶을 지배하도록 내버려 두지 않았다. 대신 그들은 그들이 발견할 수 있는 건강하고 좋은 모든 것과 관계를 맺었다.

남편이 죽고 나서 이 부부에게 호의적이었던 사회사업가 친구는 아내가 남편의 임종에 대한 감정을 개방적으로 남편과 이야기하지 않은 것에 대해 꾸짖었다. 이 사회사업가는 내 친구가 개방적으로 이야기를 꺼내지 않아 남편에게 모질게 대했으며 남편이 삶을 종결할 기회를 거부했다고 말했다. 그리고 남편이 '미해결과제'를 가진 채 죽었다고 주장했다.

내 친구는 임종에 대한 주제를 꺼내면 남편이 얼른 그 주제를 바꾸었다는 것을 알고 있었다고 나에게 고백했다. 그녀는 자신이 기가 꺾이지 않고 명랑하게 있는 걸 남편이 원했다는 것을 알았다. 나는 그녀 역시 그를 위해 그런 태도를 원했다는 것을 깨달았다.

그 사회사업가는 이 부부의 행동을 부인(denial)이라고 이름 붙이고 이것이 건강하지 못하고 '나쁜' 죽음으로 이끌었다고 보았다. 하지만 부인이 항상 건강하지 않은 것은 아니다. 종종 부인은 개개인이 현실을 통합할 힘을 가질 때까지 자아를 보호하기 위해 사용된다. 슈나이드맨(1978)은 "부인은 임종의 한 단계가 아니라 오히려 임종 시기 내내 나타나는 임종과정의 동시적 측면"이라고 하였다.

사회사업가는 영혼의 작업을 포함하는 감정에 대해 걱정하였다. 친구 부부는 남편이 죽는 데 영혼의 에너지가 필요하지 않았다. 그들의 삶은 영혼의 특성으로 가득 차 있었다. 영혼을 통해 삶과 죽음, 그리고 죽음의 잠재성을 예견하고 반영하는 이 남편의 능력은 정신이 남편의 관점에 도전하고 궁극적으로는 남편이 어떻게 죽는가를 보여주게 하였다.

이 부부는 동정과 수용, 그리고 부드러움으로 서로와 관계했다. 그들의 태도는 정신이 바깥으로 나오도록 했는데, 이는 임종과 죽음을 지지하는 데 필요한 에너지였다. 그들에게 삶의 방식을 계속하도록 결정하게 한 것은 정신 에너지였다. 정신은 영웅적 행위, 분석적 문제해결, 그리고 경험이 주는 의미의 통찰을 불러일으킨다. 정신은 이 부부의 영혼을 보완하였다. 정신은 남편에게는 마지막 숨을 쉴 때까지 삶을 삶으로써 죽음에 직면하는 배짱을 주었으며, 아내에게는 남편의 임종을 견뎌내도록 돕고 그녀가 그들의 일을 계속할 수 있도록 강하게 해주었다.

나는 죽음이 '좋은 것'도 '나쁜 것'도 아니라는 것을 믿게 되었다. 그것은 단순히 이 생을 마감하는 것이다. 우리는 우리가 원하는 일을 하며, 우리가 원하는 방식으로 행동하고 그 마지막을 돕기 위해 원하는 도전들을 참아낸다. 어떤 사람들에게는 그것이 맞서 싸우는 것이며,

또 어떤 사람들에게는 그것이 싸움에서의 철회가 되기도 한다. 정신(spirit)과 영혼을 포함하기는 하지만 이를 소유하거나 보유하지는 않는 정신(psyche)과 신체는 받아들여야 하는 길을 통합한다. 죽음을 준비하면서 우리는 삶과 우리가 누구인가에 대한 생각과 태도를 결정한다. 나는 이 새로운 태도가 전체적 자기의 최종적 재통합이라고 믿는다.

갑작스럽고 예기치 못한 죽음의 경우, 그 사람의 삶의 자세는 무의식적으로 전체적이고 비직선적인 방식을 통해 '순간적'으로 회고된다. 그리고 그 최종적 재통합을 통해 정신과 신체에 대해 수용할 수 있는 균형을 확립하고 해결하게 된다. '수용가능'하다는 것은 완벽하거나 이상적이거나 또는 그 사람이 무한한 통찰을 획득한다는 것을 의미하는 것이 아니다. 이러한 상태는 인간경험에 필수적이지도 않고 가능하지도 않다. 대부분 사람은 다소간의 미해결과제를 갖고 죽게 된다.

죽음을 '좋거나' '나쁜' 것으로 판단하는 임상가들은 우리 보호자들이 어느 정도는 환자들이 평화롭고 '좋은' 죽음을 갖도록 돕는 데 책임이 있다고 주장한다. 그래서 환자가 죽음을 부인하지 않거나 죽음과 싸우지 않고 평화롭게 죽도록 돕는다면 그것은 '좋은' 죽음일 것이라고 생각한다.

이전에 나는 전문보호자들은 환자의 죽음에 영향을 줄 권한이 있다는 생각을 지지했다. 나는 지금도 우리가 환자의 임종에 영향을 미칠 수 있다고 믿는다. 하지만 이제 나는 환자의 개인적인 신체-정신적 해결을 연장하기 위해 생명지지 시스템을 조작하는 것 외에는 우리가 죽음의 순간에 대한 환자의 경험에 영향을 주거나 통제를 한다고는 믿지 않는다.

예외적으로 우리는 환자가 생명을 붙잡으려고 애쓸 때 그의 복지를 위해 약간의 영향을 발휘할 수도 있다. 임종환자들을 보살피는 일을 하는 사람들에 따르면 많은 환자는 자신의 죽음을 허용하는 어떤 소견을 보인 직후에 바로 사망하였다고 한다.

몸이 더 이상 유지될 수 없을 때, 정신과 영혼을 포함해 탄생과 함께 일시적으로 신체와 접합되었던 사고, 감정, 직관, 감각, 의식 및 무의식적 정신은 이제 죽음으로써 신체에서 해방된다. 이 해방은 마지막 '가게 내버려두기', 즉 모든 신체적 기능과 정신적 기능의 중단을 의미한다.

이러한 분리를 이끄는 상황, 사건, 및 상태들은 개인의 특정한 임종양상과 결합하여 작동하기도 한다. 이 양상은 정신이든 영혼이든 어느 쪽이 그 개인에게 가장 영향을 주는가에 달려 있을 것이다. 같은 나이더라도 두 사람은 상당히 다른 수준의 삶을 여행할 수 있다. 한 사람은 영혼과 관련된 원형적 이미지와 관계를 맺고 싶을 수도 있고, 또 다른 사람은 정신과 관련된 원형적 이미지와 관계를 맺고 싶을 수도 있다. 이러한 욕구는 죽음의 전조로 드러나게 될 특정 태도와 행동을 하게 한다. 어떤 사람은 이러한 현상을 카르마(역주: 업, 인과응보)로 보기도 한다.

이 과정에서 전문보호자가 하는 가장 큰 일은 어떤 임종양상이 선택되는지 그것을 인식하고 인정하는 것이다. 나아가 개개인에게 시기가 적절할 때 정신과 신체를 분리하는 데 필요한 원형적 자원을 끌어내도록 격려한다. 이는 C. G. 융이 자기조정적 원리라고 불렀던 완벽한 믿음을 요구한다. 환자에게 필요한 것은 모두 환자의 정신 안에 있다는 것을 믿어야 한다. 오직 정신병, 정신적 역기능, 또는 심각한 신경증을 보이는 환자만이 정신에 필요한 특정한 보상을 불러일으킬 수 있는 보호자의 관찰에 저항할 것이다.

임종이 삶의 본질적 부분이든 아니든 그것은 자연스럽게 느껴지거나 쉽게 오는 것이 아니다. 우리는 임종과정 시 삶에 걸쳐 일관되게 나타났던 편견, 약함, 두려움, 그리고 콤플렉스를 가져온다. 임종과정은 개인적인 조사, 평가, 계산의 기회를 제공한다. 적절한 지지를 받게 되면 이 시기를 견뎌낼 수 있으며, 따라서 임종과정은 정신적으로 생산적이고 변형적인 시간이 된다.

인간이 영혼이나 정신에 의해 완전하게 작동하는 것은 어렵지만, 주도적인 원형이 과장되거나 팽창될 수는 있다. 융은 이를 원형에 의해 사로잡히는 것이라고 하였다. 즉 우세한 원형이 의식적 자기를 지배하는 것이다. 그리고 덜 강력한 원형은 의식에서 물러나기 때문에 적극적으로 구체화될 수 없다. 그 결과, 우세한 원형의 그림자 측면이 드러나게 되어 정신과 영혼 모두 신의 은총을 잃게 된다.

영혼의 에너지가 자아와 관계를 맺지 않고 자아를 소유하면, 영혼은 양육적이고 수용적이며 견뎌내거나 되어주는 것 대신 숨막히고 과잉보호하며 삼켜 버리는 특성으로 나타나게 된다. 반면 정신 에너지가 주도하게 되면, 동기, 용기, 건설적 움직임, 간파력 대신 성급함, 완고함, 부정적 회피, 자기와 타인에 대한 냉혹한 비판이 나타나게 된다.

다른 사람의 정신이나 영혼의 속성을 통해 이를 투사함으로써 정신이나 영혼의 에너지를 과장할 수도 있는데, 이럴 경우 정신이나 영혼은 또 다른 성격 특성에 의해 걸려들게 된다. 그렇게 되면 다른 사람의 경험을 통해 대리적으로 살게 되어 자기 자신이라고 주장할 수 있는 진정한 모험, 감각, 통찰, 또는 성장을 하지 못하게 된다.

이러한 사람들은 자신의 잠재성을 인식하지 못하고 대신 나르시스처럼 타인에 의해 그 잠재력이 반영되면 그것에 반하게 된다. 그리고 반영해 주는 자가 없으면 그들은 버려지는 느낌과 무기력감을 느끼게 된다. 어떤 점에서 그들은 생명력이 없다. 자기애적 성격장애자들은 진정한 자신이나 자신들이 될 수 있는 것을 버린다. 두려움은 투사를 내려놓고 자신이 투사하였던 자기 자신의 정신, 영혼, 또는 기타 측면에 대한 이미지가 정확히 무엇인지를 교정하고 통합하는 것을 하기 어렵게 만든다.

원형적 소유나 투사가 주가 되어 버리면 의식적 태도는 정신(psyche)의 정신(spirit)/영혼적 삶의 원리에 무감각해진다. 우리가 본능적 자기의 경향을 부인하면, 자아와 페르소나의 동일시로 인해 발달과정이 방해받게 된다. 이러한 상황은 정신적 발달을 막는다. 페르소나는 자기를 외부세계와 관련시키며, 정신과 영혼은 자기(self)를 자신의 내부세계와 관련시키는 것이다.

원형적 에너지를 투사하거나 팽창시키는 사람들에게는 그들의 태도를 다시 비춰주는 것이 가장 필요하다. 비춰주기(mirroring)는 전체성을 향한 길목에서 장애가 되는 태도를 심화시키지 않는다. 그것은 더 자세한 음미를 자극하고 재통합을 가능하게 하는 현실과 직면하도록 이끌어 줌으로써 자아의 자세에 주의를 준다.

비춰주기는 또한 부차적인 원형을 인정하는데, 예를 들면 "이것이 지금 당신의 방식이에요…… 그것은 [이러이러한] 것과 같지 않지요' 또는 '한때는 당신의 생각이 ……했을 수도 있어요." 이 때 치료자/보호자는 비활동적이거나 덜 활동적인 부차적 원형의 관점을 설명한다. 그리고 "언젠가 당신은 다시 그런 것 같은 느낌을 느낄 수도 있지만 지금 당신은 ……을 생각하고 있어요."라고 할 수 있다. 그러면서 치료자

/보호자는 활성화된 원형이 어떻게 드러나는지 반영해준다.

임종환자의 삶을 반영해줄 때, 살고 죽는 데 옳다고 느끼는 방식을 선택하는 환자의 내적 지혜를 믿긴 하지만, 그것은 깊이 묻혀 있다. 비춰주기는 관계, 즉 자기, 하나님, 타인들, 정신, 영혼, 삶과 죽음과의 관계를 조명해준다. 그것은 또한 인간과 신, 남성성과 여성성, 정신(spirit)과 영혼, 정신(psyche)과 신체, 그리고 삶과 죽음과 같은 양극 간의 위치를 분명하게 해준다. 티벳 불교인들은 죽음이란 전체적인 삶의 의미가 반영되는 거울이라고 말한다(Rinpoch, 1992).

우리는 우리의 이미지가 중요한 상황에서 수용받을 수 있는지 알아내고 변화를 만들기 위해 거울을 사용한다. 임종 방식을 비춰줄 때 우리는 삶의 방식에 대해 그 사람이 가진 의식적인 견해를 증대시킨다. 비춰주기는 임종환자에게 줄 수 있는 가치로운 선물이다. 보호자의 솔직하고 자비로운 비춰주기는 임종환자가 가는 길이 가치가 있다고 확신시켜 주든가 아니면 그 길을 바꾸도록 자극해줄 것이다.

의사든 간호사든 아니면 종교인이나 호스피스, 정신건강 전문가, 또는 기타 임상가들이든 임종환자들을 간호하는 사람들은 때때로 자신들의 역할이 임종환자들이 좀 더 쉽게 견뎌내도록 무언가를 하는 것이라고 믿는다. 진통제를 주거나 환자를 신체적으로 편안하게 해주는 것을 말하는 것은 아니다. 전문가들은 자신들이 개입할 책임이 있기 때문에 환자들이 평화롭게 죽음을 맞도록 도울 수 있다고 믿는다. 그들은 전문보호자들이 환자의 정신이 요구하는 것을 정확하게 알고 있다고 가정한다. 죽어가는 것과 죽음 간에는 차이가 있다. 죽어가는 것은 마지막 숨을 쉴 때까지 삶을 껴안고 존중하는 적극적인 모험을 만들기 때문에 평화로운 죽음을 맞이할 수 있다. 보호자들은 정신이 평화롭게 죽는 것만을 요구하는 것은 아닐 수도 있다는 생각을 거의 하지 못한다.

1990년대 초, 빌 모이어는 '치유와 마음'이라는 PBS 텔레비전 시리즈물을 제작했다. 그는 한 회기에서 커먼윌이라는 곳을 다루었는데, 이곳은 암환자들이 생명과 삶, 그리고 긍정적인 생각을 존중하고 찬양하는 치료센터다. 커먼윌에서 환자들은 삶을 살기 위해 스스로를 단련시키는데, 죽음을 준비하는 것이 아니라 살아가는 데 강조를 두고 있다. 인간의 죽을 운명을 부인하는 것은 아니지만, 삶의 존재에 최대한의 초점과 우선적인 인식을 두고 있는 것이다.

커먼윌의 접근방식은 죽음을 수용하고 죽을 준비를 시키는 것이 목적이라고 보는 태도, 즉 일반적으로 호스피스 운동 접근과는 대비된다. 그러나 실제로 호스피스 철학은 죽음에 직면하는 각 개개인들의 방식이 갖는 독특성을 촉진한다. 어떤 사람의 경우는 그 방식을 그냥 내버려 두며, 또 어떤 사람들의 경우에는 가능한 오랫동안 붙잡는다. 어떤 호스피스 환자들은 죽음과 조화를 이루며 임종을 맞으며, 또 어떤 환자들은 절대 치유희망을 놓지 않는다.

커먼윌의 한 간호사는 의식적인 순간에 죽음을 맞았던 환자들은 모두 끝까지 살기 위해 싸웠다고 보고했다. 이러한 임종 양상은 정신의 접근을 의미한다. 이러한 접근이 모든 인류에게 적절하다고는 생각할 수 없지만, 그렇다고 해서 죽음에 대한 수용의 순종적인 태도를 갖고 집에서 조용하게 죽는 것도 적절하지 않다. 모든 사람은 죽음/재탄생이 되는 삶의 마지막 재통합을 달성하는 자신만의 방식을 갖는다.

앞서 나는 '내적 양극들' 사이에서 싸움이 많이 일어날수록 더 평화로운 삶의 종결이 있을 수 있다는 폰 프란츠(1987)의 주장을 이야기했다. 나는 그녀의 주장이 적절하다고 본다.

나는 우리 모두가 '내적 양극들'을 다루는 데 유사한 경험을 갖고 있다고 믿는다. 우리가 그 경험에 반응하고 그 경험을 이용하는 방식이 우리의 살아가고 죽어가는 특성의 차이를 만들 것이다. 평화로운 임종은 우리가 삶을 해석하는 방식과 관련된다. 이 해석은 정신과 영혼과의 구체적인 만남을 통해 얻어진 내적 성숙 정도에 기초할 것이다.

생명을 위협하는 질병과 수년간 싸워 온 아동들은 삶을 존중한다. 그리고 이러한 존중은 임종과 죽음에 대해 아주 성숙한 태도를 갖게 해준다. 죽음은 예측할 수 있는 사건이며, 따라서 아동은 그 죽음에 대해 준비하려고 한다.

이 아동들은 상담실제에서 내가 보았던 많은 아동과는 다른데, 상담을 받는 아동들은 삶을 당연한 것으로 받아들인다. 이 아동들은 물질적인 것에서 행복감을 찾았으며, 가장 큰 관심은 자신이 친구들처럼 신형 하이테크 장난감을 가질 수 있는지, 자신도 옷이나 그런 것들의 최신유행에 '속해' 있는지였다. 그들은 실패한 가족생활에서 만들어진 공허감을 어느 정도 보상해야만 했다. 그들은 죽음에 대해서 생각하지 않으며, 죽음이 다가왔을 때도 이를 다룰 수 없다.

후자의 이 '아동' 유형은 모든 연령에 해당된다. 내적 성숙에 있어서 이러한 사람들은 내 연구에 참여한 환자들과 10장에서 본 피터와 프리스카와는 다른 세계를 갖고 있다. 그렇다면 필연적인 임종에 만족스럽게 적응하기 위해서는 반드시 고통을 겪거나 불치병을 겪어야 하는가? 그것은 분명 아니다. 하지만 우리와 우리가 목격한 사람들의 생명을 위협하는 불행은 살고 죽는 것에 대한 존중을 발달시킨다. 그리고 이 존중은 자아가 정신과 영혼과 공명할 때 가장 잘 드러난다.

## 개성화와 영성

정신과 영혼이라는 용어는 종종 상호교환적으로 사용된다. 우리는 살아가는 정신, 몸을 떠나는 영혼, 죽은 정신, 그리고 죽은 영혼에 대해 듣는다. 나는 영혼과 정신을 하나의 생명의 두 측면이라고 본다. 정신과 영혼의 기능은 둘이서 함께 진정한 자기와 가까운 관계를 만든다. 재통합적인 이 과정은 궁극적인 자기의 현실, 즉 '우리가 계속 살아야 하는 삶의 탄생' 으로서 죽음을 발견하기 위해 한바퀴를 돌아 제자리로 올 때까지 삶 전반에 걸쳐 반복된다(Woodman, 1985).

정신이나 영혼 중 어느 것이 임종 방식을 이끄는지는 개개인의 현재 정신적 태도에 달려 있지만, 상보적 에너지는 결국 동등한 파트너가 된다. 결과적으로 정신과 영혼의 결합 이상의 세 번째 변형적 현상이 나타나 임종 방식을 이끌어가게 된다. 융은 이 현상을 초월적 기능이라고 하였다. 임종과정에 적용해 보면, 정신과 영혼의 균형 잡힌 행위는 임종이 주는 분해경험에 뒤이어 삶에 대한 마지막 재통합 경험, 즉 죽음-재탄생이 나오도록 해준다.

정신과 영혼 간의 상보성은 자기의 정신적 요소를 형성한다. 정신과 영혼은 신의 은총이 모든 생명체에게 주는 영원한 삶의 요소들이다. 즉 정신과 영혼은 인류에 대한 신의 선물이다. 나는 비국소적이고 보편적인 영혼, 내부 예수, 또는 신성한 자기의 개념에 찬성하는데, 이 개념에서 보면 정신은 통합적 부분이다. 역설적으로 이 신성한 자기는 우리 내부에 있지만, 일부는 또한 우리 존재의 외부에 있다. 그것은 정신(psyche)의 모든 부분을 포함한다.

어떤 사람들은 자기(Self)를 인류의 내부에 살고 있는 영원(The Eternal)이라고 생각할 수 있는데, 이때 자기는 남성과 여성을 자연세계와 다양한 신성과 관련시키는 역할을 한다. 또 다른 사람들에게 자기는 인간을 가장 신성하고 영구적인 모든 것과 연결시키는 것이며, 또 어떤 사람들은 자기를 우주와 관계 맺는 인류의 초월적 측면이라고 믿기도 한다.

자기(Self)는 우리 인간 정신(psyche)의 모든 부분의 조절자로서, 여기에는 정신(spirit)과 영혼이 포함되어 있다. 내 입장에서 자기는 우리의 모습을 갖춘 하나님이다. 우리가 신이라는 것이 아니라 신이 우리 안에서 영원히 살고 움직일 수 있다는 것이다. 이는 정신과 영혼이 어떻게 하나님과 관계를 맺는지 설명해준다.

예수가 권고한 "나는 길이요, 진리요, 생명이다. 나를 통하지 않고는 아무도 아버지에게로 갈 수 없다."(요한복음 14장 6절)라고 하는 말씀은 자아에 대한 우리의 추종을 초월하고 더 큰 자기, 내부의 하나님과 함께하도록 요구한다. 예수는 자신이 의미하는 것이 왕국이라고 정의하지 않았다. 하나님의 왕국은 초월을 성취하는 개성화 과정을 잘 나타내는데, 여기에는 도(道), '다시 태어나는' 경험, 그리고 죽음, 즉 자신의 삶에 속한 중요한 물건이나 사람의 상실을 통해 경험되는 심오한 재탄생이 따른다. 기도를 할 때 주기도문('당신의 왕국이 오고, 당신의 뜻은 이루어질 것이다')은 자아와 자기 간의 더 나은 관계를 요청하는 것이 아니다. 내부의 하나님은 어디의 길을 비추고 있는가?

심리치료는 종종 정신의 영적 차원을 무시하거나 부인해 왔다. 나는 우리가 심리를 영성과 분리할 때 중대한 실수를 한다고 본다. 그러나 나는 오직 하나님만이 영혼을 만들 수 있기 때문에 남자와 여자가 '영혼을 만드는 자'라고 이야기하는 것은 불경스럽지만 하나의 활동을 '영혼을 만드는' 또는 '영혼을 창조하는' 것이라고 설명하는 것은 신성모독이 아니라고 하는 정신적 성향의 순수주의자들에게는 동감하지 않는다. 영혼을 존중하고 영혼이 드러나는 것을 허용하는 활동을 할 때, 우리는 그 사람을 영혼을 만드는 사람이라고 부를 수 있다. 우리가 일으키는 영혼의 계시가 많으면 많을수록 우리는 '내부의 신성' '내부의 그리스도' '내부의 하나님'과 더 가깝게 관계를 맺을 수 있는데, 이 용어들은 모두 하나님과 우리의 관계에 대한 것들이다. 우리가 우리의 정신을 돌볼 때 우리는 우리의 영혼도 돌보는 것이다. 토마스 무어(1992)의 글에는 다음과 같은 말이 있다.

> 궁극적으로 영혼의 돌봄은 내가 결코 계획하지 않았거나 심지어 원하지도 않았던 개별적인 '나'를 이끈다. 영혼을 충실하게 돌봄으로써 매일 우리는 길에서 벗어나 우리의 완전한 천성이 드러나게 한다.

정신(spirit)과 영혼은 삶 전체를 통해 정신(psyche)과 함께하지만, 죽을 때는 정신을 초월한다. 정신과 영혼의 원형은 영원히 존재하지만, 이를 의식하지 못할 수도 있다. 개성화 여행의 과제는 이 원형들을 인정하고 구체화하여 이 원형들이 우리가 되는 것을 돕는 것이다. 이렇게 하기 위해서는 원형적 에너지와 자아 콤플렉스 간의 협조적인 노력이 필요하다. 자아는 원형적 에너지와 관계를 맺지만, 원형과 완전히 동일시할 수는 없으며 원형에 의해 결정되지도 않는다. 이런 식으로 원형은 개성화를 진척시키는 데 익숙해 있다. 임종 시 정신과 영혼의 에너지는 우리의 죽을 수밖에 없는 삶에서 철수한다. 그리고 정신과 영혼은 우리가 되었던 것에 대한 인상을 영원히 가지고 있으면서 집단 저장고에 다시 합류한다.

라이스-미누힌(1988)은 우리의 재통합적 경험들은 생애 첫 2~3년에 발달하는 합체통합(con-integrates. 6장에서 논의)에 의해 가능해진다고 하였다. 합체통합은 자아가 그것들을 인식할 때 자기에게서 분화하도록 돕는 경험적 내용을 정신적으로 보존한 것이다. 라이스-미누힌은 적어도 일곱 개의 합체통합을 확인했으며 그보다 더 많은 합체통합이 있다고 인정하였다. 그중 하나인 자아이상은 정신과 영혼의 원형에 대해 지금까지 논의한 것과 관계가 있다.

라이스-미누힌(1988)에 따르면 자아이상 합체통합[1)]은 비록 이론적으로는 프로이트의 초자아와 관련되지만 프로이트의 자아이상 개념과는 다르다. 라이스-미누힌에 따르면 일차적 나르시시즘은 영아 초기에 나타나는 자아이상에 의해 제거되는데, 이는 부모, 특히 어머니로부터의 양육적 행위에 의해 자극을 받는다고 한다.

실제로 아동은 아주 초기부터 어머니와 아버지의 영향을 느낀다. 부모의 영향에 대한 이 내사는 역시 영아기에 시작되는 오이디푸스 콤플렉스의 발달과는 별도로 자아이상을 기르고 확립한다. 따라서 자아이상은 오이디푸스 또는 엘렉트라 콤플렉스의 결과가 아니며, 이 콤플렉스들과 동시에 발달하게 된다. 라이스-미누힌은 오이디푸스 콤플렉스

1) 나는 놀이와 페르소나의 합체통합도 자아의 분해-재통합 과정을 지지하는 영혼/정신의 내용과 조화를 이룬다는 것을 깨달았다. 자아집성체들을 포함하는 모델과 이 집성체들이 어떻게 자아과정에 중요한 지지를 제공하는지에 대한 이후의 설명을 위해서는 참고문헌에 있는 조엘 라이스-미누힌의 저서 유아기의 자기를 보라.

는 다양한 단계와 연령에서 성인의 심리에 지속적인 영향을 미친다고 보고하였다.

자아이상이 영아기 초기에 발달한다는 개념(생후 첫 1년 동안 아동의 자아를 형성하는 유대와 관계 맺기, 그리고 에로스 에너지의 성장)은 프로이트가 깨닫지 못했던 가능성을 나타낸다. 라이스-미누힌(1988)은 부모나 양육자의 훈육과 기대에 근거하는 자아이상 합체통합은 형제나 친척, 그리고 가족의 친구들에 의해서도 만들어지며, 인생을 통해 수정을 거쳐 계속 기능한다고 하였다.

나는 정신과 영혼의 원형이 자아이상 합체통합으로 유발되는 중요한 태도와 행동 패턴을 제시한다는 데 동의한다. 이성부모와의 초기 경험은 소년들에게는 무의식적으로 영혼의 이미지를, 소녀들에게는 정신의 이미지를 자극한다. 그리고 아동의 의식적인 자아수준에서는 일반적으로 반대의 대응이 일어나는 것을 볼 수 있다. 즉 남아들은 아버지나 남성 양육자와 동일시하며 따라서 정신의 속성을 드러내며, 여아들은 어머니나 여성 양육자와 동일시하여 결과적으로 영혼의 속성을 보인다. 이 두 원형의 내용은 자아이상을 확립하는 데 도움을 준다.

우리는 아니마와 아니무스(영혼과 정신)와 관련된 융의 개념이 현대 문화에서는 문제가 될 수도 있다는 것을 인정하지만, 이 원형들이 삭망(syzygy. 朔望. 역주: 태양 · 지구 · 달 등 세 천체가 대충 일직선상에 옴)을 구성한다는 그의 전제는 받아들일 수도 있다(Jung, 1968). 융의 용어로 볼 때, 삭망은 연금술에서 설명하였듯이 합일체를 만들기 위해 변형될 수 있는 최초의 두 대극의 힘 간의 관계를 포함하고 있다.

정신과 영혼을 분화와 재통합이라는 삭망 개념에서 살펴보면, 정신의 이미지와 관계를 맺을 때는 그것은 영혼과 연결되며 그 반대로도 그렇다. 다시 말하면 이 결과는 정신과 영혼의 결합 그 이상이다. 그것은 전체성의 경험, 즉 핵심 원형인 자기와의 조화를 이끈다. 그리고 이 전체성은 그 부분의 합보다 훨씬 크다.

# 13 종결

우리는 다음의 질문을 갖고 임종환자의 미술을 탐색하기 시작했다. 첫째, 생명이 위독한 질병을 갖고 있는 환자들의 그림은 우리에게 무엇을 가르쳐 주는가? 둘째, 우리는 이 그림들에 나오는 이미지들을 정신과 신체의 지도로서 '읽을' 수 있는가? 셋째, 이 그림들에 나오는 이미지가 환자에게 줄 수 있는 정신역동적 영향은 무엇인가? 우리는 이미지들이 정신적이고 신체적인 상황에 대한 의미를 나타낸다고 보았다. 이미지들은 정신의 의식적이고 무의식적인 내용에서 동시에 전개되며 원형적 패턴을 통해 표현된다.

나의 그림 연구에서는 몇 가지 모티브와 이에 상응하는 원형들이 공통적으로 나타났다. 새와 날아가거나 공중에 떠 있는 기타 대상들은 이승에서 영혼의 초월적 삶을 상징하였다. 보물을 되찾으려는 여행은 우리가 확인한 또 다른 모티브였다. 그것은 자기(Self)라는 보물을 발견하는 것을 의미하는데, 이는 내성, 재통합 또는 개성화를 포함하며 영혼의 에너지를 나타내는 과정이다.

많은 그림에서 나타나는 식물 생명체의 재생적인 녹색이나 꽃피움은 죽음과 재탄생의 의례를 반영한다. 강이나 시냇물은 삶의 흐름, 시간의 경과, 이승과 내세 간의 분리, 또는 인생의 한 부분에서 다른 단계로 건너감, 이러한 의미에서의 전환을 나타낸다.

태양은 아버지 원형이나 아버지 콤플렉스 그리고 인생주기와 관련된다. 승리하는 전사, 초인영웅, 운동선수는 정신에게 에너지를 준다.

여기에 제시된 것을 좀 더 특별한 시각으로 보기 위해, 임종과 재탄생 과정에 부합하는 눈에 띄는 이미지와 모티브들을 예와 함께 살펴보자.

데니스의 이미지들 중에 가장 많이 나타난 것은 녹색 잎이나 기타 식물 생명체, 태양, 검은 새, 햇살이었다. 이 특성들 중 하나 이상이 살아있던 마지막 3년 동안 병이 상당히 진전된 상태에서 그려진 20개의 그림 중 17개에서 나타났다.

데니스의 신체적 악화는 그의 그림이 보여주는 풍부한 녹색과 새로운 생명의 신호와는 아주 대조적이었다. 그는 18세 때 했던 임사경험(NDE) 후 여러 시기에 걸쳐 이런 그림들을 그렸다. 잘 자라고 있는 생명을 표현한 이 그림들은 흥미로운 양극성을 시사한다. 의식적으로 그는 질병치료법이 곧 개발되어 목숨을 구할 수 있길 바랐다. 데니스는 임사 시 경험했던 다른 종류의 풍부한 생명을 무의식적으로 회상했을 것이다. 그리고 그의 무의식적 정신은 새로운 이 생명이 죽음을 통해서만 올 수 있다는 것을 깨달았을 것이다. 거의 모든 그림에서 새로운 생명이나 새로운 날에 대한 모티브를 찾아볼 수 있었다.

데니스의 그림에서 삶에 대한 주제는 죽음의 주제보다 2배 정도 많이 나타난다. 특히 이 생명은 데니스가 그린 둥지 속의 새들([그림 6])에서 강조되었다. 또한 그는 낟알의 이삭이나 죽은 동물의 두개골에 있는 꽃 도안, 그리고 '불모지'의 '탄생바위'로 삶을 시사하였다([그림 8]). 그리고 솟아오른 싹이 있는 박태기나무, 싹이 트는 식물을 포함해 푸르게 우거지는 식물의 성장([그림 15]), 막 싹이 나기 시작한 어린 묘목([그림 10]), 버섯들과 녹색 잔디와 함께 죽은 나무둥치에서 잘 자라고 있는 녹색 생장물([그림 13]), 녹색 생장물로 덮여 있는 솟아 있는 산과 건강해 보이는 사막의 녹색 선인장([그림 12]), 햇살에 흠뻑 젖은 싹이 나는 구근([그림 17])을 통해 생명의 주제를 되풀이하였다([그림 13]).

[그림 17]에 붙인 제목 '에너지' 역시 생명의 주제를 강조한다. 그림에 붙인 다른 제목들도 생명의 주제를 확충해준다. '처음에', 즉 하나님이 세상을 창조한 시기라고 설명한 그림([그림 3]), 희망의 무지개와 싹트는 묘목이 있는 '시작'([그림 10]), 솟아난 싹이 있는 '박태기나무'([그림 13]), '생명이 시작되다'([그림 15]), '에너지'([그림 17]), '싹트는 장미'([그림 18]) 모두 새로운 성장을 묘사한다.

데니스의 그림에서 죽음은 가라앉은 배([그림 11]), 창문턱 위의 죽은 식물([그림 19]), 침대의 환자를 위협적으로 짓누르는 1,000파운드 무게의 무거운 물건([그림 20]), 커다란 연기구름을 내고 있는 활화산([그림 9]), 나란히 서 있는 활화산([그림 3]), 죽은 동물의 두개골([그림 8]), 죽은 나무 둥치([그림 13]), 그리고 죽어서 떨어지는 잎([그림 18])으로 시사된다.

이 마지막 4장의 그림([그림 3, 8, 13, 18])은 생명과 죽음의 양극성도 묘사하고 있다. 활화산([그림 3])이 창조의 시작 그림에 나오며, 죽은 동물의 두개골이 탄생바위와 낟알이나 꽃 도안과 함께 그림에 등장하고([그림 8]), 죽은 나무둥치는 그 위에 난 녹색의 생장물과 버섯, 녹색 관목, 그리고 잔디와 대조된다([그림 13]). 그리고 죽은 잎은 새로운 잎, 싹트는 장미, 두 개의 새로운 식물과 대비된다([그림 18]). 이 삶과 죽음의 양극성은 생존에 대한 데니스의 의식적 희망과 죽음에 대한 무의식적 수용과 일치한다.

데니스의 그림 중 많은 그림에서 새로운 삶이 녹색으로 나오는데, 이는 삶과 죽음에 대한 그의 양가성과 관련이 있을 수 있다. 데니스는 낙엽수와 다년생 식물이 싹을 틔울 때 일어나는 변형과 재생산과 관계를 맺을 수 있었는데, 자연의 창조와 조화감을 느꼈을 가능성이 크다. 그는 자신의 신체적 쇠퇴를 받아들이고 이를 떨어지는 장미잎과 창턱에 있는 화분의 죽은 식물(녹색이 없음)을 통해 상징적으로 표현하였다.

NDE 이후 많은 그림에서 새로운 삶이 녹색화되는 모티브와 에드워드 에딘저가 분석한 거의 죽을 뻔한 경험을 했던 피분석자의 꿈 모티브 간에는 놀랄 만한 유사점이 있다. 에딘저(1972)는 50대 한 남성이 꾼 일련의 꿈을 보고했는데, 이 남성은 자살시도 후 거의 이틀간의 혼수상태를 겪고 NDE에서 살아났다. 2년 뒤 그는 다른 이유로 사망했는데, 이 2년 동안 꾼 일련의 형이상학적 꿈들에 대해 에딘저에게 상담을 받았다.

에딘저는 그 꿈들이 그 남성에게 죽을 뻔한 것의 의미와 곧 다가올 죽음에 준비하도록 가르치고자 했다는 인상을 받았다. 어떤 꿈들은 자아의 관점에서 제시되었고 남자를 황폐화시키고 우울하게 했다. 이 꿈들은 열기구로 휩쓸려 가는 데니스의 그림([그림 14])과 싹트는 장미의 원래 그림, 즉 죽어서 떨어진 잎이 있는 그림으로 데니스를 너무 불편하게 만들어 파괴되었던 바로 그 그림과 일치한다.

에딘저의 피분석자가 꾼 또 다른 꿈들은 '평화, 즐거움, 안정감'을 주는 것들이었다. 이 꿈들은 수정된 데니스의 싹트는 장미([그림 18]),

특히 '시작'([그림 10]) '생명이 시작되다'([그림 15]), '에너지'([그림 17]) 심지어는 '상상'([그림 19])과도 비교될 수 있다.

이 중년 남성은 꿈에서 우아한 정원에 허브와 잔디로 만들어진 녹색 남자가 나타나 아름다운 춤을 추고 있는 것을 보았다고 보고했다. 꿈을 꾼 사람은 정원에서 자신이 본 것이 무엇인지 이해하지 못했지만 이 꿈이 평화감을 주었다고 주장했다. 에딘저(1972)는 녹색 남자는 죽음에서 탄생을 생기게 하는 생장적인 정신과 같다고 하였다. 에딘저는 녹색은 창조적 원리와 연관된다는 융의 말을 인용하면서 꿈에 대한 원형적 견해를 제시하였다.

『융합의 신비』라는 책에서 융은 이미지들 사이에서 방황하는 인간의 정신적 변형에 관한 연금술 텍스트를 해석했다. 방황은 결국 '비밀스런 행복', 즉 '미래의 추수에 대한 약속을 갖고 메마른 땅에서 녹색의 씨앗이 싹트는 숨겨진 봄철과 같은' 자기와의 재통합을 가져다준다(Edinger 인용, 1972).

이 인용은 데니스의 그림 몇 장에도 쉽게 적용할 수 있다. 에딘저(1972)에 따르면 곧 죽음을 맞이할 피분석자의 경우 무의식은 "생명의 영원한 특성에 대한 생생하고 아름다운 이미지를 제공하였으며, 그 표현들은 계속 스쳐 지나가지만 또 다시 새로운 형태로 태어났다." 꿈꾸는 사람이 그 꿈에서 어떤 영향을 받는지 생각하며 에딘저는 다음과 같이 결론내렸다.

> 모든 꿈은…… 꿈꾸는 사람에게 강력한 정서적 영향을 준다.…… 하지만 분석 시간에 [그것들을] 자세히 설명할 때만 그렇고 그 전에는 아니다. 꿈 이미지의 신비로움을 방출하기 위해서는 분석가의 존재가 어느 정도 필요하다.

> 전체적으로 볼 때, 꿈은 일련의 작은 종교적 경험들을 전달하여 꿈꾸는 사람의 삶의 태도에서 점차적이고 분명한 변화를 일으킨다.

이 글을 읽으면서 나는 데니스의 열기구 꿈, 그것을 나에게 말하려고 했던 그의 긴급함, 꿈을 설명하려는 그의 열망, 그리고 꿈이 처음 주었던 긴장을 해결하는 것을 떠올리게 되었다. 싹트는 장미 그림 때문에 화가 나 그림을 망가뜨렸고, 그 사건을 이야기한 후 기분이 나아지게 되었다는 것을 기억해보라. 이후 그는 나를 위해 그림을 재현하고 그림에서의 중요한 변화를 설명하였는데, 이 변화는 임종에 대한 그의 태도 변화와 일치하였다. 에딘저로부터 인용한 위의 글을 보면서 나는 데니스가 자신의 이전 태도를 초월했는지 궁금했다.

데니스의 그림에서 우리는 그의 정신적 삶이 강화되는 것과 동시에 신체적 임종의 증상들을 읽을 수 있다. 우리는 '낡고 황폐해진 집'의 창문을 통해 그가 낙원의 정원([그림 19])과 같은 삶의 빛나는 측면을 상상하고 있었음을 기억한다. 데니스는 자신의 임종과 같다고 본 죽은 장미잎([그림 18])을 그렸다. 그는 죽기 8개월 전 CF가 악화되어 입원한 동안 이 그림을 그렸고, 부활하는 새 장미잎과 두 개의 식물을 첨가하였다.

제이슨 역시 내가 수집한 54장의 그림에 녹색 대상물을 그렸다. 그의 전사 그림 중 몇 장은 인기 있는 슈퍼영웅의 특징을 갖고 있다. 제이슨은 그 영웅을 '굉장한 녹색 헐크'라고 불렀다. 녹색 잔디를 묘사하는 몇 개의 그림 외에 용이나 공룡 같은 위협적인 녹색 창조물들을 그렸다. 연금술에서 녹색 용은 금속을 황금으로 변화시키는 데 사용되는, 즉 변형을 일으키는 용매제를 상징한다(Biedermann, 1992).

그러나 제이슨의 녹색 사용은 일반적으로 데니스의 녹색 사용이나 NDE에서 살아남은 에딘저의 피분석자의 꿈에서 보는 재생적이거나 재통합적, 또는 변형적 특징을 의미하지는 않는다. 제이슨의 그림에서는 악마를 이겨내고 끝까지 용감하게 견디는 모티브의 의미가 훨씬 많다.

론다는 19장의 그림에서 인물상과 가정생활 상황이라는 모티브를 가장 자주 사용하였다(우리는 다섯 장의 그림만 살펴보았다). 이 그림의 대부분은 크리스마스, 생일, 그리고 기타 파티 같은 축하하는 시간을 보여준다. 인간의 사랑과 관계는 영혼의 에너지를 의미하며, 이는 론다에게 아주 중요한 것들이었다(11장을 보라). 녹색의 클로버와 일부가 녹색인 알은 데니스의 그림이 전달하는 새로운 생명의 탄생이나 재생의 개념과 더 가깝다.

론다는 실외 장면인 여섯 장의 그림 중 두 장의 그림에 태양을 포함시켰다. 이 중 하나는 그녀의 마지막 그림인 [그림 27]이었다. 태양은 실외 장면에서는 일반적이며, 특히 아동의 그림에서는 더 그렇다. 미국과 영국의 연구 모두에서 그랬다. 데니스가 그린 실외 장면 그림의 대부분에는 태양이나 햇살이 아래를 비추고 있다. 그러나 제이슨은 54장의 그림 중 단 세 장의 그림에만 태양을 그렸는데, [그림 28]과 [그림 29]다.

우리는 앞서 태양의 상징이 인간 아버지, 대부 원형(늙은 현인), 또는 천국의 아버지를 나타낸다고 이야기하였다. 태양은 정신 에너지와도 연관될 수 있다(10장에서 정의됨). 바치(1990)는 태양이 그 사람의 나이, 인생주기, 또는 삶에서의 중요한 사건과 관련있다고 보았다. 예를 들어, (서쪽 또는 왼쪽으로) 지는 해는 생명의 종결 또는 삶의 특정 단계의 끝을 시사할 수 있다.

폰 프란츠(1987)에 따르면 고대 이집트 문화는 태양의 경로를 삶과 죽음의 신비로움과 비교하였다고 한다. 그들에게 태양은 새로운 사후생을 상징한다. 폰 프란츠는 "심리적으로…… 태양은 깨달음의 근원을 상징한다."고 하였다.

신체적으로 태양은 고열과 같은 불타는 과정을 나타내기도 한다. 그리고 태양의 햇살은 종양환자들을 위한 방열 치료를 상징하기도 한다.

바치(1990)에 따르면 새 모티브는 영혼과 같다. 우리는 정신(spirit)과 영혼이 하나의 존재, 즉 정신(psyche)이라는 영원한 특성의 두 측면이라는 가설을 유념해야 한다. 바치는 새를 '영혼의 상징으로서 인간과 신 사이의 메신저'로 보아야 한다고 한다. 그녀는 "우리는 새를 지금 그리고 여기의 영역을 향해 날아가는 것으로 이해할 수 있다."고 한다. 이 후자의 언급은 데니스의 그림 '자유'([그림 7])와 CF 치료약이 개발되면 새처럼 자유로워질 것이라는 그의 말을 기억나게 한다.

또 다른 날아가는 대상들은 새와 동일한 상징적 의미를 가진다. 우리는 열기구, 비행기, 연, 그리고 심지어 제이슨의 날아가는 자동차가 희미하게 삶을 붙잡고 있는 사람들의 그림에서 나타날 때 의미가 있다고 본다. 여러 시대에 걸쳐 중요한 문화적 아이콘인 새는 유용한 확충기회를 제공하기 때문에 꿈과 그림에서 살펴볼 가치가 있는 모티브이다.

모래놀이치료를 받는 아동들은 보물 상자, '보석'이나 기타 귀중품들, 아기 예수 그리고 여러 성스런 상들에 끌린다. 그들은 무의식적으로 이 작은 대상들을 자기의 보물, 즉 신성한 자기감과 연관시킨다. 마찬가지로 초기의 자아발달 단계에 있는 유아들은 '물건 숨기기'나 '까꿍 놀이'에 매혹된다. 찾으려고 하거나 발견되려고 하는 아동의 충동은 (1) 자아발달을 격려하는 데 필수적인 아동기 나르시시즘과 (2) 자아형성 전후로 나타나는 최초의 전체성에 대해 좀더 의식적으로 되는, 재통합하려는 타고난 욕구 모두와 일치한다.

죽음의 근접을 감지하면 재통합적 충동이 강해진다. 따라서 환자들의 그림에서는 자기의 보물을 의미하는 이미지들을 쉽게 볼 수 있는데, 데니스의 바다 밑 보물과 그 옆의 귀중한 산호는 의식으로 가져오려고 노력했던 자기의 중요한 측면을 나타낸다고 볼 수 있다.

론다는 '죽을지도 모를' 때를 예측하여 삶의 끝을 향한 재통합적 욕동을 표현했는데, 이는 황금 항아리, 맛있는 것으로 가득 찬 부활절 바구니, 거대한 크기의 녹색과 오렌지색 알, 장미 두 송이, 그리고 나중에는 자신이 천사가 되는 변형을 통해 이루어졌다.

죽음에 다가가는 사람들의 그림이나 꿈에는 꽃이 두드러지게 나타난다. 막 피기 시작한 데니스의 당당한 장미([그림 18])를 기억하라. 클로버([그림 23]) 외에 론다는 부활절 그림([그림 25]) 장미 두 송이를 그렸다. 꽃의 테두리는 30세의 여성이 그린 그림([그림 1])에 나타났다. 꽃들은 미국과 영국의 CF 환자들이 그린 그림들에서 눈에 띄게 나타나는 세부묘사였다. 바치 역시 생명을 위협하는 질병을 갖고 있는 환자들의 그림에서 꽃은 의미 있는 세부묘사임을 발견하였다.

하나의 두드러진 꽃은 자기에 둘러싸인 영혼의 존재감을 전달한다. 이는 팽창과는 다르다. 자아는 중심적인 창조력(하나님)과의 정신적인 유대로 인해 잊혀지거나 대치된다. 폰 프란츠(1987)에 따르면 꽃은 사후 존재, 즉 육신에서 자유로워진 영혼을 나타내는 원형적 이미지라고 언급한다.

바치(1969)는 한 송이의 꽃 이미지는 프리스카가 죽기 9개월 전에 그렸던 '마술 꽃'과 같다고 하였다. 프리스카는 자신의 그림에 대해 "이것은 마술 꽃이에요."라고까지 말했다(Bach, 1969). 이 꽃은 만다라적 특징을 갖고 있다(11장에서 레프리칸의 모자와 만다라의 전체성과의 제휴에 대한 코멘트를 기억하라).

사후에 영혼을 담을 수 있는 그릇을 상징하는 꽃에 대한 또 다른 증거는 폰 프란츠의 54세 된 여자 피분석자에게서 찾아볼 수 있다. 죽기 한 달 전에 이 여성은 '적극적 명상'(폰 프란츠가 정의하길 '융이 가르친 명상의 한 형태로, 내부의 상상인물과의 대화를 실시한다')에 참여하였다. 이 여성은 '놀라운 꽃'이 되길 열망했다. 그녀는 자신이 "이 중심이 없이는 살 수 없다."고 했는데, 왜냐하면 '외부의 것은 아무 의미가 없기' 때문이었다. 그녀의 상상의 동반자는 그녀가 꽃이 되도록 도왔으며, 그녀는 계속해서 다음과 같이 말했다.

> 나는 행복해요…… 중심에서…… 꽃은 놀라운 치유의 빛을 발산해요. 아직 나는 꽃은 아니지만, 그 보호 속에서, 그 부드러운 따뜻함 속에서 거의 꽃에 가까워요. 그건 내부의 규칙, 중심이에요. 여기에는 분열도 없고 불완전도 없어요.

강이든 시냇물이든 또는 바다든 물은 미국 환자집단에서는 여섯 명, 그리고 영국 환자집단에서는 한 명의 그림에서 나타났다. 한쪽을 다른 쪽과 분리하는 흐르는 물은 초월의 원형을 보여주는 일반적인 이미지이다. 그것은 통과의례를 완수하거나 삶에서 죽음으로의 전환을 이행하는 삶의 초월적인 어떤 단계를 보여주는 것일 수 있다. 한 환자는 강을 건너는 다리를 그렸고, 또 어떤 환자는 배로 강을 건너는 사람들을 그렸는데, 이들은 등대를 약탈한 도둑과 이 도둑을 무찌르기 위해 가고 있는 '좋은 사람들' 이었다. 이 환자는 CF가 자신의 생명을 도둑질하고 안전감, 보호받고 있다는 느낌, 그리고 안정감을 박탈했다고 느꼈던 것일까? 우리는 이미 제이슨이 그린 해안가의 소년과 강을 건너는 날아가는 차, 그리고 날 수 있는 슈퍼영웅을 살펴보았다. 이 모든 것은 카론의 신화를 반영하는데, 카론은 죽은 사람의 영혼을 삼도내 강을 건너 저승세계로 나르는 나룻배 사공이다.

제이슨은 전사와 슈퍼영웅에 집중하고 그들에게서 삶을 완수하는 데 필요한 정신을 끌어내고자했다. 그리고 론다는 자신의 천사 이미지, 즉 영혼의 여주인공 측면에서 유사한 정신력을 받았다고 할 수 있다.

나는 집과 동물 그림을 몇 장 수집했다. 동물들은 종종 환자의 상황에 대한 본능적인 이해를 시사하며 신체적 상태를 반영하기도 한다. 마찬가지로 정신과 신체를 담는 집은 신체적 발달과 이 발달에 대한 심리적 반응, 또 환자에게 중요한 가족역동과 연관된다.

정신과 신체의 '지도' 로서 그림을 읽을 수 있는가에 대한 질문은 어떤가? 어떤 그림들은 그림에 나타난 숫자를 합했을 때 숫자가 날짜, 나이, 사건, 또는 그 사람 인생의 어떤 시기와 관련되는 이미지들을 갖고 있었다. 파랗게 칠한 구름들은 정맥두염이든 폐부종이나 충혈, 또는 말초세포 부종이든 액체 보유를 경험한 환자들의 그림에서 자주 나타난다. 파랗게 칠한 구름은 미국 환자 13명과 영국 환자 한 명이 그린 15장의 그림에서 나타난다. 이외의 그림들에도 하늘에 푸른색 조각을 담고는 있지만 분명하게 구름이라고 할 수 있는 것들은 아니었다. 그래서 이것들은 고려되지 않았다.

심리적으로 푸른 구름은 환자들이 CF에 걸린 것에 대해 갖는 분노나 슬픔을 부인하고 억누른다는 것을 시사하는 억제된 눈물이다. 나는 예기된 삶의 상실의 가능성을 생각하는데, 치료가 불가능하다고 예측해 환자들이 부정적 감정, 주로 억압된 감정을 감추는 것이 아닌가 한다.

이 감정은 슬픔과 분노를 포함하고 있다. 주로 부모에 대해서는 CF 유전자를 물려주었다는 것이고, 의료전문가들에 대해서는 CF에게서 환자들을 구할 수 없는 무력한 사람들이라는 것이다. 결국 이 분노는 우울과 실망과 마찬가지로 죄책감을 일으킬 수 있다. 게다가 환자들은 이러한 감정을 억누르고 있는데, 마치 힘을 내어 삶을 직면하고 유감을 느끼지 않는 자존심의 문제인 것처럼 말이다. 우리는 이러한 행동을 불치병에 적응하는 하나의 방식으로 생각해볼 수 있다. 분노와 실망에 굴복하길 거부하는 것은 CF의 불안에서 벗어날 수 있도록 도와준다.

이러한 심리적 반응은 영유아의 애착과 상실 반응을 설명하는 보울비(1969)에 의해서도 확인된다. CF를 갖고 사는 것에 대해 환자들의 심리사회적인 적응 여부와는 상관없이 나는 연구를 통해 CF와 진전된 COPD를 갖고 있는 아동들이 자존감의 상실을 겪는다는 것을 발견하였다(Williams, 1985). 자신들이 결코 다른 아동들과 같지 않을 것이라는 인식은 장애아동들에게 자신들이 될 수 있었고 또 되길 원했던 사람을 상실했다는 것 때문에 슬픔에 빠지게 만든다(Weininger & Daniel, 1992). 파랗게 칠한 구름은 이 슬픔을 모아 전달하는 것 같다.

나는 감염, 물질대사 이상, 망가진 폐, 위궤양 악화, 그리고 그 중에서도 신체적 약화를 반영하는 신체적 특징들을 제시하였다. 우리는 부모 콤플렉스를 관찰하였는데, 이 콤플렉스들은 그림에서 좀 더 탁월한 정신을 반영하기 위해 자기의 보물과 이승에서의 초월적 삶을 되찾으려는 노력이다.

그림을 그리는 등의 미술과정에 참여하는 것은 중요한 시기에 참고

견딜 수 있는 힘을 갖게 한다. 나는 나치 수용소에 있던 아동들이 그린 그림들이 바로 그 내용 그대로였다는 것을 깨달았다. 우리는 그림의 이미지가 전달하는 것일 수 있는 모든 의미를 단언하거나 확인할 수는 없다. 그것은 의식적이고 언어적인 자기(self)를 무의식과 화해시키는 이미지의 힘을 보여주는 증거이다. 우리의 해석으로 이미지가 이미지를 만든 사람과 상호작용하는 역할을 제한해서는 안 된다.

나는 환자들의 그림에 관심을 보이고 그들의 이름이 붙은 개인 폴더에 그림을 보관하여 언제든지 다시 볼 수 있게 하여 그들이 존중받는 느낌을 받을 수 있도록 했다. 환자들이 폴더의 내용을 보고 싶다고 하면 언제나 나는 폴더를 열어 그림을 보여주면서 경외감을 느꼈다. 종종 아동들은 나에게 그림을 주면서 '이걸 내 폴더에 보관해 주세요'라든가 '내 그림수집을 위해 이걸 모아 주세요'라고 요구한다. 때때로 나는 폴더의 그림들이 그들의 삶에 대한 진술로서 죽음 이후 남아 있게 될 유산이라는 것을 통렬하게 상기시키는 것이 아닌가 생각했다.

건강보호 전문가들은 종종 환자들에게 그림을 그리도록 격려하는 것을 주저하는데, 자신들의 연구와 분석이 환자의 정신과 신체가 표현하는 것을 정확하게 반영하지 않을지도 모른다고 두려워하기 때문이다. 이 책을 통해 그림에 대한 해석을 처음 접하는 독자들은 특히 망설일 수 있다. 실제로 그림을 가지고 점을 치고 심하게는 이미지가 무엇을 '의미하는지' 단언하려는 것은 잘못된 것이며 심지어는 위험하다. 좀 더 정확하기 위해서는 우리가 진짜라고 믿을 수 있는 의미와 함께 가능한 잠재적인 의미들도 포함해서 확충해야 한다. 이러한 확충은 환자의 경험에 대한 우리의 이해를 더 넓고 깊게 하며 보다 나은 관계를 가져다준다.

심지어 환자의 그림이 부정확하게 해석되었더라도 그 표현은 여전히 본질적 가치를 갖고 있다. 이러한 확충은 환자에게 유용한 잠재성을 폭넓게 이해하게 한다. 그리고 이 잠재성에 대한 인정은 환자에게 더 가까이 가도록 도와주며, 환자의 과정을 존중하게 해준다. 또한 이러한 회화적 표현에 대한 존중은 환자와 보호자 간의 동맹에 기여한다.

치료자는 환자의 그림을 연구할 때 결론으로 비약해서는 안 된다. 즉 단 하나의 이미지가 있다고 믿고 그것을 독단적으로 단언해서는 안 되는 것이다. 그러면서도 동시에 나는 환자를 '진단한다'는 비난을 피하기 위해 몸을 뒤로 빼는 치료자들을 보면 걱정이 된다. 나는 미술치료자들에게서 "우리는 미술치료를 하면서 절대로 진단하지 않아요."라는 말을 너무 많이 듣는다. 이 주장은 내가 '미술치료신화'라고 이름붙인 것으로, 미술치료자들은 이를 진심으로 믿고 있다.

현실적으로 미술치료자들은 항상 쉽게 진단할 뿐만 아니라 왜 그런지에 대해서도 진단을 한다. 그리고 그들은 환자의 미술작품에서 예후적 신호들을 추론한다. 미술치료자들은 최근 에드워드 애덤슨(1984)이 그랬던 것처럼 "미래의 비극을 알려주는 그림들은 종종……. 빨간색과 검은색으로 혼합되어 있다."고 볼 수 있으며, 사방으로 발산하는 황금 햇살로 둘러싸인 두 사람은 '사랑하는 사람과의 이별해 있는 동안…… 애정을 주고받으려는 입원환자들의 강한 욕구'를 강조한다고 보기도 한다(Adamson, 1084).

애덤슨(1984)은 환자들의 자화상은 그들이 스스로를 어떻게 시각화하는지 이해하는 데 큰 도움을 준다면서 주목할 만한 예를 제시하였다. 그는 "의사들과 심리치료자들은 치료를 할 때 이러한 자기개념묘사를 사용하면 도움이 된다."고 하였다.

진단이나 예후적 단서를 발견할 정도로 그림들의 상징적 언어를 이해할 수 있는 사람이 의사와 심리치료자들뿐인가? 나는 그렇지 않다고 생각한다!

영국의 미술치료자인 조이 샤브리앙(1992)은 진단도구로서의 미술치료의 사용에 대해 다음과 같이 말하였다.

> (비록 진단도구로서의 미술치료의 사용이) 대다수 미술치료자가 주장하는 목적과 반대되더라도 **그럼에도 불구하고 진단의 요소가 있다**……. [미술치료자들은] 특정 환자가 만들어내는 세부적인 패턴을 통해 정신병적 붕괴의 가능성이 있다고 생각할 수도 있지만, 유사한 그림을 그리는 또 다른 환자에 대해서는 이러한 걱정을 하지 않을 수도 있다. 이것은 미술치료자가 그림을 그 그림을 그린 사람과 관련하여 설명하기 때문이다. 따라서 그들은 전체 인간을 그림과 관련시켜, 그리고 미술치료자 자신과 관련시켜 평가한다.

만약 치료자가 진단이나 예후와 관련된 관찰을 하지 않는다면, 이는 다른 임상가들에게 환자에 대한 중요한 정보를 주지 않는 것과 같다. 치료자는 팀 회의에 참여하거나 환자의 의료기록지에 메모하여 이 정보를 제시해야 한다. 그렇게 되면 다른 임상가들은 이러한 정보를 사용하여 환자를 더 많이 이해하고 환자의 보호와 치료를 증진시킬 수 있다.

어떤 치료자들은 아동의 상징적 놀이, 모래놀이, 또는 그림들에 대해 이러한 자료가 무엇을 의미하는지에 대한 아무런 설명도 없이 그냥 원자료만을 기록한다. 이에 대한 그들의 근거는 결론을 끌어낼 책임이 의사들에게 있다는 것이다. 불행히도 의사들은 치료자, 놀이치료자, 또는 심리치료자들이 받는 훈련을 받지 않으며, 또 심리적이거나 신체적인 요인들을 시사하는 모티브와 상징들을 해석할 수 없는 경우가 많다.

의사들은 자신들은 아직 찾아내지 못한 환자상태를 비의료진들이 판단하거나 결론 내리는 것에 저항한다는 것을 알아야 한다. 미술치료자와 기타 사람들이 따라야 하는 전문 규약이 있다. 우선, "이 관찰은 생각해볼 만한 문제가 되겠군요……."와 같은 말을 하면서 환자의 활동에 대해 신중하게 요약을 하는 것이다. 그러고 나서 현재든 조만간이든 환자가 경험하고 있을 수 있는 것에 대해 두 가지 이상의 가능성을 나열한다.

삶을 대하는 환자들의 태도는 면역체계에 영향을 줄 수 있다. 이 태도들은 그림에서 쉽게 발견된다. 치료팀은 환자들이 정서적으로 무엇을 느끼고 신체적으로도 어떻게 느끼는지 알아야 한다. 그렇게 하기 위해서는 환자의 그림에 대한 치료자의 신중한 피드백이 중요하다.

치료자와 환자는 삶과 죽음의 방식을 이해하려는 두 명의 인간존재다. 그것은 정신적 질문이다. 치료자가 평가를 끌어내는 데만 의존하면 분석수준으로 끝나버려 환자와 연계하는 데 실패할 수 있지만, 치료자가 관심을 갖고 노력을 기울인다면 미술과정의 신비로운 방식을 통해 환자와 연결될 수 있다.

미술과정은 환자뿐만 아니라 보호자에게도 치료적 가치가 있다. 보호자에게 그림을 보관하게 하고 연구하며 그림에 대해 이야기를 하도록 하고 이미지를 확충하도록 하는 것이 도움이 된다. 그림에 대해 환자가 느끼는 경험을 함께 이야기할 때 환자와 보호자 간에 지지적인 동맹이 생긴다. 우리는 그림에 대해 환자들이 이야기하는 것을 들어야 하며, 그림이 우리 각각에게서 일으키는 인상을 환자와 함께 나누어야 하고, 환자가 그림의 특정한 세부사항들을 자세히 설명하도록 격려해야 한다.

환자의 그림을 '분석하지' 않아도 그림을 그리는 과정에서 환자들이 도움을 받는다는 증거가 있다. 그것은 의식적인 삶과 무의식적 삶 간에 긴장을 주어 심리적인 생기가 해결을 이끌게 만드는 이미지의 힘 때문이다. 데니스의 싹트는 장미([그림 18])가 그 예이다. 데니스 말고는 아무도 그 그림을 보지 못했다. 데니스는 그림을 그리고 나서 바로 파괴시켰다. 게다가 무언가가 신비스럽게 드러날 때까지 이 그림의 이미지는 긴장을 주었다. 다음 날 원래 그림에 대해 이야기하고 그것을 반복하기 시작하면서 데니스의 안에서는 삶과 죽음에 대한 넓어진 견해가 나타났다(8~9장에서 논의).

폰 프란츠(1987)는 죽음에 직면한 사람들의 꿈이 갖는 중요성에 대해 이야기했다. 그녀에 따르면 꿈은 무의식적 본능이 삶에서 죽음으로의 중요한 전환에 대해 의식적인 자기를 준비시키는 방식을 반영한다. 이 전환은 엘리자베스 퀴블러 로스가 성장의 마지막 단계로 본 발달 이정표이다. 폰 프란츠가 이 단계의 꿈에 대해 이야기한 것이 그림의 경우에도 '꿈'을 '그림'으로 대체하여 이야기될 수 있는가? 나는 폰 프란츠의 말을 다음과 같이 인용한다.

> 죽음에 직면한 사람들의 그림은 모두 무의식, 즉 우리의 본능적 세계가 분명한 끝을 위해서가 아니라 심오한 변형과 일종의 삶의 과정의 연속을 위해 의식을 준비한다는 것을 알려주고 있지만, 일상의 의식으로서는 이를 상상할 수 없다.

우리는 그림이 무엇을 의미하는지 정확하게 알 필요는 없다. 그림이 의미를 갖고 있다는 것을 깨닫고 그 이미지의 움직임을 느끼면 충분하다.

임종환자들의 그림을 연구하면서 우리는 죽음이 오면 정신과 영혼이 합쳐진다는 것을 발견하였다. 때때로 우리는 그 결합, 즉 초월을 돕는 이미지들을 인식할 수 있다. 영혼과 정신은 임종 시에 아주 빠르게 결합할 수 있지만, 이 상태가 계속 유지되지는 않는다.

5장에서 나는 아동이 어머니의 이미지를 좋은 쪽과 나쁜 쪽으로 분열시킨다는 융의 개념을 이야기했다. 나는 그것이 신에 대한 이미지가 될 때는 우리도 아동들과 같아진다고 본다. 특히 생명을 위협하는 질병같은 위기에 직면할 때 우리는 신을 치유적인 좋은 신과 좋은 사람들에게 죽음과 고통을 주는 나쁜 신으로 분열시키려고 하기도 한다. 이 같은 방식으로 어떤 사건을 하나님의 의지로 돌릴 때, 우리는 하나님이 누구이며 또 우리는 그가 무엇을 할 것인지 알고 있는가? 우리는 신성한 삶과 죽음의 신비를 인정하고 존중하며 죽음을 단순한 생명의 도둑이나 적 이상의 것으로 볼 수 있는가?

우리는 삶을 살도록 요구받았으며, 이 삶에는 죽음이 포함되어 있다. 문제는 우리가 죽을 때까지 어떻게 살아야 하는가다. 어떤 사람은 그 질문에 스스로 답할 것이다. 만약 정신과 영혼이 우리의 의식적 삶과 영원한 신과의 관계를 중재할 수 있다면 우리는 미지의 암흑인 죽음의 그림자라는 신비로운 계곡으로 들어갈 수 있다. 우리가 어떻게 삶을 끝까지 지탱하는가를 배우는 것은 미지에 직면함으로써 가능하다.

허용만 한다면 임종환자들은 이 과정이 어떠한지를 우리에게 가르쳐 줄 수 있다. 나는 자살을 돕는 것이 도움이 되는지에 의문을 갖는데, 왜냐하면 그것이 이 중요한 최종적 성장단계를 방해한다고 보기 때문이다. 자살을 계획하는 사람들은 삶에서 해방된다는 개념으로 죽음(*death*)을 의식하지만, 임종(*dying*)이라는 개념을 의식하지는 않는다. 자살을 고려하는 사람들이 갖고 있는 일상의 의식(예, 자아)은 임종과정에서 아무런 가치도 예측할 수 없다. 무의식적인 본능적 욕구의 모진 대접을 받는 자아는 필사적으로 통제를 유지하려고 노력하지만, 전체 정신을 적절하게 감독하지 못한다.

나는 신체적 고통에서 해방되려는 욕구를 이해하고 공감한다. 호스피스 관리는 고통을 통제하고, 고통에서 벗어나 가능하다면 집에서 편안하게 죽을 수 있도록 해준다. 호스피스 관리는 환자가 음식이나 물을 거부하는 것을 현명하게 참아내며 심지어 지지하기도 한다. 신체가 닫히면 음식은 정상적으로 소화되지 않고 필요하지도 않게 된다. 탈수증은 실제로 쾌감효과와 진정효과를 가져와 환자들에게 도움이 될 수 있다.

몸을 편안하게 하고 괴로운 고통에서 자유롭게 하는 데는 여러 가지 방법이 있다. 호스피스는 '일상의 의식으로는 상상할 수 없는' 가장 심오한 단계에서 (자살을 도움으로써) 생명을 빼앗는 것에 대해 수용가능한 대안을 제시한다(von Franz, 1987).

임종환자들은 일반적으로 우리 모두를 부추기는 중요하지 않은 일에서 짐을 내려놓고 무엇이 본질적인가 하는 것을 보여주면서 생명의 선물을 줄 수 있다.

실제로 우리들은 살아가는 것과 죽어가는 것에 대한 학습과정에서 서로를 지지할 수 있다. 그림과 의사소통을 하고 환자들에게 그들이 자신들의 경험에 대해 표현한 언어적이고 비언어적인 메시지가 무엇을 말하고자 하는지 반영해줌으로써 이러한 지지가 이루어질 수 있다.

융(1960)은 "우리는 왜 삶의 하강이 아닌 상승에 대한 목적과 목표를 인정하는가? 왜 죽음이 아니라 인간의 출생이 의미 있다고 보는가?"라고 썼다. 물론 죽음도 의미가 많지만, 삶과 죽음이 한 연속선상의 부분이라는 것을 잊게 되면 죽음에서 의미를 발견하는 것이 어렵게 되고 삶만 존중하게 된다.

불행히도 지금은 더 이상 남아 있지 않지만 삶과 죽음을 동등하게 존중하는 모습은 죽음의 시를 쓰는 고대 일본인들의 풍습에서 아름답게 묘사되고 있다. 1992년 노틀담대학의 '원형적 심리학 페스티벌' 에서 발표된 '죽음의 시: 아름다움 속의 임종' 이라는 워크숍에서 이 전통에 대해 알게 되었는데, 이 워크숍은 교토에서 온 카즈히코 히구치가 이끌었다.

수세대 동안 일본인들은 죽음이 신과 같이 많은 면을 갖고 있음을 인정하였다. 이는 모든 사람에게 죽음이 독특한 경험이 되도록 해준다. 고대 일본인들은 모든 사람은 삶을 통해 죽음에 이르게 되면서 영웅이 된다고 믿었다. 죽음의 시를 쓰는 것은 죽음 너머를 '사는' 방법이었다. 시의 진실은 지나간 삶의 마지막에 닿을 것이며, 시는 삶과 죽음 사이의 중재자가 될 것이다.

다음에 나오는 죽음의 시는 히구치가 제시한 시 중에서 내가 좋아하는 것들이다.

나는 200년이나 300년을
산다고 생각했다 –

하지만 여기 죽음이
고작 85세 아이인
나에게 왔네
(하나부사 이케이, 1843년 사망)

나는 봄에 죽기 바라네
앵두꽃 아래에서,
봄철의 절정이
충만할 때.
(사이교, 1190년 사망)

죽음의 시는
단순한 망상이네 –
죽음은 죽음이네.
(토코, 1975년 사망, 86세)

내가 죽으면
선술집의
포도주통 밑에 묻어라 :
운이 있다면
술통이 샐 것이라.
(모리아 아난, 1838년 사망)

나는 이 책이 신성한 삶의 마지막 부분으로서의 죽음을 다시 찾도록 돕길 바란다. 또한 나는 이 책이 삶과 죽음에 대한 상징적 표현으로 환자의 그림을 사용하는 데 영감을 주고, 여기에 제시된 융–바치 방식이 중요한 시기에 그려진 그림들을 평가하는 데 사용되길 희망한다.

만약 죽음을 다시 사는 경험으로 여길 수 있다면, 우리는 은총을 통해 우리만의 방식으로 이 중요한 사건에 심미적 특성을 부여할 방법을 찾을 수 있을 것이다. 이것이 이루어진다면 우리 모두는 임종의 미학에 기여할 수 있다.

부록 A

# 자발적 그림의 평가 지침

수잔 R. 바치(발췌문)

1977년 취리히 대학과 융 심리학 임상 및 연구센터 소아과 인쇄
(수잔 바치 재단의 행정가인 크리스토퍼 도노반의 허락 하에 사용)

## 자발적 그림에 대한 태도와 접근

당신이 그림에서 받는 즉각적인 인상은 무엇인가? 그림이 당신에게서 일으키는 감정은 무엇인가? 비록 그 감정이 지적으로는 불합리한 것으로 보이더라도 그것을 위협적이고 비합리적인 것으로 처리해 버리지 말고 계속 갖고 있어라.

그것은 아이들에게는 아주 자연스러운 궁금증으로서 아직은 알려지지 않았지만 나중에 알 수 있도록 체계적인 관찰과 조사를 하도록 해준다.

## 자발적 그림을 어떻게 체계적으로 '읽을' 것인가?

a) 관찰을 자세하게 기록하기 전에 투명지로 그림을 모사하는 것이 현명하다.
b) 무엇이 있는지 본다.
c) 무엇이 빠져 있는지 본다.
d) 무엇이 이상한지 본다.
e) 사용된 색깔의 수를 센다. 물론 어떤 색이 사용되지 않았는지도 기록한다. 색깔이 적절한 곳에 있는지 그리고 특히 부적절한 곳에 주목하면서 일련의 그림들을 통해 개개의 색깔을 살펴본다.
f) 눈에 띄거나 두드러진 대상 또는 모티브와 그것들이 색칠되어 있는지 아닌지를 본다.
g) 특정 종류의 대상, 특히 그것이 반복될 때 그 대상의 수를 기록한다.
h) 아동의 자발적 그림은 종이에 '직접적으로' 그려진다는 것을 알고 있어야 한다. 즉, 오른쪽은 오른쪽이고, 왼쪽은 왼쪽이다. 아동의 오른쪽이 그림의 오른쪽에 있고, 왼쪽은 왼쪽에 있는 것이다. 이는 미술가의 자화상의 경우 왼쪽이 앉아 있는 사람의 오른쪽을 나타내는 것과는 대조적이다.
i) 기억하고 의사소통하기 위해 그림에 이름을 붙인다.
j) 마지막으로 그림을 자연스런 주변세계와 비교한다.

## 자발적 그림을 신체 및 심리적으로 해석하고 평가하기 위한 보조방법

a) 자발적 그림은 환자 자신에 대한 표현일 수 있다. 환자는 대상, 즉 집, 동물, 차, 비행기 등과 마찬가지로 그림에 나오는 인물상과 동일시되기도 한다.

b) 환자를 따라 그의 그림 속으로 들어가도록 한다. 발이 없는 아동이나 뿌리가 없는 나무가 어떤 것 같은지 느낀다. 즉, 그림에 나오는 사람이나 대상의 내부에서 보면서 그 사람이나 대상이 되도록 한다. 그 다음 당신의 전문기술을 사용하여 임상상태를 평가한다.

c) 크로스와이어 장치(수잔 R. 바치가 쓴 『중증 환자들의 자발적 그림』을 보라)를 사용한다. 이 장치는 현미경처럼 중심과 사사분면을 표시해준다. 이 설계판 내에 들어 있는 인물이나 대상의 위치와 방향, 그리고 일련의 그림을 통해 자세와 방향의 변화를 기록한다.

## 자발적 그림을 읽고, 해석하고 평가하는 것에서 무엇을 배울 수 있는가

인간존재는 이 말 없는 의사소통과 자신만의 독특한 방식을 통해 자신의 신체와 심리상태를 전달할 수 있고 또 그렇게 한다. 신체적으로 이러한 그림들은 병력과 관련된 과거의 사건들, 초기 진단, 그리고 예후를 설명해주기도 한다. 심리적으로 우리는 마음속 깊이 무엇이 일어나고 또 무엇이 일어났는지(예, 동생의 출생 같은 과거의 외상), 그리고 그림이 환자의 희망과 두려움, 불길한 예감을 표현하도록 어떻게 도울 수 있는지 보기도 한다. 무엇보다도 이 그림들은 의사와 환자, 가족과 주변세계 사이에 다리를 놓아줄 수 있다.

게다가 그림의 의미는 보조 전문가들이 위급하게 아픈 환자들이 회복 중이거나 삶을 끝내기 전에 가능한 자신의 본질적 존재로서 살도록 도와주는 안내를 할 수 있다.

마지막으로 우리는 꿈과 마찬가지로 자발적 그림이 인간의 전체상황을 반영하는 것이 어떻게 가능한지 물어보기도 한다. 나는 수십 년 동안 임상작업을 하면서 자발적 그림과 꿈의 이미지를 통해 뭔가 '환해지는 것'을 보게 되었는데 그것을 '내적 지식'이라고 부른다. 따라서 새로운 차원이 우리 앞에 열릴 수도 있다.

부록 B

# 분석심리학 이론에 따른 정신의 구조

수평적으로 3개의 불균등한 부분으로 나누어진 피라미드를 상상해 보라. 아래쪽 부분은 피라미드 바닥부터 중간보다 약간 위까지 넓은 영역이 포함되어 있다. 두 번째 부분은 중간 바로 윗선부터 꼭대기의 바로 약간 아래까지다. 세 번째 부분은 피라미드의 끝을 형성하는 가장 작은 부분이다.

이 세 부분은 다음과 같이 정신영역을 의미한다.

I 부 : 집단 무의식/객관적 정신

A. 이 정신 부분은 원형들을 포함하는 보편적인 정신적 저장소와 개개인을 연결시킨다.
B. 개개인의 정신은 실제로는 정신적 원형 저장소 그 자체를 담을 수 없다. 그것은 단순히 이 영역으로의 출입구만을 갖고 있다.
C. 객관적 정신은 원형적 이미지를 통해 의식과 상징적으로 의사

소통한다.

D. 이 정신 부분은 현재의 개인적 경험에 국한되지 않는다. 그것은 과거, 현재, 그리고 미래 세대에 공통적인 기질적이고 정신적인 잠재성의 창고로 기능한다.

E. 이 정신 부분은 원형에 이미지를 부여하는 보편적 본능에 의존한다.

II 부 : 개인적 무의식

A. 여기에는 잊혀지고 억압된 기억, 콤플렉스, 성격의 그림자 부분, 그리고 잠재적 가능성들이 포함된다.

B. 이것은 꿈, 이미지, 환상, 신화, 비유, 그리고 실착행동을 통해 의식과 상징적으로 의사소통한다.

III 부 : 자아 및 페르소나-의식적 자기

A. 자아는 의식적이고 합리적인 마음을 관리한다.

B. 한 사람의 다양한 페르소나는 자아가 외부 환경과 연계할 수 있도록 돕는다.

C. 자아는 무엇을 의식으로 통과하도록 할 것인가를 결정하는 것 이외에는 정신의 무의식적 측면을 통제하지 못한다.

요약하면, 전체 또는 더 큰 자기(Self)는 위의 모든 것을 다 포함한다. 정신(psyche)은 (a) 개인적 정신(의식적 자기와 개인적 무의식적 자기)을 의미하며, (b) 객관적 정신(집단 무의식)에서 나오는 영향력이다.

영혼(soul), 정신(spirit), 또는 그림자와 같은 원형적 내용은 객관적 정신과 개인적 정신 모두와 연결되어 있다. 개인적 정신은 원형으로 가는 출입구를 갖고 있지만 원형을 담고 있지는 않다. 원형은 개인적 경험과 다른 다중적 의미를 갖고 있는 불멸의 신비스러운 주요 에너지이다. 인간성은 이미지를 통해서만 원형을 인식할 수 있으며, 그 이미지가 불러일으키는 것만을 통합할 수 있다. 원형의 충분한 이해나 통합은 절대 불가능하다(1장을 보라).

# 참고문헌


Adamson, E. (1984). *Art as healing.* York Beach, ME: Nicolas-Hays, Inc.

Ammann, R. (1991). *Healing and transformation in sandplay: Creative processes become visible.* (W-D. P. Rainer, Trans.) Peru, IL: Open Court.

Bach, S. (1969). *Spontaneous paintings of severely ill patients.* Basle: Geigy.

Bach, S. (1974/75). Spontaneous pictures of leukemic children in an expression of the total personality, mind and body. *Acta Paedopsychiatry,* 41, 86-104.

Bach, S. (1977). *Guidelines for reading and evaluating spontaneous pictures.* Zurich: Department of Pediatrics, University of Zurich and Clinic and Research Center for Jungian Psychology.

Bach, S. (1980a). On the archetypal motif of the bird. In A. Hicklin, (Ed.), *spontaneous images: Relationship between psyche and soma.* New York: Interbook, Inc.

Bach, S. (1980b) Why do we do this work? In A. Hicklin, (Ed.), *Spontaneous images: Relationship between psyche and soma.* New

York: Interbook, Inc.

Bach, S. (1990). *Life paints its own span.* Wilmette, IL: Chiron (U.S.A. distribu-tor for Daimon Verlag).

Bertoia, J. (1993). *Drawings from a dying child.* London and New York: Routledge.

Bettleheim, B. (1977). *The uses of enchantment.* New York: Alfred A. Knopf.

Biedermann, H. (1992). *Dictionary of symbolism: Cultural icons and the meanings behind them.* (J. Hulbert, Trans.) New York: Facts on File.

Boa, Fraser. (1987). *The way of the dream.* [Film]. (available from Windrose Films, Ltd., P. O. Box 265, Station Q Toronto, Ontario, M4T2M1.)

Bomholt, U. (1990). *The archetype of disobedience: Birth of new life.* Unpublished dis-sertation, C. G. Jung Institut, Zurich-Kusnacht, Switzerland.

Bowlby, J. (1969). *Attachment and loss.* London: Hogarth Press.

Burns, R. C., and Kaufman, S. H. (1972). *Actions, styles and symbols in kinetic family drawings* (k-f-d). New York: Brunner/Mazel.

Cooper, J. C. (1978). *An illustrated encyclopaedia of traditional symbols.* London: Thames & Hudson.

Corbett, L., and Rives, C. (1992). Anima, animus and selfobject theory. In N. Schwartz-Salant & M. Stein, (Eds.), *Gender and soul in psychotherapy.* Chiron Clinical Series. Wilmette, IL: Chiron Publications.

Dossey, L. (1989). *Recovering the soul.* New York: Bantam Books.

Dougherty, M. (1996). The creative process in individuation. *Transformation,* 26(3), 1-2; 4-5.

Drennen, D. A. (1969). *Baron's simplified approach to the methodical philosophy of Rene Descartes.* Woodbury, NY: Barron's Educational series, Inc.

Durant, W. (1962). *The story of philosophy.* New York: Time Incorporated.

Edinger, E. (1973). *Ego and archetype*. New York: Penguin Books.

Fordham, M. (1944). *The life of childhood*. London: Routledge & Kegan paul.

Fredrick, J. F. (1976–1977). Grief as a disease process. *Omega*, 7(4), 297–305.

Freud, S. (1913–1914). The psychological interest of psychoanalysis. *The complete psychological works of Sigmund Freud. Vol. 13*. Standard edition. (J. Strachey, Trans.). London: Hogarth.

Furth, G. (1973). *Impromptu paintings by terminally ill, hospitalized and healthy children: What can we learn from them?* [C–D ROM]. Abstract from: ProQuest File: Dissertation Abstracts Item: 7403170.

Furth, G. (1988). *The secret world of drawings*. Boston: Sigo.

Gimbutas, M. (1989). *The language of the goddess*. New York: Harper & Row.

Gove, P. B. (ED.). (1993). *Webster's third new international dictionary unabridged*. Springfield, MA: Merriam–Webster Inc.

Haddon, G. P. (1993). *Uniting sex, self, and spirit*. Scotland, CT: PLUS Publications.

Helsing, K. J., Szklo, M., & Comstock, G.W. (1981). Factors associated with mortality after widowhood. *American Journal of public Health*, 71(8), 802–809.

Higuchi, Kazuhiko. (1992). Death poems: Dying in beauty. *Festival of Archetypal Psychology*. Conference in honor of James Hillman, University of Notre Dame, Notre Dame, Indiana.

Hillman, J. (1973). The great mother, her son, her hero, and the puer. In P. Berry (Ed.), *Fathers and Mothers*. Dallas: Spring.

Hillman, J. (1983). *Archetypal psychology: A brief account*. Dallas: Spring.

Jacobi, J. (1959). *Complex, archetype, symbol*. Bollingen Series LVII. (R. Manheim, Trans.) Princeton, NJ: Princeton University Press.

Jung, C. G. (1960). *Collected works*, vol. 8. H. Read, M. Fordham, G. Adler, and W. McGuire (Eds.), & (R. F. C. Hull, Trans.) Princeton: Princeton University Press.

Jung, C. G. (1965) *Memories, dreams, reflections.* Aniela Jaffe, (Ed.), (Richard and Clara Winston, Trans.). New York: Vintage Books.

Jung, C. G. (1968). *Analytical psychology: Its theory and practice.* New York: Vintage Books, Random House.

Jung, C. G. (1970). On the significance of number dreams. In *Freud and psychonalysis, collected works*, vol. 4. H. Read, M. Fordham, G. Adler, & W. McGuire, (Eds.) (R. F. C. Hull, Trans.) Princeton, NJ: Princeton University Press.

Jung, C. G. (1971). *Psychological types. Collected works*, vol.6. (R. F. C. Hull, Trans., revision of H. G. Baynes, Trans.). Princeton, NJ: Princeton

Jung, C. G. (1976a). *Symbols of transformation. Collected works*, vol. 5 Bollingen Series XX. (R. F. C. Hull, Trans.). Princeton, NJ: Princeton.

Jung, C. G. (1976b). *The symbolic life. Collected works*, vol. 18. Bollingen Series XX. H. Read, M. Fordham, G. Adler, & W. McGuire, (Eds.), (R. F. C. Hull, Trans.). Princeton, NJ: Princeton.

Jung, C. G. (1976c). *The visions seminars. Book two.* Zurich: Spring Publications.

Jung, C. G. (1978). *Psychology and the east.* (R. F. C. Hull, Trans.) Princeton, NJ: Princeton., von Franz, M–L, Henderson, J. Jacobi, J., & Jaffe, A. (1964) *Man and his symbols.* Garden City, NY: Doubleday & Co., Inc.

Jung, E. (1978). *Animus and anima.* Dallas: Spring

Justice, B. (1987). *Who gets sick: Thinking and health.* Houston: Peak Press.

Kellogg, J. (1984). *Mandala: Path of beauty.* Private printing, second printing.

Kellogg, R. (1969–70). *Analyzing children's art.* Palo Alto, CA: Mayfield Publishing Co.

Kiepenheuer, K. (1990). *Crossing the bridge.* LaSalle, IL: Open Court.

Leach, M., & Fried, J. (Eds.) (1972). *Funk & wagnalls standard dictionary of folklore, mythology, and legend.* San Francisco: Harper & Row.

Leonhart, M., Rothberg, R., & Seiden, D. (1984). Art work of cystic fibrosis patients. *Art Therapy*, May, 68–74.

Mattoon, M. A. (1978). *Applied dream analysis: A Jungian approach.* New York: John Wiley & Sons.

Moody, R., Jr. (1975). *Life after life.* Atlanta: Mockingbird Books.

Moody, R., Jr. (1977). *Reflections on life after life.* Atlanta: Mockingbird Books.

Moore, R., and Gillette, D. (1990). *King, warrior, magician, lover.* San Francisco: Harper Collins.

Moore, T. (1992). *Care of the soul.* New York: Harper Collins.

Morse, M. L., Conner, D., & Tyler, D. (1985). Near–death experiences in a pediatric population. *AJDC 139*, 595–600.

Morse, M. L., Conner, D., & Tyler, D. (1990). *Closer to the light.* New York: Ballantine Books.

Penfield, W. (1975). *The mystery of the mind.* Princeton, NJ; Princeton.

Professional Education Committee, Cystic Fibrosis Foundation. (1980). *Guidelines for health personnel.* Rockville, MD: Cystic Fibrosis Foundation.

Quintana, S. M., & Kerr, J. (January/February 1993). Rational needs in late adoles–cent separation–individuation. *Journal of Counseling and Development, 71*(3), 349–354.

Rinpoche, S. (1992). *The Tibetan book of living and dying.* P. Gaffney & A. Harvey (Eds.). San Francisco: Harper San Francisco.

Ryce–Menuhin, J. (1988). *The self in early childhood.* London: Free Association Books.

Samuels, A. (1985). *Jung and the post–Jungians.* London & New York: Routledge & Kegan Paul, Ltd.

Samuels, A. shorter, B., & Plaut, F. (1986). *A critical dictionary of Jungian analysis*. London & New York: Routledge

Sanford, J. A. (1989). Dreams: *God's forgotten language*. Philadelphia/New York: Lippincott.

Sardello, R. (1992). *Sophia: Facing the world with soul*. Workshop presented July 11 at *A Festival of Archetypal Psychology*, Notre Dame, Indiana, July 7–12, 1992.

Schaverien, J. (1992). *The revealing image*. London: Routledge.

Schleifer, S. J., Keller, S. E., Camerino, M., Thornton,J. C., & Stein, M. (1983). Suppression of lymphocyte stimulation following bereavement. *Journal of the American Medical Association 250*(3), 374–377.

Schwartz–Salant, N. (1982). *Narcissism and character transformation: The psychology of narcissistic character disorders*. Toronto: Inner City Books.

Schwartz–Salant, N. (1992). Anima and animus in Jung's alchemical mirror. In N.

Schwartz–Salant & M. Stein (Eds.). *Gender and soul In psychotherapy*. Chiron Clinical Series. Wilmette: Chiron Publications.

Shellenbaum, P. (1992). The Role of the anima in analysis. In N. Schwartz–Salant & M. Stein (Eds.). *Gender and soul in psychotherapy*. Chiron Clinical Series. Wilmette: Chiron.

Shneidman, E. S. (1978). Some aspects of psychotherapy with dying persons. In C. A. Garfield (Ed.) *psychosocial care of the dying patient*. New York: McCraw–Hill.

Simpson, D. P. (Ed.). (1960). *Cassell's new Latin dictionary*. New York: Funk & Wagnalls.

Sullivan, B. S. (1989). *Psychotherapy grounded in the feminine principle*. Wilmette: Chiron Publications, 1989.

von Franz, M–L. (1970a). *An introduction to the interpretation of fairy tales*. Dallas: Spring.

von Franz, M-L. (1970b). *The problem of the puer eternus*. Dallas: Spring,.

von Franz, M-L. (1972). *The feminine in fairy tales*. Dallas: Spring.

von Franz, M-L. (1974). *Shadow and evil in fairy tales*. Dallas: Spring.

von Franz, M-L. (1976). *Individuation in fairy tales*. Dallas: Spring.

von Franz, M-L. (1987). *On dreams and death*. (E. X. Kennedy & V. Brooks, Trans.). Boston & London: Shambhala

von Franz, M-L. (1977). *Archetypal patterns in fairy tales*. toronto: Inner City Books.

Weber, G. (1980). Experiences with spontaneous drawings. In A. Hicklin (Ed.). *Spontaneous images: Relationship between psyche and soma*. New York: Interbook, Inc.

Weininger, O., & Daniel, S.(1992). *Playing to learn*. Springfield, IL: Charles C Thomas.

Whitmont, E. (1969). *The symbolic quest*. New York: Putnams,

Williams, Y. B. (1981). The use of patients' drawings as an aid in diagnosis and treat-ment. *CF Club Symposium Abstracts 22*, 167. Rockville, MD: Cystic Fibrosis Foundation.

Williams, Y. B. (1985). Reactions to stress in cystic fibrosis projected in patients' draw-ings. *Caregivers' Papers, Medical/Scientific Conference, Anaheim, California, May 16 and 17, 1985*. Rockville, MD: CF Foundation.

Woodman, M. (1985). *The pregnant virgin*. Toronto: Inner City.

Zinkin, Louis. (1992). Anima and animus: an interpersonal view. In N. Schwartz-salant and M. Stein (Eds.). *Gender and soul in psychotherapy*. Chiron Clinical Series. Wilmette: Chiron.

# 찾아보기

## [인 명]

## [내 용]

## 저자 약력

■ **이본 윌리엄스**(Yvonne Barnthouse Williams)

초기 아동생명 전문가이며, 은퇴한 교육자 및 임상가다(비탄 상담가, 놀이치료 감독자, 부부 및 가족치료자). 그녀는 31년간 소아과 및 정신과 경험과 개인상담 및 임상 교수, 감독자로서의 경험을 갖고 있다. 또한 미국과 캐나다에서 전문학술잡지에 글을 기고하고 프로그램을 활용하는 데 기여했으며, 1996년에는 인디애나 놀이치료협회에서 주는 혁신적 놀이치료 공로상을 수상하기도 했다. 죽음교육 및 상담협회의 회원이며, 인디애나 대학의 부교수와 인디애나폴리스 기독신학교 상담센터의 임상감독자를 역임했다. 1988년 이후 그녀는 *Bereavement*라는 잡지의 편집자로 재직하였으며, 1996년 은퇴 후 호스피스 자원봉사자로 일하기도 하였다.

## 역자 약력

### ■ 강 차 연

서울여자대학교 아동학과 졸업(문학사)
서울여자대학교 대학원 아동학과 졸업(문학석사 · 문학박사)
現 서울여자대학교 아동학과 강사

논문: 아동용 Luria-Nebraska 신경심리검사의 한국표준화를 위한 예비연구
충동적 아동을 위한 인지-행동적 치료 개관
어머니의 애착유형과 결혼갈등, 자녀양육행동 및 아동행동문제와의 관계
대학생의 애착과 진로발달
재중 탈북여성들의 스트레스 대처방식 外

### ■ 장 연 집

서울여자대학교 교육심리학과 졸업(문학사)
이화여자대학교 대학원 교육심리학과 졸업(문학석사)
프랑스 Strsbourg, Univ. Louis-Pasteur 대학원 심리학과 졸업(심리학박사)
現 서울여자대학교 특수치료전문대학원 교수

역서: 『동작성 가족화(KFD)에 나타난 활동내용, 스타일, 상징의 해석』(교문사)
『성인화의 분석: 동작성 집-나무-사람(K-H-T-P) 검사의 해석지침서』(학지사)
『여성건강심리학』(이대출판부)

논문: 한국 정상아동의 H-T-P 검사 반응에 관한 연구
L'AUTISM INFANTLE: Revue des courants actuels de recherche et des principales tendances de la pratique therapeutique
동양사상적 접근을 통해서 본 자폐증 연구의 현황분석
서양심리학과 동양사상을 통해서 본 양성성 개념의 비교
정신공학으로서의 명상과 질적 건강연구
미술치료학의 특수성과 연구방법론 外

융 관점에서 본

# 임종환자들의 그림

**The Art of Dying**: A Jungian View of Patients' Drawings

2006년 2월 6일 1판 1쇄 인쇄
2006년 2월 10일 1판 1쇄 발행

지은이 · Yvonne Barnthouse Williams
옮긴이 · 강차연 · 장연집
펴낸이 · 김 진 환
펴낸곳 · 학지사
121-837 서울특별시 마포구 서교동 352-29 마인드월드빌딩 5층
대표전화 · 02)326-1500 / 팩스 02)324-2345
홈페이지 · http://www.hakjisa.co.kr
등 록 · 1992년 2월 19일 제2-1329호

ISBN 89-5891-138-7 93180

정가 13,000원

학지사는 깨끗한 마음을 드립니다

# 학지사

융의 분석심리학에 기초한

## 미술치료

Ingrid Riedel 저
정여주 역

2000년
신국판 · 반양장 · 336면

미술치료에 나타나는
정신 역동적 관점

## 그림 속의 나

Gisela Schmeer 저
정여주 · 김정애 공역

2004년
신국판 · 반양장 · 260면

## 미술치료의 이해

-이론과 실제-

정여주 지음

2003년
크라운판 · 반양장 · 384면

## 미술치료는 마술치료

주리애 지음

2000년
신국판 · 반양장 · 336면

## 미술치료학 개론

Judith A. Rubin 저
김진숙 역

2006년
4×6변형판 · 반양장 · 504면

## 이구동성 미술치료

Judith A. Rubin 엮음
주리애 역

2001년
신국판 · 반양장 · 516면

종교, 사회, 예술,
심리치료에서 본

## 색의 신비

Ingrid Riedel 저
정여주 역

2004년
크라운판 · 양장 · 372면

## 만다라를 통한 미술치료

-자기탐구, 완성, 치유를 향하는 미술치료-

수잔 핀처 저
김진숙 역
2001년
신국판 · 반양장 · 286면